企业心理情感能量场

唐雄山 甘燕飞 陈晶瑛 等◎著

中山大学出版社
·广州·

版权所有　翻印必究

图书在版编目（CIP）数据

企业心理情感能量场/唐雄山，甘燕飞，陈晶瑛等著.—广州：中山大学出版社，2022.8

ISBN 978-7-306-07422-5

Ⅰ.①企… Ⅱ.①唐… ②甘… ③陈… Ⅲ.①企业管理—应用心理学 Ⅳ.①F272-05

中国版本图书馆CIP数据核字（2022）第023289号

出 版 人：	王天琪
策划编辑：	杨文泉
责任编辑：	杨文泉
封面设计：	林绵华
责任校对：	卢思敏
责任技编：	靳晓虹
出版发行：	中山大学出版社
电　　话：	编辑部 020-84110283，84113349，84111997，84110779，84110776
	发行部 020-84111998，84111981，84111160
地　　址：	广州市新港西路135号
邮　　编：	510275　传　真：020-84036565
网　　址：	http://www.zsup.com.cn　E-mail: zdcbs@mail.sysu.edu.cn
印 刷 者：	广东虎彩云印刷有限公司
规　　格：	787mm×1092mm　1/16　13印张　308千字
版次印次：	2022年8月第1版　2022年8月第1次印刷
定　　价：	45.00元

如发现本书因印装质量影响阅读，请与出版社发行部联系调换

佛山科学技术学院学术著作出版资助基金

佛山科学技术学院教材出版资助基金

作者简介

唐雄山，男，1964年4月生，湖南祁阳人，博士，教授，硕士研究生导师。现任教于佛山科学技术学院，长期从事哲学、管理学、组织行为学、战略管理、工商管理前沿、社会学的教学与研究。提出并构建了人性平衡理论、人性组合形态理论、心理情感能量场理论。出版著作（独著与第一作者）有《贾谊礼治思想研究》《老庄人性思想的现代诠释与重构》《人性平衡论》《人性组合形态论》《组织行为动力、模式、类型与效益研究——以佛山市妇联为主要考察对象》《社会工作理论与方法本土化——妇联参与社会治理及典型案例点评》《组织改革与创新——以佛山市社区（村）妇代会改建妇联为研究样本》《组织行为学原理——以人性为视角》《现代管理学原理》《湛若水的治国之道》《家庭心理情感能量场研究》。在《孔子研究》《江汉论坛》《文化中国》《中华文化论坛》等刊物公开发表学术论文50余篇。

甘燕飞，女，博士，讲师。现任教于佛山科学技术学院，主要研究方向为社会组织。主要论文有《试论社会组织的可持续发展及其对策》《浅析社会组织发展与城市竞争力提升的互动效应》《东南亚非政府组织：源起、现状与前景》《论中外非政府组织的互动发展》《论非传统安全挑战背景下的华南NGO》《西方非政府组织解读与启示》《当代西方NGO的特点与社会功能分析》等，主持及参与各级各类课题10余项。

陈晶瑛，女，教授。现任教于佛山科学技术学院，长期从事管理学、战略管理、人力资源管理的教学与研究。在《管理世界》《中国人力资源开发》等刊物发表学术论文20余篇，主编的教材有《人力资源管理》《人力资源管理与实务》《组织行为学》，主持及参与各级各类课题20余项。

王琳，女，博士。现任教于佛山科学技术学院，从事人力资源管理、组织理论与组织行为教学与研究。在《珞珈管理评论》《管理学报》等刊物公开发表学术论文多篇。

汤刘洋，女，佛山科学技术学院硕士研究生。研究方向为国际贸易与营销。

王伟勤，女，副教授。现任教于佛山科学技术学院电子与信息工程学院。公开发表学术论文20余篇，主持及参与科研究课题20余项。

内 容 简 介

本书分为四编。第一编分析论述企业心理情感能量场的基本问题，如企业本性、企业心理情感能量、企业心理情感能量场的定义与类型；第二编分析论述企业心理情感能量场的运行机制，如"平衡—失衡—平衡"机制，"成长—分裂—整合"机制，心理情感能量此消彼长机制，心理情感能量感应、外溢及其阻断机制；第三编分析论述企业心理情感能量场的运行动力，如企业心理情感能量场的原动力、企业心理情感能量场的维持性动力、企业心理情感能量场的外部推动力、企业心理情感能量场的衍生性动力；第四编分析论述企业心理情感能量场的生命周期，分析论述各个时期的特征、问题与对策。

引　言

心理情感能量场的概念是在拙著《社会工作理论与方法本土化——妇联参与社会治理及典型案例点评》（中山大学出版社2015年版）一书中提出来的。2017—2018学年的第二学期，笔者从组织心理情感能量场的角度讲授了"组织文化"课程，为本书搭建了最初的架构。随后，在历次讲授"工商管理前沿专题"时，笔者对教案的逻辑结构与内容不断进行完善和充实。2019年，拙著《家庭心理情感能量场研究》由中山大学出版社出版，这对本书的最后定型起了决定性作用。

《企业心理情感能量场》具有以下三个特性。

第一，开创性。心理情感能量及心理情感能量场是两个开创性的概念，笔者将这两个概念运用于企业的研究与教学之中，对企业心理情感能量场的类型、运行机制、运行动力、生命周期进行系统而详细的分析与论述。目前，国内外未见相同或类似的专著或教材，亦未见相关的论文。

第二，高度交叉性。心理情感能量场理论有机地融汇了哲学、心理学、管理学、组织行为学、社会学、创业学的相关内容，形成了独具特色的理论体系，具有高度交叉性。

第三，广泛运用性。本书中提出的基本概念与相关的理论，除了可以运用于工商管理各个相关领域，还可以广泛运用于政治、经济、社会、军事、外交、教育、宗教、历史等领域的研究与教学，亦可用于中国传统经典的诠释与重构。

正因具有广泛运用性，本书除了可以作为工商管理专业本科生与研究生的教材外，也是各类各级管理人员、相关学科的学者重要的参考用书。

本书由唐雄山整体构思并撰写第一章至第八章及第十一章；甘燕飞、陈晶瑛、王琳、汤刘洋参与酝酿、构思与修改，对全书进行了校对，其中，甘燕飞撰写第十章、第十二章，陈晶瑛撰写第十四章，王琳撰写第十三章，2020级硕士研究生汤刘洋撰写第九章。王伟勤参与酝酿、构思并绘制了本书所有的表图。2017级本科生赖浩贤提供了部分案例。

目 录

第一编 企业心理情感能量场的基本问题

第一章 企业本性 …………………………………………………………… 3
一、企业本性的构成要素 ……………………………………………… 3
二、企业本性组合形态 ………………………………………………… 10
三、企业本性的平衡 …………………………………………………… 12

第二章 企业心理情感能量 ………………………………………………… 17
一、企业本性与企业心理情感能量 …………………………………… 17
二、企业心理情感能量产生的模型 …………………………………… 18

第三章 企业心理情感能量场的定义与类型 …………………………… 24
一、企业心理情感能量场的定义 ……………………………………… 24
二、企业心理情感能量场的类型 ……………………………………… 25

第二编 企业心理情感能量场的运行机制

第四章 "平衡—失衡—平衡"机制 ……………………………………… 35
一、心理情感能量场的平衡 …………………………………………… 35
二、心理情感能量场的失衡 …………………………………………… 37
三、心理情感能量场平衡的维护与恢复 ……………………………… 41

第五章 "成长—分裂—整合"机制 ……………………………………… 47
一、成长机制 …………………………………………………………… 47
二、分裂机制 …………………………………………………………… 49
三、整合机制 …………………………………………………………… 54

第六章 心理情感能量此消彼长机制 …………………………………… 59
一、内部事件、外部事件与企业机运轮流登场机制 ………………… 59
二、心理情感能量耗尽机制与恢复机制 ……………………………… 61
三、边际效应递减机制 ………………………………………………… 64

第七章 心理情感能量感应、外溢及其阻断机制 ……………………… 65
一、心理情感能量感应机制 …………………………………………… 65
二、心理情感能量外溢及其阻断机制 ………………………………… 72

第三编　企业心理情感能量场的运行动力

第八章　企业心理情感能量场的原动力 …… 81
　　一、企业价值观 …… 81
　　二、企业宗旨 …… 89
　　三、企业目标 …… 90
　　四、企业成员 …… 91
　　五、企业心理情感能量场的原动力模型 …… 95

第九章　企业心理情感能量场的维持性动力 …… 97
　　一、企业制度 …… 97
　　二、企业的组织结构 …… 103
　　三、团体意识与公民行为 …… 107
　　四、企业传统与风俗 …… 108
　　五、正面人物与反面人物 …… 111
　　六、企业历史与传奇 …… 115
　　七、企业维持性动力模型 …… 118

第十章　企业心理情感能量场的外部推动力 …… 121
　　一、企业外部环境 …… 121
　　二、企业外部利益相关者 …… 125
　　三、重大的外部事件 …… 133
　　四、企业外部推动力模型 …… 134

第十一章　企业心理情感能量场的衍生性动力 …… 136
　　一、凝聚力 …… 136
　　二、企业士气 …… 140
　　三、组织压力 …… 142
　　四、从众行为 …… 143
　　五、社会助长、社会抑制与社会惰化 …… 146

第四编　企业心理情感能量场的生命周期

第十二章　企业心理情感能量场的成长期 …… 151
　　一、孕育期 …… 151
　　二、婴儿期 …… 153
　　三、学步期 …… 156
　　四、青春期 …… 159

第十三章　企业心理情感能量场的成熟期 …… 164
　　一、盛年期 …… 164

二、稳定期…………………………………………………………… 168
第十四章　企业心理情感能量场的老年期…………………………… 171
　　一、贵族期…………………………………………………………… 171
　　二、官僚化早期……………………………………………………… 173
　　三、官僚期…………………………………………………………… 184

参考文献………………………………………………………………… 187
后　记…………………………………………………………………… 189

第一编

企业心理情感能量场的基本问题

作为活体,企业有着自己的本性。企业本性是企业与生俱来的属性及其组合形态。根据这一定义可知,企业与生俱来的属性不是单一的,而是由许多要素构成的。

企业的本性是企业心理情感能量的来源、本原与本体。企业本性与企业心理情感能量是一个统一体的两面,是一件事物的本与末、里与外、体与用。

企业心理情感能量场是指在企业内部因素与外部因素的影响下,企业成员之间心理情感能量互相作用、互相交换所形成的场。

第一章　企业本性

▶ **本章学习的目标：**

1. 了解企业本性的构成要素。
2. 理解企业本性主导性组合形态。
3. 了解企业本性平衡的定律。

当今社会是一个高度组织化的社会，存在着各种类型的组织，其中，企业是经济组织。

汉语中早就存在"组织"一词。《吕氏春秋·先己》高诱注："夫组织之匠，成文于手。"《辽史·食货志》："饬国人树桑麻，习组织。"前一个"组织"是动词兼名词，指的是织布这个动作及织布这项活动。后一个"组织"是名词，指的是织布这种技术。

从汉语中，我们可以看出，"组织"本是动词，是通过某种规则，运用某种技巧与工具，将分散的、无序的东西变成一个紧密相连的整体。在这个整体中，各个组成部分互相依赖，不可分离。

英文中"组织"是organization，它是由organize变形而来。organize是一个动词，与古汉语中的"组织"含义类似或相同。

但是，尽管organization是一个人造之物，一旦形成，它便具有了生命与活力，就是一个活体。企业（enterprise）也是这样一个人造之物。作为活体，企业有着自己的本性。企业的本性是企业心理情感能量的来源。

一、企业本性的构成要素

企业本性是企业与生俱来的属性及其组合形态。根据这一定义可知，企业与生俱来的属性不是单一的，而是由许多要素构成的。这些要素有：生存欲与死亡欲，占有欲与放弃欲，责任心与推卸责任的欲望，同情怜悯心与冷漠之心，爱美之心与"美的迷失"，报复心与宽恕心，好奇心与惰性，嫉妒心与赞赏之心，自体性（自我性）、群体性与类性，理性与感性，等等。这些要素在不同的情景下会呈现出不同的组合形态。

（一）生存欲与死亡欲

与人一样，企业作为一个活体具有生存与发展的欲望。企业的生存欲与发展欲催生企业生存与发展的机制。企业诞生之后，如何延续自己的生命，并不断地发展壮大，是企业首先要考虑的问题。为此，企业会制定规则、战略与策略以防止自己受到伤害，制订各种计划以获取自己生存与发展所需要的资源。此外，组织会在恶劣的环境中努力寻求生存的机会，如2020年初暴发的新冠肺炎疫情就是对企业生存欲的一次测试。在不可抗拒的灾难面前，有些实体零售店在遭受巨大打击的同时纷纷创新或转变销售模式，使企业重焕新生；有的餐饮业通过点对点送餐上门，使企业绝地逢生；一些知名的互联网大企业也纷纷以贷款来获取后续生存发展的资源，使企业迎来新的发展。

企业本性中的生存欲望来源于企业成员，特别是企业的高层领导者与其核心成员。企业成员希望企业能够生存下去，因为企业成员是依赖企业的生存而生存，依赖企业的发展而发展的。同时，企业成员本性中的群体性或组织性强化了企业的生存欲，因为企业成员本性中的群体性或组织性使企业成员在必要时会为企业的利益、生存与前途着想，并愿意为组织奉献出自己的能力，甚至一切。

与生存欲相对立的是死亡欲，如人一样，企业本性中有生存的欲望，也有死亡的欲望。这两种欲望是相互矛盾、相互制约、相互平衡的力量。例如，一场突如其来的新冠肺炎疫情使大批企业，特别是在以强人群聚集性为基础的行业中的企业挣扎在生死边缘。如旅游业、餐饮业、酒店、实体零售业等领域的一些企业率先倒闭、破产。同时，一些线下培训机构相继宣布倒闭或停止营业。

企业死亡的欲望也来自企业成员。如果大多数企业成员的个人利益得不到保障，企业成员对企业感到绝望，企业错失生存与发展机会，企业内部矛盾重重，企业高层与核心成员贪污腐败，企业死亡的欲望就会上升，企业中促使其死亡的力量就会变得十分强大。企业的死亡机制可以分为三种：自然死亡机制、被动死亡机制与主动死亡机制。根据涂尔干的观点，一个人会主动选择死亡，其原因有四：利他、利己、失范与宿命。同样，一个企业也会主动选择死亡。许多企业选择破产或倒闭就是企业主动选择死亡的体现。许多企业主动选择并入其他企业也是企业主动选择死亡的体现。①

（二）占有欲与放弃欲

占有欲是所有组织与生俱来的属性。一个家庭想占有更多的财富、更高的名望与地位；一个国家想占有更多的人口、土地、财富，在国际上拥有更多的政治权力以及更大的发言权与控制权；一所学校想拥有更好更多的师资、生源以及教学设施，在社会上获得更高的名望与地位，通过更高的名望与地位进一步得到更多的资源；一个军事型组织所需要占有的主要是更多、更好的将军与士兵、武器装备；一个宗教组织所需要占有的主要是更多的信徒；等等。

企业作为经济型组织，想占有更多的财富，为此，企业必须努力占有更多更好的人才、资源，获取更大的市场份额。企业中的部门也有占有欲，它会尽可能多地获取企业中的资源。企业的占有欲来自企业的成员，并在企业成员身上得到充分的体现。企业成员会推动企业采取行动，并协助企业，通过为企业努力工作来实现企业的占有欲。

但是，从企业本性组合形态的可能性角度来考察，企业的占有欲可能会发展为贪

---

① 参见唐雄山、方军主编《现代管理学原理》，中国铁道出版社2015年版，第21页。

婪，即企业中的个人无论如何努力，都无法满足企业占有欲的需要。企业成员的过度奉献可能会导致企业占有欲的衰退、占有力的枯竭，因为占有欲、奉献欲作为心理情感能量是可以被耗尽的，而且一旦被耗尽，需要花很长时间才能恢复。

企业不仅有占有的欲望，同时也有放弃、舍弃的欲望，相应地，企业内部存在先天的放弃机制。一个企业会面对各种各样的占有物，但是有所舍才有所得。一般而言，企业会放弃小的，选择大的；会放弃不重要的，选择重要的；会放弃眼前的，选择长远的，哪怕眼前的利益十分巨大，因为眼前这个巨大的利益影响了长远的生存与发展。例如，现代企业为了扩大销售、分散风险、增加利润等目的，会放弃自己小的、不重要的、食之无味弃之可惜的鸡肋产品和市场。企业选择放弃的原因有趋利、避害。

从历史与现实来看，当企业面临以下两种情况时会主动或被动选择放弃：①在企业生命周期的后期，由于各种原因，企业本性的放弃欲会处于主导地位，放弃的机制启动，并且具有强大的活力，而占有欲与占有机制则力量弱小。②在力量对比中，明显处于劣势的企业会主动或被动地选择放弃，因为不放弃就会丧失更多，甚至有可能会丧失自己的生命。

从企业放弃的类型来看，有利己型放弃、利他型放弃、利己－利他型放弃、绝望型放弃、宿命型放弃、自暴自弃型放弃、战略型放弃、策略型放弃。不同类型的放弃，有着不同的放弃机制。这种机制存在于企业内部。①

（三）责任心与推卸责任的欲望

责任心与义务感是企业本性的重要构成要素。企业承担责任与义务的本性具体体现在三个方面。

第一个方面是对整个社会承担责任与义务的本性，企业本能地愿意为整个社会服务，为整个社会的利益着想。企业作为社会的成员，它本性中的社会性或群体性使它对其所赖以生存的社会产生归属感与依赖感。归属感与依赖感也是企业本性的组成部分。这种归属感与依赖感使企业本能地将自身的利益与整个社会的利益联结起来。企业本能地意识到，如果整个社会的秩序与利益受到损害，那么企业的利益也会受到损害，从而影响到自身的生存与发展。

第二个方面是企业本能地会对社会各个成员，特别是社会上的利益相关者承担起责任。利益相关者可能是组织、社区或个人。这些利益相关者是维持企业存在与发展的重要资源。例如，顾客、供应商、销售商、各级政府、社区、各类绿色环保组织、社会组织就是企业赖以生存与发展的至关重要的资源。损害自己赖以生存与发展的资源，会直接威胁到自己的存在，从而导致自己死亡。

第三个方面是企业本能地会为自己的内部成员承担起责任与义务。企业的本性中除了社会性、群体性、归属感，还有自体性（自我性），即关心组织自身的完整、健康、利益，关心与照顾自己的成员，为自己的成员的利益与发展着想，因为企业成员在很大程度上就是企业本身。

---

① 参见唐雄山、方军主编《现代管理学原理》，中国铁道出版社2015年版，第22-23页。

就责任心的层次而言，企业的责任可以分为自觉（自发）责任、伦理责任、经济责任、政治责任、法律责任。例如，近年来，我国各种类型与各种性质的企业在奥运会、世博会、载人航天、抗击疫情、地震等重大场合中挺身而出，是在履行其自觉责任；在经营发展中体现国家意志，认真贯彻落实党的路线方针政策和国家战略部署的责任，是在履行其政治责任；企业努力达到政府设立的污染控制标准，或在晋升决策中不歧视年龄较大的或女性员工，是在履行其法律责任；企业从股东的最佳利益出发来从事经营活动，赚取最大利润，实现经济目标，是在履行其经济责任；企业努力消除工作场所的安全隐患、避免侵犯员工的隐私等，则是在履行其伦理责任。

这五种责任都内在于企业的本性之中。但是，在不同的情景之下，面对不同的事件，这五种责任心或义务感在企业本性组合形态中所处的地位不同。有时，企业会将法律责任置于首位；有时，企业会将经济责任放在首位；而在另一些情景下，企业会将伦理责任置于首位。不同类型的组织，这五种责任心的组合形态就会不同，但对于企业而言，经济责任心在总体上与总趋势上处于相对主导的地位。与责任心、义务感相对应的是企业内部存在的承担责任与义务的机制，在必要时，企业会启动这种机制。

承担责任与义务是企业与生俱来的本性，但推卸责任、拒绝义务也是企业与生俱来的本性。其他的组织亦是如此。推卸责任、拒绝义务的本性外化为具体行为也可以分为三个方面：推卸和拒绝对社会的责任与义务，推卸和拒绝对利益相关者的责任与义务，推卸和拒绝对企业内部成员的责任与义务。企业内部存在着推卸责任、拒绝义务的机制。只要条件许可，企业就会启动这种机制。这种机制有助于企业避免责任与义务的超载，但也有可能使企业变得贪婪、任意妄为或胆小懦弱。[①]

（四）同情怜悯心与冷漠心

企业作为一个活体，其本性中具有同情心与怜悯心。当有不幸事件发生时，它会不由自主地、本能地产生同情与怜悯的心理情感能量，形成同情与怜悯的心理结构，这种心理结构可能会导致它采取进一步的行动：为受难者捐款，捐献必需的生活品，或者做一些有助于减缓受难者痛苦的事情。企业本性中的同情心与怜悯心来自企业中个体的人，是人性中同情心与怜悯心的自然延伸。

企业不仅具有同情怜悯心，也有冷漠心。这两者同时存在于企业本性之中。同情怜悯机制与冷漠机制也同时存在于企业本性之中。当同情怜悯心取得优势时，同情怜悯机制便被启动；而当冷漠心取得优势时，则冷漠机制被启动。冷漠机制的启动有着十分复杂的原因。[②]

（五）嫉妒心与赞赏心

任何一个组织都有嫉妒心，这是组织本性的构成要素之一。组织会嫉妒与自己地位、资源、能力相当的组织，如地方大学之间会互相嫉妒；重点大学之间会互相嫉妒；

---

① 参见唐雄山、方军主编《现代管理学原理》，中国铁道出版社2015年版，第23—24页。
② 参见唐雄山、方军主编《现代管理学原理》，中国铁道出版社2015年版，第24—25页。

国家之间会互相嫉妒。一个组织会特别嫉妒原来不如自己而后来赶上，甚至超过自己的组织，如日本与美国会互相嫉妒。这种嫉妒会表现在组织成员的情感与言行上。实力悬殊或没有什么联系的组织，它们之间不会互相嫉妒。

企业也是如此，例如资源、实力相当，从事类似业务的企业之间会互相嫉妒，饮品公司之间会相互妒忌，数码品牌之间会相互妒忌，网络播放平台之间会相互妒忌。一个企业会特别嫉妒原来如自己，而后来赶上，甚至超过了自己的企业。

嫉妒是企业的本性，羡慕、赞赏与敬佩也是企业的本性。一个企业在嫉妒另一个企业时，存于其内心深处的是对另一个企业的羡慕、赞赏与敬佩，它希望自己能与另一个企业一样取得进步，拥有资源与名声。嫉妒与羡慕、赞赏、敬佩可以成为组织发展的巨大动力，因为它们之间只有一线之隔。轻度的嫉妒会使人产生不快的心理情感能量，中度的嫉妒会使人产生痛苦的心理情感能量，重度的嫉妒会使人产生仇恨的心理情感能量。羡慕、赞赏、敬佩则会使人产生愉快的心理情感能量。①

（六）报复心与宽恕心

报复心是组织的本性之一。在组织之间的关系中，互相遵循着对等原则：你以什么方式对待我，我就会以什么方式对待你。企业之间会互相报复，其他所有的组织亦是如此。企业的报复心来源于企业成员。与报复心相关联的是企业好斗的本能。

报复、好斗是企业的本性，宽恕、与人为善、爱好和平也是人与组织的本性。任何组织（包括国家）都有宽恕其他组织（包括国家）过错的本能，有与其他组织和平相处的愿望。处于不断报复与斗争行为中会使组织精力耗尽，力不从心。组织都希望有一个和谐的社会环境，在这个和谐和睦的环境中生存与发展。所以不少实力相当的企业，在经历了残酷的竞争之后，结成了同盟，以获得和平发展的机会。②

正是因为如此，企业内部同时存在报复机制与宽恕机制。当报复心在企业本性组合形态中取得主导地位时，报复机制就会启动；当宽恕在企业本性组合形态中取得主导地位时，宽恕机制就会启动。

（七）好奇心与惰性

好奇心与生存欲或占有欲相结合会产生求知欲、创造欲、创新欲。好奇、求知、创造、创新是人的本能，也是所有组织的本能，这些本能又会派生出学习的本能。任何组织的生存与发展都需要好奇、求知、创造、创新、学习的本能为其提供强大的动力。特别是在当代社会，个人之间、企业之间、学校之间、社会组织之间、国家之间互相竞争十分激烈，都在争夺十分有限的有形资源。为了在竞争中取得优势，组织必须使好奇、求知、创造、创新、学习的本能在其本性的组合形态中处于十分重要的地位。所有的组织都十分清楚，有形资源是有限的，而好奇、求知、创造、创新、学习能开发组织成员

---

① 参见唐雄山、方军主编《现代管理学原理》，中国铁道出版社2015年版，第26页。
② 参见唐雄山、罗胜华、王伟勤等《组织行为动力、模式、类型与效益研究——以佛山市妇联为主要考察对象》，中山大学出版社2013年版，第223页。

的无形资源——思维是无限的。

一个企业要得到生存与发展，就必须充分释放好奇、求知、创造、创新、学习的本能。根据动力能力理论，企业的竞争优势来源于四个层次的资源与能力：公共资源、专有资源、组织与管理能力、创新能力。其中，专有资源主要指的是如商业秘密、专利技术等无形资产，其具有排他性和竞争性，因此，其属于战略性资源，完全可以成为企业竞争优势稳定和持久的来源，而且一些重要的商业秘密和专利技术甚至成为支撑企业成功的主要因素。企业的辉煌得益于其好奇、求知、创造、创新、学习等本能的充分释放，并在其本性组合形态中处于显要的地位。

好奇、求知、创造、创新、学习是组织的本性，保守、惰性也是组织的本性。组织本性中的保守、守旧、惰性对组织具有双重的作用：一方面，它们会促使组织保持相对稳定，为组织创造相对稳定与平静的环境提供动力，没有相对稳定与平静的环境，企业无法得到发展，创新的成果无法变现为经济效益；另一方面，它们又是组织本性中死亡的力量，保守、守旧、惰性一旦在组织本性组合形态中取得主导或支配性的地位，组织本性中的死亡欲望与死亡力量也会因此逐步取得主导性地位，组织的死亡机制就会启动。①

（八）自体性（自我性）、群体性与类性

任何企业（任何组织）都具有自体性（自我性）。企业的自体性（自我性）是指，企业本能地为自己的利益着想，关注自己各个方面的得与失。这是由企业的生存欲、占有欲、趋利避害的本能所决定的。没有自体性（自我性），企业不可能存在，更不可能发展。

企业具有自体性（自我性），同样也具有群体性与类性。② 企业的群体性是指，任何一个企业都有一个或多个赖以生存与发展的"群"或"族"，即群体。企业对这个或这些群体具有归属感、依赖心，并本能地为自己所属的群体着想，愿意为自己所属的群体做出贡献。

企业本性中的群体性具有多层次性与多元性。一个企业可能只是某一个大型组织的某一层次的一部分，例如，企业只是国家多层次结构中的一部分，因此，企业本性中的群体便具有层次性，本能地为整个行业着想，本能地为市着想，本能地为省着想，本能为整个国家与民族着想。我们可以将企业本性中群体性的这些层次称为行业性、市性、省性、国家与民族性。例如，当国家与民族性这个层次在华为公司的本性中取得主导或支配性地位时，华为会放弃自己的利益。企业本性中群体性的诸层次之间互相矛盾、互相依赖、互相制约，并在总体与总趋势上保持平衡。

在2020年新冠肺炎疫情防控期间，中国的医院、企业充分展示了其本性中的群体性。这种群体性在这次灾难中具体化为对我国疫区民众的同情与怜悯、对疫区民众的

---

① 参见唐雄山、罗胜华、王伟勤等《组织行为动力、模式、类型与效益研究——以佛山市妇联为主要考察对象》，中山大学出版社2013年版，第223-224页。

② 参见唐雄山、王伟勤主编《人性组合形态论》，中山大学出版社2011年版，第245-248页。

爱，具体化为对国家与民族承担责任与义务的精神与行为。医院无偿为灾民提供医治，银行无条件为灾民提供一定数额的现金，企业免费为灾民提供水、食物、衣服等。在这场灾难中，我国的许多组织，如医院、银行、企业等，其本性中的群体性取得主导性地位，而自体性（自我性）则退居到次要地位。

企业的类性是指任何一个企业（组织）本能地将自己视为人类的一部分，关心人类的利益、存在与发展；当人类遇到重大的灾难时，愿意为人类做出贡献。企业的类性是对企业群体性超越。例如，当我国发生大地震时，各国许多企业表示了同情怜悯与关切，并表示愿意提供帮助；许多企业提供了切实的物资与金钱的援助。当海地、日本发生大地震时，各国许多企业表示了同情怜悯与关切，并提供了切实的帮助。

一般而言，企业本性中的自体性（自我性）会在企业本性组合形态中处于主导性地位，但是，这种主导性地位是受到制约的主导性地位，即受到群体性与类性的制约。此外，群体性与类性会随时走向前台，取代自体性的地位。

从历史与现实来考察，一个企业的实力、能力越强，其本性中的群体性与类性的地位就越突出。一方面，当一个企业变得强大时，它会不自主地提升群体性与类性在其本性组合形态中地位，例如华为与中兴；另一方面，当一个企业变得强大时，其他组织以及社会上很多人会对它产生依赖感、自豪感，希望这个强大的企业为群体或人类承担责任与义务，因为它们占有了群体或人类更多的资源与权利。根据对等原则，其他组织、国家以及社会上很多人便将相应的责任与义务强加给那些变得强大的企业。但是，同时会存在这样一种情况：群体性与类性扩张过度。一个企业本性中的群体性与类性的过度扩张会导致其过度负担，同时也会引起其他组织的不满、怨恨，甚至仇视。"多惠则多怨"是一个永恒不变的定律。

总体而言，企业本性中的自体性（自我性）、群体性与类性互相依赖、互相矛盾、互相制约与平衡。

(九) 理性与感性

中文中的"理"字，作名词，亦作动词。作名词，是指玉石本身所固有的纹理，泛指万事万物的纹理，即万事万物的内在结构与内在规律。作动词，是指按照事物内在结构与规律思考、推理与行事。

英文中"理性"是 reasoning 或 rationality，即推理或思维或合理性。不管是中文中的理性或英文中的理性，两者共同的特征就是遵循事物自然特性行事。

与人一样，任何企业（任何组织）都具有理性。理性是企业本性重要的构成要素。企业的理性主要表现为趋利避害与算计。

与理性相对立的是感性。感性包括爱、恨、情、仇、喜、怒、哀、乐、忧、悲、愁、恐、惧、苦、怜、贪等。任何企业都具有感性。

理性与感性互相较量，当理性取得主导性地位时，企业就会依理性行事；否则，就会依感性行事。

休谟在论述人的理性与感性之间的关系时说："我们之所以求知，无非因为希望享受。既没有欲望也没有恐惧的人而肯费心去推理，那是不可思议的。"休谟又指出：

"理性单独决不能成为任何意志活动的动机","理性在指导意志方面并不能反对情感"。休谟甚至认为:"理性是并且也应该是情感的奴隶,除了服务和服从情感外,再不能有任何其他的职务……"① 休谟在此说得有些过头。但是在现实生活中,我们绝大多数行为并不受理性,即趋利避害、算计的本性的支配,更不受后天得到的思维能力与思维方式的支配,因为理性只是人性众多要素中的一个。在支配人的行为上,理性常常处于下风。

从理论上来说,企业的行为应该受理性的支配,但是任何一个企业都是由人构成的,企业的决策是由人做出的,因此,企业的行为往往受到感性的影响。

上文所列只是企业本性要素的一部分,企业本性还有其他许多要素,在此不一一罗列。

二、企业本性组合形态

(一) 企业本性组合何以可能

1. 企业本性组合的基础

企业本性组合之所以能够形成,是因为企业本性是由许多要素构成的,这是企业本性形成各种组合形态的基础。

2. 企业(组织)本性组合的内在动力与外在动力

企业本性诸要素(包括诸要素的层次)之间相依赖、互相矛盾、互相制约,这是企业本性各种组合形态得以形成的内在动力。在外部力量的推动下,企业本性诸要素(包括诸要素的层次)之间的关系发生运动变化,根据不同的情景,形成的不同的组合形态。

(二) 企业本性组合形态的特征

1. 企业本性组合形态的差异性与多样性

企业本性组合形态的差异性与多样性包括两个方面。

第一,企业之间本性组合形态的差异性与多样性。与人性的组合形态一样,组织本性的组合形态具有多样性。社会上有多少组织,就会有多少组织本性组合形态。例如,不同类型的组织就有不同的本性组合形态,经济组织本性的组合形态不同于政治组织。在经济组织本性的组合形态中,一般来说,占有、追求经济利益的欲望会处于主导性地位。在政治组织本性的组合形态中,一般来说,占有、支配政治权力的欲望处于主导性地位。科学研究组织本性的组合形态又不同于经济组织与政治组织,在科学研究组织本性组合形态中,好奇心、求知欲、创造欲、创新欲、学习欲等会取得主导性地位。在绿色环保组织的本性组合形态中,其本性中的类性会取得主导性地位,它主要关注人类整体和长远的利益,关注人与自然的关系,关注其他生命、其他物类的权力,因为在绿色

---

① [英]休谟著:《人性论(上下册)》,关文运译,商务印书馆1991年版,第453页。

环保组织看来，其他生命、其他物类与人类具有同等的权力、地位与价值，它们存在的状态直接关系到人类自身的存在与发展。在教育型组织的本性组合形态中，传播文化与知识、对人进行教育的欲望处于主导性地位。但是，这并不排除科研型组织与教育型组织对经济利益与政治权力的追求，而且，有时这种追求可能十分强烈。

同一类型而不同规模的组织，其本性的组合形态也存在极大的差别，因为规模的差异意味着能力、历史文化、规章制度、社会资源的差异，这些差异会导致组织本性组合形态的差异。

企业属于经济组织，企业之间本性组合形态的差异性与多样性主要表现在四个方面：①不同行业的企业，因所需要的资源不同、在社会系统中的地位不同，其本性组合形态之间存在差异；②同一行业的企业，因其规模、历史、强弱不同，其本性组合形态存在差异；③企业的属性不同，其本性组合形态必然不同，例如国有企业、民营企业、个体企业、外资企业、合资企业，其本性组合形态存在差异，有时差异还很大；④不同地区、不同国家的企业，因政治制度、经济制度、法律制度的不同，以及文化、历史、传统的差异，其本性组合形态存在差异，有时差异还很大。

第二，同一企业本性组合形态的差异性与多样性。同一企业，在不同的发展时期，面对不同的事件与情景，其本性的组合形态都会有差异，有时这种差异可能很大。例如，同一个企业，有时生存欲会处于主导性地位，有时占有欲会处于主导地位，有时责任心、义务感、同情心、怜悯心会取得主导或支配性地位，有时嫉妒心、报复心或爱美之心会取得主导地位，有时群体性或类性会取得主导地位。

关于同一企业本性组合形态的多样性，我们也可以从马斯洛的理论得到一些启发。马斯洛所说的人类需要五个层次，实际上就是人性的五种组合形态。马斯洛的理论同样适用于企业。根据马斯洛的理论，企业也有五个层次的需要，这五个层次的需要都内在于企业的本性之中。同一个企业在不同的情景下，在不同的发展阶段，有着不同层次的需要，因而形成不同的本性组合形态。

2. 企业本性组合形态的共通性与类型化

企业本性的组合形态不仅具有多样性、差异性，同时也具有共通性。其一，处于同一历史背景下的企业，其本性的组合形态存在着某种共通性，例如，农牧业社会的企业的本性组合形态存在共通性，工业社会的企业的本性组合形态存在共通性，后工业化或信息化时代的企业的本性组合形态也存在共通性。其二，处于同一文化传统、同一政治经济制度下的企业，其本性的组合形态具有共通性，例如，中国的各种类型、各种层次的企业其本性的组合形态存在共通性，美国的各种类型、各种层次的企业其本性的组合形态存在共通性，日本的各种类型、各种层次的企业其本性的组合形态存在共通性。其三，同一行业、同一领域的企业，其本性的组合形态存在共通性。例如，电气行业的企业其本性组合形态具有共通性，地产行业的企业其本性组合形态具有共通性，交通行业的企业其本性组合形态具有共通性。其四，同一规模的企业，其本性的组合形态存在共通性。其五，面对同一情景，如严重的地震、严重的水灾、大流行病等，各类企业本性的组合形态具有共通性。

因此，企业本性的组合形态、心理结构、心理活动与行为具有可预知性。当然，企业本性的组合形态、心理结构、心理活动与行为也存在着不可预知性。例如，一个大型、著名企业的领导者或核心成员的人性组合形态出现严重的负向失衡，导致企业的占有欲的过度扩张，责任心、义务感、同情怜悯心、群体性受到压抑，企业本性出现严重失衡，行为失范。一般来说，在社会转型时期，人与组织可能会出现本性迷失与混乱，从而失去应有的操守，干自己不应该干的事情。在一些社会里，人与组织本性会长期处于错乱之中，例如，希特勒统治下的德国、军国主义统治下的日本等。

正是因为企业的本性组合形态具有共通性，所以，我们可以对企业本性组合形态进行分类。一是从组织本性要素组合形态分类：生存欲主导的组合形态，占有欲主导的组合形态，同情心、义务感主导的组合形态，嫉妒心、报复心主导的组合形态，宽恕心主导的组合形态，等等。二是从组织本性层次组合形态进行分类：自体性（自我性）主导的组合形态、群体性主导的组合形态、类性主导的组合形态。每一种类型的本性组合形态对应相关的决策与行为，对利益相关者产生不同类型与不同程度的影响。

从企业本性要素的组合形态来看，当企业处于发展初期或面临严重的外来威胁时，生存欲会处于主导性地位。当企业四分五裂、权力与各类资源被少数人垄断、精英被压制时，企业的死亡欲会取得主导性地位。这两种类型的本性组合形态同时存在于任何组织之中，不论一个企业多么强大，生存欲多么强烈，其死亡的欲望一直存在，而且随时准备取代生存欲的地位。我们可以依此类推占有欲与放弃欲、同情怜悯与冷漠、嫉妒与羡慕、报复与宽恕、归属感与孤立之心、合作的愿望与竞争的本性，等等。这一系列两两相对的企业本性组合形态是十分典型化的类型。

（三）企业本性主导性组合形态

尽管同一组织在不同的发展时期，面对不同的事件与情景，其本性的组合形态呈现出多样性与差异性，而且随着组织领导者的更替，组织本性的组合形态也会发生某种程度的变化，看起来组织本性的组合形态处于不断的变化之中，使得人们难以对组织的心理结构与行为进行了解，但是任何组织都会形成一种主导性的本性组合形态，这种主导性的本性组合形态是相对稳定的。

任何组织都承担着社会运作过程中的某个功能，这一功能决定了组织的主导性本性组合形态。企业作为经济组织，承担了创造财富与分配的功能，因此，企业是以满足人们的经济性需要为宗旨的组织，其主导性的本性组合形态就是创造财富、分配财富与占有财富。

我们可以类推政治组织、社会组织、文化教育组织、军事组织、宗教组织等。组织主导性（功能性）的本性组合形态具有相对的稳定性，正是因为如此，就使得所有组织的心理结构与行为都具有可预知性，这是社会秩序得以形成的深层基础。

三、企业本性的平衡

尽管不同的企业有着不同的本性组合形态，同一个企业在不同的发展时期、面对不同的事件与情景，其本性的组合形态也存在差异，但是大部分企业在大多数的情况下，其本性的组合形态在总体与总趋势上是保持平衡的。

企业本性平衡必须遵循以下六条定律，否则，企业本性就会失衡。这六条定律适用于所有组织。

（一）企业本性中的任何一个要素都不可缺失

构成企业本性的诸要素是一个生态性结构。生态性结构的一个最重要的特点就是构成事物的任何一个要素都不可缺失，一旦缺失某个或某些要素，事物内部就会出现混乱，平衡机制就会被打破。同样，企业本性的任何要素都具有不可缺失性，一旦企业本性的某个或某些要素缺失，企业本性内在的制约与平衡机制就会遭到破坏。

企业作为经济性组织，占有财富、创造财富、分配财富的欲望在其本性的组合形态中会处于主导性地位，因此，其本性中的其他要素不能缺失，不仅不能缺失，而且要对其占有财富欲望进行有效的制约与平衡。其本性中的责任心、义务感、同情怜悯心、生存欲都会制约其占有财富的欲望的过度扩张。这一点在企业的价值观、宗旨、目标、计划中和具体的运行过程中都会得到充分的体现，否则，企业本性就会失去平衡，行为就会失范，就无法得到社会的认可，无法从社会中获得资源，最终，企业就会死亡。

其他所有的组织亦是如此。例如一个慈善组织，在其本性的组合形态中，同情心、怜悯心、责任心、义务感、关怀和帮助他人的欲望会处于主导性地位，而且其生存欲、占有欲、爱美之心、嫉妒心等要素依然存在，依然在起作用，同时这些要素会制约其同情心、怜悯心、责任心、义务感、关怀和帮助他人的欲望过度扩张。政治组织、教育组织、宗教组织、军事组织等也是如此。①

（二）企业本性在总体与总趋势上的平衡

企业本性平衡指的是企业本性在总体和总趋势上的平衡，即相对平衡，而不是指企业本性每时每刻都处于平衡状态，即绝对平衡。绝对平衡是一种静态，或死态；相对平衡是一种动态，或活态。这是企业本性平衡的第二条定律，我们可以用一个图来加以表示（见图1-1）。

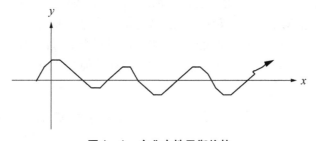

图1-1　企业本性平衡趋势

---

① 参见唐雄山、方军主编《现代管理学原理》，中国铁道出版社2015年版，第35页。

图 1-1 揭示了企业本性运动变化的两个特点：①企业本性平衡指的并非平静如水，这种平衡只存在于理想世界与逻辑世界之中，在现实世界是不存在的。企业本性诸要素之间总是处于互相矛盾、互相依赖、互相妥协与互相平衡之中，这一特征推动着企业本性的运动与变化，改变着企业本性诸要素的运动形态与组合形式，使企业本性诸要素轮流"上台"，在诸要素的组合形态中取得主导性或支配性地位。②企业本性的运动变化从总体上或总趋势上来看是平衡的，是围绕企业本性平衡轴线上下波动的。造成这种上下波动的原因是，在企业本性运动变化过程中，有时企业本性的这个或这些要素处于相对主导或支配地位，有时企业本性的另一个或另一些要素处于相对主导或支配地位，从而形成不同的企业本性诸要素的组合形态。

例如，从总体上来看，一个企业创造财富、占有财富、支配经济利益的欲望（本性）会在其本性的组合形态处于主导性地位，但是，这并不排除其本性中的其他要素会走上前台，进行合情、合理、合法的表演，并成为整个舞台中心与焦点。有时占有政治权力的欲望会取代占有经济利益的欲望，有时同情心、怜悯心、责任心、义务感会取代占有欲（包括占有政治权力与经济利益的欲望），有时嫉妒或报复心取得主导地位，有时惰性会取得主导地位。其他所有类型的组织都是如此。①

（三）企业本性中某一个或某些要素的扩张有一个"度"

这里所谓的"度"，指的是企业本性某一个或某一些要素扩张的限度，它包含两个方面的含义。

第一，企业本性中的其他要素对这个或这些要素扩张的承受限度，或者说，这个或这些要素的扩张是否造成了企业本性其他的某些要素被压抑。例如，企业占有财富欲望的扩张是否造成了对责任心、义务感、同情怜悯心的压抑，这些要素是否能承受占有欲的扩张。同样，企业责任心、义务感、同情怜悯心的扩张是否造成了对占有欲和企业本性其他要素的不利或压抑，占有欲和企业本性其他要素能否承受责任心、义务感、同情怜悯心的扩张。

第二，社会的法律制度、道德伦理规范对这个或这些要素扩张的承受限度，这个或这些要素的扩张是否破坏了社会的法律制度、道德伦理规范，即使有时社会的法律制度、道德伦理规范并不合理，并不符合人性与组织本性。

组织本性诸要素在这个"度"的范围内"活动"，组织本性是平衡的；超过这个"度"，组织本性就失衡了。② 如果社会的法律制度、道德伦理规范不合理，不符合人性与组织本性，那么企业本性某一个或某一些要素扩张所产生的行为可能会导致法律制度与道德伦理的变革。一旦变革成功，企业本性就会在新的社会架构下重新获得平衡，并遵守、尊重新的社会架构。

（四）一个或一些要素的扩张必须以其他要素的相应扩张为条件

在企业本性诸要素的运动变化过程中，总有某一个或某些要素因各种各样的原因受

---

① 参见唐雄山、方军主编《现代管理学原理》，中国铁道出版社 2015 年版，第 35-36 页。
② 参见唐雄山、方军主编《现代管理学原理》，中国铁道出版社 2015 年版，第 36 页。

到某种刺激而不断地扩张。在这种情况下，其他一些相关的要素一般都会相应地进行扩张，以保持企业本性在总体与总趋势上的平衡。

这是企业本性内部的平衡机制。企业本性内部这种平衡机制可以分为无意识（不自觉）平衡机制与有意识（自觉）平衡机制。无意识平衡机制是企业本性中各个要素本能地互相矛盾、互相斗争、互相影响、互相作用、互相制约的过程与产物。有意识平衡机制是企业有了一定的自觉，并借助于企业内部的价值观、宗旨、目标、制度、组织结构等，以及外在的各种各类的社会教育（即社会化），当其本性中的某个或某些要素扩张时，企业主动地、有意识地扩张其本性中的其他要素。例如，当一个企业的占有欲扩张时，其本性内部的这两种平衡机制就启动，其本性中的责任心、义务感、同情心、群体性等要素就会相应地扩张，只有如此，占有欲才不会摆脱其他要素的制约而导致组织本性失衡。

一般而言，一个企业占有的财富越多，它对社会、国家与民族所负的责任就越大；一个企业名望越高，它对国家与社会所承担的义务与责任就越重；一个企业拥有的教授、科学家、研究设备越多越好，它对国家、社会、民族、人类所负的责任也就越重。这不仅是社会、国家与人类对企业所提出的要求，也是企业自身本性平衡的内在要求。当一个企业取得权力、地位、财富、知识之后，它就必须在新的起点重新组合其本性诸要素，扩张自己本性中的责任心、义务感、同情怜悯心、群体性与类性，扩张自己内在的爱，以使其本性在新的起点达到平衡。如果一个企业取得权力、地位、财富、知识之后，而它本性中的责任心、义务感、同情怜悯心没有得到扩张，反而在某种程度上缩减了，这个企业的本性必然要失去平衡，它的心理会扭曲，行为会失常，最终肯定会给自己带来灾难与痛苦，也会给社会、国家、民族带来灾难与痛苦。

（五）某个或某些要素的收缩伴随着其他某个或某些要素的收缩

企业本性中诸要素之间的关系是一个有机的系统，一个要素的扩张必然伴随其他要素相应的扩张以保持企业本性的平衡。同样，企业本性中的一个或一些要素的收缩也必然要伴随其他要素相应的收缩，否则，企业本性就会失去平衡。例如，如果一个企业的占有欲望发生收缩，而其责任心、义务感并没有收缩，那么，它的能力、资源就无法承载过度的责任心、义务感带来的一系列后果，从而威胁到企业的生存。同样，其责任心、义务感的收缩必然伴随其占有欲而收缩，否则，其本性就会失去平衡。

企业本性这种调整可以分为无意识与有意识两种。无意识调整的动力来自企业本性的自身，有意识的调整则要借助企业本性之外的力量。由于企业本性的组合形态、心理结构与行为模式具有极强的惯性，使得无意识的调整具有明显的滞后性，有时滞后的时间很长。这种滞后会给企业带来痛苦与不安，因此需要及时启动有意识的调整。企业需要有心理上的准备，提高自己的心理承受力；同时，相关的组织与社会机构也可以提供某些帮助。相关组织与机构可请专家对相关企业及其成员进行及时辅导。

这里存在一些与这个规律相矛盾的现象：有时某个要素的收缩可能是因为某些要素而扩张。以生存欲为例，一般来说，生存欲的收缩都会伴随着责任心、义务感、同情怜悯心的收缩，否则，企业本性内部就会出现矛盾与紧张。例如，当一个人要结束自己的生命时，他就得淡化或冷却（冷冻）自己本性中的责任心、义务感、占有欲、同情怜悯心等，否则，他很难对自己下手，即使决心一定要对自己下手，他也一定是在非常痛苦、不安、自责中结束自己的生命的。

但是，在某种情境之下，个体或企业责任心、义务感、同情怜悯心的扩张导致了个体或企业生存欲的收缩，从而结束了自己的生命，但人性、企业本性内部却没有矛盾与紧张，个体、企业也没有产生心理与生理焦虑。例如，当人为了让自己的后代有生存的机会而放弃自己的生命时，当个体为了更多的人能够活下去而结束或放弃自己的生命时，当一个人为了某种真理而放弃自己的生命时，当一个企业为了民族的利益而选择死亡时，就会出现这种情况。因此，个体或企业不会为生而生，也不会为死而死。在这种情况下，个体人性或企业本性仍然处于某种平衡的状态，因为个体或组织在放弃自己的生命时而获得某种他或它想要的"东西"。[①]

（六）企业不能偏离其功能性的本性组合形态

如前所述，任何组织都承担着社会运作过程中的某种功能，承担的功能不同，其本性组合形态就会不同。组织的这种功能性本性组合形态是组织主导性的本性组合形态。例如，对一所学校而言，传播知识的欲望、创造知识的欲望、对学生的责任心与义务感在其本性中处于主导地位，这是学校功能性本性组合形态；对一所医院而言，治愈病人的欲望、对病人的同情心与义务感在其本性中处于主导地位，这是医院功能性本性组合形态。

对于企业来说，创造财富的欲望、分配财富的欲望、占有财富的欲望在其本性中处于主导性地位，这是企业功能性本性组合形态。偏离这一功能性本性组合形态，企业本性就会失去平衡。这一定律同样适用于个体的人。

思考题

1. 企业为什么会参与社会公益活动？
2. 企业本性失衡的原因是什么？可能会造成什么后果？

[①] 参见唐雄山、方军主编《现代管理学原理》，中国铁道出版社2015年版，第38页。

第二章　企业心理情感能量

▶ **本章学习的目标：**

1. 理解企业本性与企业心理情感能量之间的关系。
2. 理解企业心理情感能量产生的模型。

企业心理情感能量表现为情感与情绪，是企业本性直接或间接的产物。企业的属性与类型、企业文化、企业领导、企业的性格与气质、企业的外部环境、具体的情景与事件等对企业心理情感能量类型、产生的方式、强弱的程度都具有重要的影响。

一、企业本性与企业心理情感能量

心理情感能量表现为情感与情绪。情感与个体的认知有关，相对情绪而言，情感维持的时间较长。情绪，用英文来表示是 emotion。从这个词来看，情绪是众多心理活动中的冲动，是情感的外溢，它可能与认知无关，也可能与认知有关。相对情感而言，情绪维持的时间短。情绪一般而言是特定事件（或人物）所诱发的，特定的事件一旦消失，相应的情绪就会消失。

某种情感会导致相应的情绪，但是，情感类型与情绪类型也存在着分离的现象。你爱某个人，但因为某件事，你对他或她会生气、愤怒。例如，你关心、爱护你的子女，但是，你的子女不听话，考试不及格，你会很生气，有时会十分愤怒，甚至会动手打他们。又例如在一个企业内部，管理者爱护关心自己的下属，但是若下属工作经常出差错，管理者会生气，甚至骂他们。关心、爱是情感，而生气、愤怒是情绪。

情感与情绪是人类心理结构中的重要组成部分，是人类的心理情感能量。它们与人性及人性的组合形态存在十分密切的关系，是人性直接或间接的产物。[①]

企业心理情感能量与企业本性的关系亦是如此。从情感与情绪的起源上看，企业一部分情感、情绪直接来源于企业本性的相关要素，一部分情感、情绪则间接来源于企业本性，或者说是企业本性的次生物，即是企业本性组合形态的产物。企业本性是企业心理情感能量的本原与本体。企业情感、情绪与企业本性是一个统一体的两面，是一件事物的本与末、里与外、体与用。企业情感、情绪与企业本性诸要素、企业本性诸要素的组合形态共同构成企业的心理结构，并贯穿于企业心理活动的全过程。

[①] 参见唐雄山、余慧珍、郑妙珠等《家庭心理情感能量场研究》，中山大学出版社2019年版，第15—19页。

由于企业本性是企业心理情感能量的本原与本体，企业本性构成要素便成了企业心理情感能量构成要素至关重要的组成部分。

企业心理情感能量基本的构成要素主要有：爱、恨，高兴、忧伤，占有欲、放弃欲，积极上进、懒惰保守，同情怜悯、冷漠，理性、感性，刻薄、宽容，小气、大方（慷慨），乐于助人、见死不救，生存欲、死亡欲，责任心、推卸责任的欲望，报复心、宽恕心，自体性、群体性、类性，尊重、鄙视，自尊、自弃，希望、失望（绝望），诚信、欺诈，廉洁、贪婪……

任何一个企业都同时具有所有的心理情感能量。这些心理情感能量互相矛盾、互相制约、互相平衡，形成各种组合形态，最终某一种能量或某些能量会取得相对主导性地位。当取得主导性地位的心理情感能量变得足够强大且地位稳固而可持续时，就会推动企业采取相应的行为。这一点应用于所有组织与个人。

二、企业心理情感能量产生的模型

通过上述对企业本性与企业心理情感能量之间关系的分析，我们构建了企业心理情感能量产生的模型，如图2-1所示。这一模型对理解企业心理情感能量产生的路径具有十分重要的作用，对企业理解其自身的心理情感能量场也具有十分重要的意义。

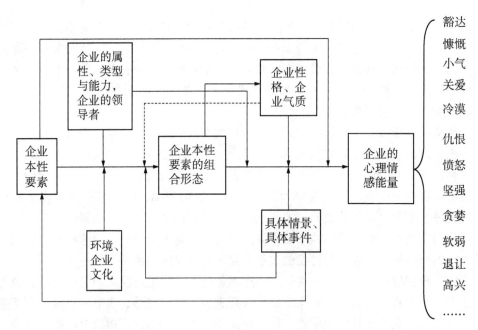

图2-1 企业心理情感能量产生的模型

在这里，需要对上述模型中的一些关键内容做必要的说明。

企业的类型与属性主要可以从三方面来说。一是从行业与领域上来看，不同行业的企业的本性组合形态不同，同一行业不同领域的企业其本性组合形态也存在差异。这些不同与差异直接影响企业之间心理情感能量的不同与差异。二是从国有、民营、个体、合资、独资来看，由于所拥有的地位、资源不同，以及价值观、目标的差异，这些企业的本性组合形态存在不同程度的差异。这些差异会导致企业之间心理情感能量的差异。三是从企业的规模或发展阶段来看，如果一个企业规模小、处于发展的初期，那么，生存的欲望、发展的欲望、自我保护的本能会在其本性组合形态中处于重要地位；如果一个企业规模大、力量强，那么，对社会负责的欲望、展现自己光辉形象的欲望、自我实现的欲望会在其本性组合形态中处于重要地位，而生存的欲望、发展的欲望、自我保护的本能可能会退居次要的地位，甚至会麻木，或处于休眠状态。同时，企业存在许多结构形态，每一种结构形态对企业本性的组合形态都存在重大的影响。例如，高耸型的企业结构与扁平型的组织结构会引导企业本性的组合形态朝着不同的方向发展。

企业能力是企业心理能量的重要变量。一般来说，企业能力强，企业的占有欲望就会越强，在企业的本性要素的组合形态中，占有欲、扩张性就会取得主导地位。为了使企业本性保持一种相对的平衡状态，企业的责任感、同情心也会随着占有欲的扩张而扩张，否则，企业本性就会失衡。一旦企业本性失去平衡，企业就会变得贪婪，变得毫无责任感与同情心，长此以往，企业就无法得到所需要的资源，也无法将自己的产品与服务输送到最合适的地方，企业能力就会大大削弱，企业的生存与发展也就会存在问题。试问谁愿意跟一个没有责任心、没有义务感、没有诚信、没有同情怜悯心的人交往呢？就整个社会体系而言，企业就好比一个有生命的活体，就好比一个人。

如果企业能力比较弱，企业就可能会收缩自己占有的欲望，采取相对保守的行为；同时，其责任感与同情心也会保持与占有欲相对等的程度，所有这些心理情感能量都会反映在企业的行为上。

特别值得注意的是，一种能力的获得可能会产生多种本性组合形态，每一种本性组合形态对应着具有一定特征的行为模式。

不仅某种能力的获得会改变企业本性的组合形态，而且，某种能力的失去或减弱也会改变企业本性诸要素的组合形态。例如，一个企业由于其核心的销售员或科研人员的出走，失去了关键性的能力，其本性组合形态、心理结构与行为模式就会发生巨大的变化。

在企业能力之中，思考或理性是一项至关重要的能力。虽然能力只是影响一个人或一个企业的因素之一，但如果其他因素不够强大，能力就会为所欲为。因此，在某种意义上，一个人或一个企业被自己的能力所支配（奴役）。

从图2-1来看，企业领导影响组织的本性组合形态与组织的行为。这个模型中还有一组关系没有显示，那就是企业领导者与企业价值观、宗旨、目标（特别是战略目标）、制度、政策的关系。企业领导者对企业价值观、宗旨、目标（特别是战略目标）、制度与政策有着至关重要的影响，而企业价值观、宗旨、目标（特别是战略目标）、制度与政策直接影响组织的本性组合形态，成为企业行为的内在动力。实际上，企业价值观、宗旨、目标（特别是战略目标）、制度与政策本身就是心理情感能量的载体。

从图2-1可以看出，企业的类型、属性、能力与领导者对企业心理能量的影响有两个方面：第一，企业的类型、属性、能力与领导者影响企业本性诸要素的组合形态，即某种心理情感能量形成。企业本性诸要素的组合形态是企业行为的准备状态，只要有足够强度的刺激，这种行为的准备状态就会转换为具体的行为。不同的企业本性组合形态（即不同的心理情感能量）产生不同的行为。第二，企业的类型、属性、能力与领导者影响组织现时，即当下的心理状态。当组织遇到特定的情景时，不同类型、属性、能力与领导者的企业会产生不同的心理情感能量，如恐惧、无畏、大度、小气、退让、软弱、高兴、愤怒等。这个原理适用于所有的组织。

从图2-1来看，企业的气质与性格是由企业本性组合形态所决定的，而企业本性的组合形态又受到企业的属性与类型、企业能力、企业文化、企业领导者、企业所处环境等的影响。由此可见，企业气质与性格是六个变量互相作用的产物，这六个变量中的任何一个发生变化，企业的气质与性格就会发生变化。例如，一个庞大的企业，其能力的变化在不断地引起其本性组合形态的变化，也在不断地引起其气质与性格的变化。如果领导者发生更替，企业本性的组合形态、气质与性格也会发生不同程度的变化。领导者会将自己的价值观、行为模式、情感表达模式强加给企业，由于权力与权威的作用，在许多情况下，企业自动自愿地接受。企业的气质与性格一旦形成，就会对企业本性的组合形态与企业的心理情感能量产生影响。

图2-1模型中的环境包括宏观、中观与微观组织（企业）的外部自然与社会环境。宏观环境包括历史文化背景、自然条件、国家的政治经济制度等；中观环境是指地域性自然环境、风土人情、历史传统、饮食习惯、地方性法规与政策；微观环境指的是企业所处社区的自然、历史与人文环境。这三种外部自然与社会环境对企业心理情感能量的形成产生不同的影响。

宏观环境实际上就是一个宏大的心理情感能量场。宏观的心理情感能量场对企业心理情感能量的形成起着总方向性、总框架性的作用。

历史时代是影响企业本性组合形态的重要变量。到目前为止，人类已经经历了政治人时代（工业革命之前）、经济人时代（工业革命之后），以及现在的文化-社会人时代（20世纪30年代或第二次世界大战之后）。

在政治人时代，政治组织处于独大的状态，除了在政治领域活动外，它还将野心扩张到经济领域、文化教育领域，政治组织占有的欲望并没有在外在制约力里，在大多数时间里，政治组织的本性处于失衡状态。正因为如此，在政治人时代，企业受到压制，失去独立性与自主性，处于被支配的地位，而且因规模小、数量少、力量弱而被歧视。因此，自我保护的欲望（本能）、生存的欲望、依附的欲望在企业本性的组合形态中处于主导地位，它力求与政治组织结成同盟。其本性组合形态处于失衡与扭曲的状态。

到了经济人社会，政治组织独大的局面结束，从理论与法律上来说，政治组织与经济组织、文化教育组织、科学研究组织、宗教组织、工会组织的地位是同等的，尽管它们的作用不同。政治组织不仅受到其他组织的制约与监督，而且政治组织之间也互相矛盾、互相监督、互相制约，同一个政治组织内在也在制约与平衡机制。因此，在经济人社会里，政治组织本性中的占有欲望得到比较有效的遏制，责任心、义务感在其本性组合形态中的地位得到了较大的提升。也正因为如此，作为经济组织的企业获得独立性与自主性，企业本性与人的本性得到了充分解放，其本性的组合形态也随时代的变化而变化。在经济人时代，企业的地位迅速上升，因规模大、数量多、力量强而被重视。在经济人时代的前期，经济组织占有的欲望不断地扩张，而其责任心、义务感、同情怜悯心则没有得到同步扩张，其本性处于严重失衡的状态。同时，它还将自己的欲望扩张到政治领域，从而影响政治，甚至操纵政治权力的分割与分配。到了经济人时代的中后期，由于工会力量的强大、政治组织的反击、舆论组织的谴责，各国政府先后通过反垄断法、反暴利法、最低工资法、最长工时法与工会法等一系列法规，对企业扩张的欲望进行遏制，使责任心、义务感、同情怜悯心在其本性组合形态的地位得到某种程度的提升。

到了文化－社会人时代，政治组织的功能发生了较大的变化。在政治人社会里，政治组织的功能是统治；在经济人社会里，政治组织的功能是管治；到了当今的文化－社会人时代，政治组织的功能是服务与管理，主要是服务。政治组织的功能发生变化，必然导致其本性的组合形态、心理结构与行为的变化。作为经济组织的企业，其本性的组合形态发生了革命性的变化。由于边际效用递减的作用，企业不能只靠工资与物质奖励来提升员工的工作积极性，员工在满足经济上的需要之后，对社会性需求越来越关切，如承担责任、义务的需求，关怀与被关怀的需求，合群的需求，自我实现的需求，等等。同时，由于企业的渗透力与影响力，社会对企业提出更多更高的要求。这种变化迫使企业本性组合形态进行调整，使责任心、义务感、同情怜悯心在其本性组合形态中的地位得到提升。文化－社会人时代的一个重要特点就是科学技术与文化教育力量已经取代了土地与资本，成为社会发展的主要推动力。企业要想生存与发展，就必须重视科学技术与文化教育，因此，好奇心、求知欲、学习欲、创造与创新的本能在企业本性组合形态中的地位得到了大幅度的提升。在现代社会，交通技术、通信技术、生物技术、现代数字技术等都在对企业本性组合形态产生重要的影响。技术的迅速变化加速了企业本性由一种组合形态向另一种组合形态的转化，否则，企业就会面临生存困境。

上述只简述了历史时代对企业本性组合形态的影响，实际上，所有组织的本性组合形态都受到历史时代的影响，并释放出相应的心理情感能量，从而维持组织存在，推动组织发展。

国家的法律、制度与政策是影响组织本性组合形态的外部力量，属于宏观的因素。国家的法律、制度与政策是心理情感能量的载体。

从企业的本性组合形态的可能性上来说，任何一个企业都是潜在的天使，也是潜在的魔鬼。如果没有外在强大力量的制约与平衡，那么，任何一个企业都会变成魔鬼，而不是变成天使。法律、制度与政策的作用在于遏制企业本性中占有欲、报复心、嫉妒心、冷漠心、推卸责任与义务的欲望的过度扩张，强化企业本性中的责任心、义务感、同情怜悯心、爱美之心等，或者使企业的责任心、义务感、同情怜悯心、爱美之心伴随占有欲同步扩张，从而使企业本性在总体与总趋势上保持平衡，促使企业与社会共同发展。一般来说，有什么样的法律、制度与政策，就有什么样的企业本性组合形态。当今社会是一个高度组织化的社会，需要对企业施以十分严格的约束，通过各种法律、制度与政策严格规范企业的行为，塑造企业理想的本性组合形态，释放出理想的心理情感能量，使其成为良好的社会公民。这一原理适用于所有的组织。

外部的中观环境、微观环境与自然环境对企业心理情感能量的产生亦具有十分重要的影响。此点后面章节会有比较详细的分析与论述。

企业文化包括企业的价值观、宗旨、目标、战略、规章制度，还包括企业的历史、传统、正面人物与反面人物、标识、旗帜、口号、颜色。要了解一个企业的心理情感能量与行为模式，必须了解企业的文化，特别是企业的价值观、宗旨、目标、战略、规章制度，企业的历史、传统，企业的正面人物与反面人物等，因为这些是企业心理情感能量的重要载体。

企业的价值观、宗旨、目标与规章制度是影响组织本性组合形态重要的微观因素。企业价值观与宗旨对企业本性的组合形态起着规定性作用。如果企业的价值观宗旨只关心企业自身利益，那么，企业的本性中的占有欲望、嫉妒心、报复心、生存欲、自体性（自我性）、推卸责任与义务的欲望在其本性的组合形态会处于主导性地位，而责任心、义务感、同情怜悯心、爱、群体性、类性则会受到压制。如果企业的价值观与宗旨将社会利益、国家利益、民族利益、人类的利益放在首位，在为社会服务、为人民谋取利益的前提下，获得企业的生存与发展，那么，企业的本性就会获得相对的平衡，占有欲、生存欲、扩张欲与责任心、义务感、同情怜悯心、群体性、类性会获得同步的扩张。只有具有这种价值观与宗旨的组织才能获得强大的生命力。

目标与价值观、宗旨相关联，是价值、宗旨的具体化与落实化。如果企业的价值观与宗旨只考虑了自身的利益，那么，它的目标会显得单一，缺少层次感，无远见。这种企业的规章制度只对企业成员损害企业自身利益的行为进行约束，而对企业与企业成员损害社会与国家利益的行为缺少约束。如果企业的价值观与宗旨不仅考虑了自身的利益，更将社会利益、国家利益、民族利益、人类的利益放在重要的位置，那么，它的目标就会具有多元性、多层次性、多阶段性，从而形成一个庞大的目标体系。它的规章制度不仅可以防止企业成员做出损害企业自身利益的行为，也可以防止企业与企业成员做出损害社会、社区、国家与民族利益的行为。因此，企业目标对组织本性的组合形态具有重大影响，它会量化组织本性各个要素的相对重要性，规定它们的地位。

从图2-1来看，具体情景与事件即影响企业本性的组合形态，也影响组织的心理情感能量。不同类型的情景与事件会产生不同的企业本性组合形态，激发出不同的心理情感能量。例如，当一个企业面临悲惨的事件时，同情怜悯心、责任心、义务感在企业本性组合形态会取得相对主导地位，相应的心理情感能量便会涌出，促使企业采取相应的行为。根据图2-1，具体情景与事件对企业心理情感能量的产生存在三种情况。

第一，具体情景与事件作用于企业本性要素，使其中的某个或某些要素直接转化为心理情感能量，并且企业有可能在这种心理情感能量的作用下采取相应的行动。

第二，具体情景与事件作用于企业本性要素，使其中的某个或某些要素在企业本性组合形态中取得相对主导性的地位，进而产生相应的心理情感能量。

第三，具体情景与事件作用于已经存在的企业本性要素的组合形态，并强化这种本性组合形态，进而产生相应的心理情感能量。

具体的情景、具体的事件属于企业外部的因素，会对企业当下（现时）的心理情感能量产生影响，如使企业产生高兴、兴奋、同情、冷漠、愤怒、仇恨、嫉妒、小气、贪婪等心理状态。这些心理状态具有暂时性和不可持续性，会随着具体的事件与情景的变化而变化。一天之内，一个企业可能会交替出现高兴、失望、悲伤、愤怒等多种心理状态。对所有的组织来说，亦是如此。

思考题

1. 企业与医院的主导性心理情感能量存在什么差异？
2. 根据图2-1，分析企业遭受重大挫折时产生相关心理情感能量的过程。

第三章 企业心理情感能量场的定义与类型

▶ **本章学习的目标：**
1. 理解企业心理情感能量场的定义。
2. 了解企业心理情感能量场的主要类型。

一、企业心理情感能量场的定义

企业心理情感能量场是指，在企业内部与外部因素（见图2-1）的影响下，企业成员之间的心理情感能量互相作用、互相交换所形成的场；其存在的形式可以是企业成员之间面对面所形成的场，也可以是以电子网络形式存在的场，例如各种微信群、QQ群。场内所形成的心理情感能量对整个企业及其成员都会产生影响。如果这些心理情感能量外溢，就会对企业外部其他心理情感能量场产生不同的影响。

当两个或两个以上的企业成员进行交流时，一个心理情感能量场便形成了。在这个心理情感能量场内存在多股心理情感能量，这些能量影响场内人们的心理情感活动与外在行为。这些心理情感能量如果外溢，也会影响其他心理情感能量场的成员。

企业心理情感能量场的能量主要源泉是企业中的每一个成员。企业成员必须遵守企业的价值观、宗旨、制度、战略、政策与程序，通过角色规范、角色期望、角色扮演向场内提供能量。企业心理情感能量传播的主体是企业成员，传播的载体是口头语言、文字、肢体动作与表情，包括会议、文件、具体的决策等，传播的路径有直线单向、直线双向、网络结构。

需要特别指出的是，这里的"成员"指的是企业中的个体及企业中各层级的任何部门。企业成员的心理情感能量交流与交换指的是个体之间的交流与交换、个体与部门之间的交流与交换、部门之间的交流与交换，以及个体、部门、群体与企业之间的交流与交换。因此，企业心理情感能量场具有网络性、层次结构性、交叉与重叠性。这就意味着在同一个企业可能同时存在多个网络型、层次结构型、交叉与重叠型心理情感能量场。因此，企业心理情感能量场远比家庭心理情感能量场复杂。

不同的组织的主导性心理情感能量不同。企业心理情感能量场的主导性心理情感能量就是占有财富、创造财富、分配财富的欲望。这种欲望不能与法律、公共的伦理道德相冲突，也不能摆脱场其他心理情感能量的制约。否则，企业心理情感能量场就会失去平衡，严重失衡会导致企业心理情感能量场瓦解。

企业心理情感能量场的边界具有清晰性，同时具有扩张性。清晰性是指，企业拥有非常清晰的第一边界。根据这一边界，可以判断出企业的内部与外部。这一点，本书在相关的章节会有详细的论述。

扩张性是指，企业会将外部利益相关者纳入其第二边界，这个边界相对比较模糊。从图2-1所描述的模型来看，任何企业必须与外部环境进行能量交换才能生存与发展，这些与之进行能量交换的对象便是企业的外部利益相关者。但是，由于各种原因，与企业进行能量交换的外部对象在不断地发生变化，这就注定了企业第二边界的扩张性与模糊性。当企业与一个外部利益相关者（个人或组织）进行能量交换时，便形成了一个心理情感能量场。而任何一个企业不可能只有一个外部利益相关者，而是有众多的外部利益相关者。企业与外部利益相关者所形成的心理情感能量场是企业行为至关重要的推动力。

二、企业心理情感能量场的类型

从企业心理情感能量场的定义来看，在企业的生命周期内存在众多的心理情感能量场。为清楚地认识这些心理情感能量场，我们必须对其进行分类。

（一）按复杂程度分类

按复杂程度来分类，心理情感能量场可以分为复杂心理情感能量场与简单心理情感能量场。一般来说，五人以下属于简单的心理情感能量场，随着人数的增加，所形成的心理情感能量场也就变得越来越复杂。

在企业中，简单的心理情感能量场主要有：五人以下的班、组、室，以及五人以下的非正式群体。

企业中不同类型的简单心理情感能量场的形成机制与动力不同。例如班、组、室心理情感能量场形成的机制是企业任务的特质与企业的安排，其形成的动力有二：一是班、组、室成员的价值观、专业、兴趣、能力、意愿、合作的态度；二是相关的规章制度与程序。而非正式群体形成的机制与动力是"同性相吸"，即兴趣、背景、利益诉求、经历、价值观等相同或类似的人互相吸引。

一般来说，简单的心理情感能量场呈现网络式结构，心理情感能量以网络式路径传递。随着人数的增加，心理情感能量场就会变得复杂，网络式结构就会变成网络式与层级式并存的结构，相应地，心理情感能量传递路径也会发生变化。

（二）按时间维度分类

按时间维度来分类，心理情感能量场可以分为暂时的与长久的。暂时的心理情感能量场的显著特征是，场中的个体只是为了某个目的暂时地相处在一个共同的场内，如公交车、火车、动车、飞机、轮船等。又如一个小型摊位构成一个潜在的心理情感能量场，不同顾客的光临使其形成不同的心理情感能量场。长久的心理情感能量场的显著特征是场内的个体会长久地相处在一个共同的场内，不管个体之间在空间上相距有多么远，如家庭、家族、工作团队、同事、同学、朋友等。

在企业中，暂时的心理情感能量场主要有各种类型的会议、各种类型的交流、出差、考察。这类暂时性心理情感能量场形成的动力与机制是组织的意志、各种规章制度，主导者相关的语言与动作对心理情感能量场也起到了十分重要的作用。这类暂时性的心理情感能量场有助于解决企业面临的各种问题。

不同的暂时性心理情感能量场有着不同的心理情感能量传递方式与路径，其主导性心理情感能量也不同。例如，同样是会议，有的会议则充满了快乐、幸福、信心，有的会议则充满紧张、忧虑、不安、恐惧，有的会议则充满了不满、愤怒、仇恨、绝望。交流、出差、考察亦是如此。

在企业中，长久性心理情感能量场主要有：班、组、室、部、分公司、厂等。由于分工不同、工作性质不同、职能不同、构成人员的价值观及专业不同，各个班、组、室、部、分公司、厂主导性的心理情感能量存在差异，有时差异还可能很大。例如，研究开发部门的主导性心理情感能量与生产部门、销售部门的主导性心理情感能量就存在较大的差异。研究开发部门主导性心理情感能量是好奇心、求知欲、创新欲、创造欲。生产部门主导性心理情感能量是对安全、质量、速度、便捷的需要。销售部门则是占有更多的客户与更大的市场份额。

在企业还存在各种类型的团队，每一个团队就是一个心理情感能量场，其中有暂时性的，也有长期性的。

（三）按空间维度分类

按空间维度来分类，企业内部存在着固定空间、移动空间、物理空间、网络空间、公共空间、私人空间、正式空间、非正式空间等心理情感能量场。

1. 固定空间与移动空间

按固定或移动来分类，心理情感场可以分为固定空间心理情感能量场或移动空间心理情感能量场。固定空间心理情感能量场有：家庭、办公室、工厂、学校、宿舍、小区、实验室、教室、饭堂等。公交车、火车、动车、飞机、轮船、小汽车等则是移动空间心理情感能量场。公交车、火车、动车、飞机、轮船、小汽车等心理情感能量场形成的决定因素是司机、乘务人员、乘客，以及相关的法律规章制度。

在企业中，固定空间心理情感能量场主要有：班、组、室、部、分公司、厂等。移动空间心理情感能量场主要有：班车、电梯。这种移动的心理情感能量场存在的时间不长，而且人员在不断地发生变动。不同人员进场，场内的主导性心理情感能量就会发生更替，这一点在电梯里表现得十分突出。各种类型的出差、考察、旅游也会形成移动空间心理情感能量场。场内的人与事，场外的人与事、风景，都会影响场内心理情感能量的组合形态。

2. 物理空间与虚拟网络空间

按物理空间与网络空间来分类，心理情感能量场可以分为物理空间心理情感能量场与虚拟网络空间心理情感能量场。家庭、办公室、工厂、学校、宿舍、小区、实验室、教室、饭堂、公交车、火车、动车、飞机、轮船等都是物理空间心理情感能量场，而各种类型、各种功能的微信群、QQ 群则是虚拟网络空间心理情感能量场。

在企业（组织）中，物理空间心理情感能量场主要有办公室、工厂、实验室、教室、饭堂、班、组、室、部、分公司、班车、电梯等，而组织中各种类型、各种功能的微信群、QQ 群则是虚拟网络空间心理情感能量场。从心理情感能量交换的角度来看，这两种心理情感能量场各有自己的特点、优势与缺点。

在虚拟网络空间进行交流时，许多心理情感能量都会被过滤。在物理空间，人们面对一个个活生生的、有血有肉有情感的人，这与面对一部电话机或一台电脑的感觉是完全不一样的。同时，面对面，彼此的眼神、表情、动作、仪态都可以看得很清楚，而这些所透露的信息远远比单纯的文字语言所透露的信息要多、要丰富，双方可以进行迅速的反馈与互动。

但是，物理空间有自己的缺点。由于物理空间的限制，人们在寻找志趣相同者并构建相应的心理情感能量场时面临很大的困难。虚拟网络空间则在这个方面具有极大的优势。美国社会学家兰德尔·柯林斯在"互动仪式链"理论中系统探讨互动仪式的作用机制，该理论的中心是情感的表露。强烈的、短暂的情感爆发最终会形成稳定的、持久的情感能量，而正是这种情感能量将处于情境中的个体相互连接起来，从而形成情感连带。这一理论被企业及其他的组织在虚拟的网络空间充分运用。

> 网易云音乐通过参透情感能量图谱而点中用户命门。音乐社交是以情感能量（EE）为出发点的群体互动仪式。网易云音乐首先通过音乐社交建立起情感能量场，形成具有仪式感的情感能量聚集器，并以此在上线初期获取了大量用户。
> （资料来源：http://www.woshipm.com/operate/801211.html。）

从上述案例来看，网易云音乐之所以取得成功，就是通过虚拟网络空间锁定了大量志趣相同或类似的用户，定期地、不间断地进行心理情感能量投送，并与处于不同物理空间的个体进行心理情感能量交换，从而构建起一个庞大的、持久的心理情感能量场。美国前总统特朗普之所以能够获胜并维持高支持率，就是得益于特朗普及其团队通过虚拟网络空间定向投送心理情感能量的战略而形成的庞大的、高度同质化的心理情感能量场。[①]

3. 公共空间与私人空间

这里所谓的公共空间是指企业成员共享的空间，如办公室、工厂、实验室、教室、饭堂、班、组、室、部、会议室、礼堂、班车、电梯等，这些空间也是物理空间。各种网络化的工作群则是虚拟公共空间。关于这类空间心理情感能量场形成的机制、动力及其特征，前面已经有所论述。

这里所谓的私人空间是指，企业成员个体独享或独有的空间，非经允许，其他企业

---

① 参见何春梅《特朗普推文叙事的情感动力机制研究》，载《文化与传播》2019 年第 1 期，第 48－55 页；周庆安、宁雨奇：《唤醒、愉悦与支配：情感作用下的推特政治传播路径重构》，载《现代传播（中国传媒大学学报）》2020 年第 11 期，第 59－65 页。

成员不得进入，如企业成员的家庭、私家车、宿舍、私人工作间。由私人空间所产生的心理情感能量场与由公共空间产生的心理情感能量场存在很大的区别。

4. 正式空间与非正式空间

正式空间是指企业中的办公室、工厂、实验室、教室、班、组、室、部、会议室等。非正式空间是指企业中各种类型的走廊、餐厅、咖啡厅（吧）、茶水间、洗手间、电梯、班车、私家车、宿舍等。

一般而言，正式空间用于讨论企业中重大的、严肃的公共事务，相关的制度规范与企业的宗旨在这类心理情感能量场的形成与运行过程中起了决定性的作用。

非正式空间则用于讨论企业成员的私事。如果沟通的主题涉及公务但并不重要，或半公半私，可以选择在非正式空间，如公园、茶馆、咖啡屋等。非正式空间心理情感能量场的形成机制与运行机制和正式空间心理情感能量场的形成与运行机制存在极大的区别。

（四）按心理情感能量组合形态分类

任何一个心理情感能量场都具有不同的心理情感能量，这些心理情感能量在不同的情景下会形成不同的组合形态，形成不同类型的心理情感能量场。

1. 喜乐型

当喜、乐类心理情感能量取得主导或支配性地位时，企业心理情感能量场便可以被归类为喜乐型。在这种心理情感能量场中，悲伤、仇恨、恐慌、嫉妒等心理情感能量都被边缘化。喜庆、快乐、幸福等是心理情感能量场的主角。

生、得、富、达、聚、和、娶、嫁、成等事件是喜乐型心理情感能量场产生的原因，也是维持喜乐型心理情感能量场运行的动力。生、得、富、达、聚、和、娶、嫁、成等事件一般不会同时发生，但有可能连续发生。企业外部喜乐型事件也是形成、维持喜乐型心理情感能量场的重要力量。

需要特别注意的是，人们在这种场景中，十分容易出现集体兴奋、集体自豪、集体自大、集体狂热。集体兴奋的根源是内部的良性事件，外部的良性事件，竞争者的中等程度以上的失败、损失或挫折。集体自豪的根源是历史上的成就与荣誉，当下的成就与荣誉，外部的吹捧，自我吹捧与自我陶醉。集体自大的根源是对外界的无知，对竞争者的轻视。集体自大必然导致保守、懒惰、轻敌、自取灭亡、战略与策略失误、对其他人与其他组织（企业）不尊重。集体狂热的根源是对某一信念的执迷，对领导者的崇拜，被鼓动，集体自豪与集体自大。

在这种场景中，心理情感能量场十分容易出现集体催眠与集体弱智。

所谓集体催眠就是一种幻觉，一种放松、无觉的状态。在催眠状态下，个体失去自我，放弃独立思考，放弃自己的个性特征。集体催眠的根源主要有：对个人盲目崇拜、高度集权与专制、组织压力、从众行为。集体催眠表现为盲从（指鹿为马）、不思考、狂热。集体催眠的消极后果主要有集体弱智、决策失误、狂热。集体催眠必然导致集体弱智，集体弱智必然导致集体失败。不少企业因此破产，不少的公共组织因此而给人民造成苦难。但是，有时集体催眠是企业行为的重要动力，能为企业克服困难、走出绝境、取得突破性胜利创造条件。

所谓的集体弱智，并不是指心理情感能量场中的个体不聪明，而是指场中的决策由领导一个人说了算，而个体不愿意对领导决策提出自己的看法，过多地算计利益得失，从而导致关乎整体利益的决策质量下降，导致行为失当或失败。集体弱智的个人表现为决策失误、战略方向迷失、执迷不悟、错误不断沉淀。

2. 悲怜型

当悲伤、怜悯类心理情感能量取得主导或支配性地位时，心理情感能量场便可以被归类为悲怜型。在这种心理情感能量场中，喜庆、快乐、幸福等心理情感能量都被边缘化。悲伤、怜悯等是心理情感能量场的主角。

老、病、死、失、贫、离、散等事件是悲怜型心理情感能量场产生的原因，也是其维持的动力。外部悲怜型事件，根据不同的情况，会对心理情感能量场产生不同的影响。

在这种场中，会出现集体悲伤与集体怜悯。集体悲伤的根源是重要人物的离世，重大事故所导致的重大人员伤亡。集体怜悯的根源是严重的自然或人为的灾难，绝对的弱势群体处境。集体怜悯促使企业做力所能及之事，如捐款、捐物、组织志愿者等。

3. 焦虑、恐慌、痛苦型

当焦虑、恐慌、痛苦类心理情感能量取得主导或支配性地位时，心理情感能量场便可以被归类为焦虑、恐慌、痛苦型。

急、危、灾、祸、失、败、战略收缩与裁员等事件是焦虑、恐慌、痛苦型心理情感能量场产生的原因。内部斗争与迫害也会引发场内成员的焦虑、恐慌、痛苦，使焦虑、恐慌、痛苦类心理情感能量在场中取得主导或支配性地位。

外部焦虑、恐慌、痛苦型事件，依据焦虑、恐慌、痛苦程度差异，会对场内心理情感能量组合形态产生不同的影响，严重者会使焦虑、恐慌、痛苦类心理情感能量取得主导或支配性地位。例如，2003年"非典"疫情与2020年新冠肺炎疫情就使得焦虑、恐慌、痛苦类心理情感能量在有的企业中取得主导或支配性地位。谣言是心理情感能量的载体，不同类型的谣言承载不同类型的心理情感能量，进而影响心理情感能量的组合形态，使心理情感能量场的类型发生变化。

在这种场景中，人们可能会出现集体焦虑、集体恐慌与集体痛苦。集体焦虑的根源是集体的不安全感、外部环境的不稳定、危险的竞争战略与策略、大型的不良事件。集体恐慌的根源是未来的高度不确定性、外部环境的不稳定、危险的竞争战略与策略、大型的不良事件、重大的失败、重要人物的丧失。集体焦虑、集体恐慌必定导致集体痛苦。

在这种场景中，人们也极有可能出现集体羡慕、集体嫉妒、集体仇恨、集体残暴。集体羡慕的根源是对其他组织成就的赞赏，而这种成就是自己一直在追求而未得到的。集体嫉妒的根源是与其他组织相比较所产生的差距，但对这种差距又不认可。集体嫉妒表现为不同程度的酸楚感所产生的言行。集体嫉妒具有积极的后果与消极的后果。集体仇恨的根源是被伤害（或者臆想自己被伤害）、被欺骗（或者臆想自己被欺骗）、被侵略、被鼓动、过度嫉妒。集体残暴的根源是集体报复、集体仇恨、被鼓动。

在这种场景中，还可能会出现集体趋利避害、集体冷漠（集体冷酷）、集体欺骗。

4. 悲观失望型

当悲观失望的心理情感能量取得主导或支配性地位时，心理情感能量场便可以被归类为悲观失望型。失、败、损、挫、死、伤等具体事件是悲观失望心理情感能量产生的重要原因，外部的政治经济制度与政策也可能会让场内成员产生悲观失望，企业内部领导者、企业制度也可能会让企业成员产生悲观失望。当悲观失望的心理情感能量在企业中取得主导或支配性地位时，企业就会采取相应的悲观性行为。

5. 嫉妒愤恨型

当嫉妒、愤恨类心理情感能量取得主导或支配性地位时，心理情感能量场便可以被归类为嫉妒愤恨型。

争、骂、咒、讼、斗、打等事件是嫉妒愤恨型心理情感能量场产生的原因。企业外部类似的事件，依据性质与程度的不同，会对企业心理情感能量产生不同的影响。企业内部的制度、政策也有可能导致企业内部充满了嫉妒、愤恨类心理情感能量。企业外部的竞争者也会引起企业成员的嫉妒、愤恨类心理情感能量。

> 某网络公司是一家专门从事通信产品生产和电脑网络服务的中日合资企业。公司自1991年7月成立以来发展迅速，销售额每年增长50%以上。与此同时，公司内部存在着不少冲突，影响着公司绩效的继续提高。
>
> 因为是合资企业，所以尽管日方管理人员带来了许多先进的管理方法，但是日本式的管理模式未必完全适合中国员工。例如在日本，加班加点不仅司空见惯，而且没有报酬。
>
> 由于该公司的组织结构是直线职能制，部门之间的协调非常困难。例如，销售部经常抱怨研发部开发的产品偏离顾客的需求，抱怨生产部的效率太低，使之错过了销售时机；生产部则抱怨研发部开发的产品不符合生产标准，抱怨销售部门的订单无法达到成本要求。
>
> 研发部经理虽然技术水平首屈一指，但是其心胸狭窄，总怕他人超越。因此，他常常压制其他工程师。这使得工程部人心涣散，士气低落。
>
> （资料来源：本书作者根据调研资料整理。）

从上述案例来看，该网络公司内部存在中方人员与日方人员的争斗，也存在部门之间的争斗，整个企业心理情感能量场充满了愤、恨、嫉妒、怨等心理情感能量。

6. 积极上进型

当生存欲、占有欲、好奇心、探索欲、进取心、发展欲等心理情感能量取得主导或支配性地位时，心理情感能量场便可以被归类为积极上进型。

积极上进型心理情感能量的形成、维持与企业的价值观、宗旨、目标、战略、政策、领导者的能力及行为存在密切的关系，也与企业发展的阶段存在密切的关系。组织外部积极性事件与建设性制度对积极上进型企业心理情感能量场的形成与维护具有十分重要的作用。

方太集团（简称为方太）十分注重企业目标与个人目标的一致性。方太希望员工把个人的奋斗目标与企业的发展相结合，给自己定出较高的奋斗目标，以充分调动员工的积极性和创造性，鼓励员工展开能力、贡献的竞争。方太每年会对员工进行一次评定，对有特殊贡献的员工给予晋级或嘉奖。

方太招聘的每一个员工，公司的人事部门和用人部门都要与其谈话，如介绍企业情况，了解他们的追求和能力，对其量材为用。同时，公司注重对员工的培训，在公司内部形成有利于员工个人奋斗进取的良好环境。

企业发展带来的机会，方太都要根据员工能力、贡献大小来确定其得到与否。这样，方太树立起了员工发展取向的正气，真正鼓励了员工通过不断学习来提高个人的工作竞争力，通过勤勉的敬业精神来扩大自己对公司发展的贡献。企业要发展，个人也要发展，不仅要问"个人为企业做了什么"，也要问"企业为个人做了什么"，把企业发展与个人发展结合起来，把企业带来的机会按照效率优先的原则进行分配，这正是方太企业文化、企业精神的精髓。个人努力→个人发展→企业发展→个人更好地发展，实现个人发展和企业发展的互助和一致，正是市场经济的魅力所在，正是企业文化与其他文化的区别所在。

《方太管理原则》第23条是"关注员工成长"，合适的员工是公司最大的财富，也是公司最大的竞争优势。所以，企业必须通过员工的成长创造企业的成长，为符合公司价值观、绩效良好的员工提供发展机会和通道。

（资料来源：廖岷著《方太方法》，企业管理出版社2006年版，第398页。）

"个人努力→个人发展→企业发展→个人更好地发展"这一政策是方太集团积极上进型心理情感能量场形成的动力。方太集团内部士气高昂，使员工充满了好奇心、探索欲、进取心、发展欲、贡献欲、学习欲、群体性、归属感等心理情感能量。

7. 保守懒惰型

当保守懒惰的心理情感能量取得主导或支配性地位时，企业心理情感能量场便可被归类为保守懒惰型。

保守懒惰型心理情感能量的形成、维持与企业的价值观、宗旨、战略、政策、领导者的能力及行为存在密切的关系。企业外部破坏性事件与不良的制度也有可能使企业充满保守懒惰型心理情感能量。企业生命周期的后期，其心理情感能量场往往呈现出保守与懒惰。多数企业在这一时期的产品和市场往往停留在原来的水平，停止实质性的创新，管理者不思进取，导致企业内部危机四伏。

除了以上七种分类的心理情感能量场外，还存在其他分类的心理情感能量场。例如，从年龄结构来看，可以分为正三角形年龄结构心理情感能量场、菱形年龄结构心理情感能量场、倒三角形年龄结构心理情感能量场[①]；从专业结构来看，可以分为同质专业结构心理情感能量场、异质专业结构心理情感能量场[②]；按群体类型分类，可以分为

[①] 参见唐雄山《组织行为学原理——以人性为视角》，中国铁道出版社2010年版，第75-76页。
[②] 参见唐雄山《组织行为学原理——以人性为视角》，中国铁道出版社2010年版，第76页。

正式群体心理情感能量场与非正式群体心理情感能量场。① 另外，还可以按互动关系对企业内部的心理情感能量场进行分类。②

思考题

1. 为什么说企业心理情感能量场是一个网络化的结构？
2. 为什么说在企业生命周期中，其心理情感能量场会呈现出不同类型？

---

① 参见唐雄山《组织行为学原理——以人性为视角》，中国铁道出版社2010年版，第77-80页。
② 参见唐雄山《组织行为学原理——以人性为视角》，中国铁道出版社2010年版，第121-122页。

第二编

企业心理情感能量场的运行机制

任何一个心理情感能量场都存在以下四种运行机制:"平衡—失衡—平衡"机制,"成长—分裂—整合"机制,心理情感能量此消彼长机制,心理情感能量感应、外溢及其阻断机制。

第四章 "平衡—失衡—平衡"机制

▶ **本章学习的目标：**

1. 理解企业心理情感能量场失衡的原因。
2. 了解企业心理情感能量场的平衡机制。

"平衡—失衡—平衡"机制是指，一个心理情感能量场得以形成是因为场内的各种能量互相作用、互相矛盾、互相依赖、互相制约进而达到互相平衡。但是，这种平衡是相对的、不稳定的，场内的任何一股能量的变化都会引起不同程度的失衡。一般来说，当失衡程度处于轻度或中度时，心理情感能量场会自行修复，重新恢复平衡并正常运转；当失衡达到严重程度时，心理情感能量场会丧失自行修复能力，需要外部的建设性力量介入使其恢复平衡并正常运行，但新的平衡内部存在着不平衡的因素，这些因素在合适的条件下会导致心理情感能量场再度失衡。因此，"平衡—失衡—平衡"是一个不断往复的过程，是一个心理情感能量场的真实存在。

如果一个心理情感能量场的失衡达到严重的程度，丧失自行修复能力，而没有外部建设性力量介入，或外部力量介入不及时或无效时，这一心理情感能量场就会解体。外部破坏性力量的介入会加速心理情感能量场的解体。

一、心理情感能量场的平衡

尽管不同类型的心理情感能量场有不同的形成机制，但是平衡是所有心理情感能量场形成与维持的基本核心机制。学者们一直在努力研究，试图构建出一般化的、普遍适用的组织（群体）形成过程模型。

根据组织（群体）形成五阶段模型，一个组织（群体）形成与发展要经历形成阶段（forming）、震荡阶段（storming）、常态化阶段（normalizing）、执行阶段（performing）、解体阶段（adjourning）。这五个阶段，实际上就是组织心理情感能量场形成、发展阶段。借鉴组织（群体）形成五阶段模型，笔者提出企业心理情感能量场形成的三阶段模型。

（一）形成阶段

人们刚成立一家企业，企业在价值观、宗旨、目的、结构、领导方面都不明确，需要建立。企业价值观、宗旨、目标、组织结构、企业规范的确立过程实际上是企业场内各种心理情感能量互相矛盾、互相依赖、互相制约并最终达到某种平衡的过程。如果场内各种心理情感能量不能取得某种平衡，企业的价值观、宗旨、目标、组织结构、企业规范就无法确立，即使强行确立，也无法得到企业成员的心理认可与承诺，进而企业成员在行为上也不会认可与承诺。价值观、宗旨、目标、组织结构、规范、企业成员的心理与行为承诺是企业心理情感能量场得以形成与维持的内在动力。

（二）震荡阶段

在组织（企业）形成的同时，首先要对权力、财富、名誉、地位等进行分割与分配，各种类型的矛盾与冲突随之出现，企业场中各种心理情感能量互相激荡。权力、财富、名誉、地位的分割与分配的过程实际就是协调、安抚、平衡各种心理情感能量的过程。

如果所有问题或绝大多数问题都顺利得到解决，领导权威确立，企业便趋向稳定，统一的心理情感能量场就会形成。反之，企业就会解体。这里涉及三个问题：利益分配、观点协调、领导权威。这三个问题也是三个变量。如果利益分配公平、公正、公开，观点协调妥当，领导权威就会树立起来，并得到提高，产生强大的影响力，企业就会形成有影响力的核心，企业就会出现稳态。否则，领导权威就无法建立，企业就会同时出现多个中心，形成多个强而有力的心理情感能量场，各个场之间持续不断的矛盾与斗争最终会导致企业解体。这就要求企业领导者要具有宽广的心胸，以超越的态度来分配群体利益，协调各方面的观点。

（三）总体平衡阶段

一般来说，企业内部的平衡机制与外部建设性力量能帮助企业度过震荡阶段。就企业内部平衡机制而言，企业成员本性中的放弃欲、同情心、责任心、群体性（归属感）、宽恕心会随时制约其本性中的占有欲、冷漠心、推卸责任的欲望、自我性（自体性）、报复心；合理合法的企业价值观、企业宗旨、企业目标、组织结构、企业规范也会强化企业成员本性中的同情心、责任心、群体性（归属感）、宽恕心，从而使企业成员在进行各种利益分配时自动考虑企业其他成员的心理感受。企业外部力量是指企业外部的利益相关者，如企业的上级部门、政府部门、社区、供应商、销售商、客户等。如果企业内部平衡机制失效，外部建设性力量及时、适度、适当的介入也会帮助企业度过震荡阶段。

如果企业内部多数问题都已经解决，权力与利益的分配已经规范化，问题与矛盾的处理已经程序化，内部矛盾缓和，企业成员之间关系密切，强烈的认同感、归属感形成，企业运行便走向正规化与常态化。企业开始有了稳定的本性组合形态，有了自己的气质与性格、思想与灵魂，一个相对统一的、稳定的、总体平衡的心理情感能量场便形成了。企业成员的注意力转向企业的目标与任务。企业成员努力工作，企业领导者领导和激励成员，提高成员的工作效率与质量。企业作为整体展示自己的实力，扩张自己的欲望，承担自己应该承担的责任。

需要指出的是，这是一个理想化的、逻辑化的模型。在现实中，企业心理情感能量场的形成与发展并不一定按照这个模型展开。某些阶段会同时出现，阶段之间的界限也不明显。

二、心理情感能量场的失衡

（一）心理情感能量场失衡的原因

企业心理情感能量场失衡的原因主要有两个方面：个体之间的冲突，群体之间、部门之间及群体与部门之间的冲突。

1. 个体之间的冲突

当两个或更多的个体感觉到他们的态度、行为方式或偏好、目标相互对立的时候，就会产生人际冲突。个体之间的冲突在所有的企业中都会存在。冲突一般要经历潜伏阶段、知觉阶段、感受阶段、冲突的外显阶段、冲突的结果阶段。诱发个体之间冲突的原因主要有以下八个方面。

第一，人性。生存欲与死亡欲、占有欲与放弃欲、责任心与推卸责任的欲望、同情怜悯心与冷漠之心、报复心与宽恕心、好奇心与惰性、嫉妒心与赞赏之心、自体性（自我性）与群体性及类性、理性与感性是人性构成的基本要素，其中，生存欲、占有欲、推卸责任的欲望、冷漠之心、报复心、惰性、嫉妒心、自体性（自我性）、感性等是个体之间冲突的深层根源。

第二，个体差异。个体之间在性别、年龄、个性、家庭背景、教养、文化传统和社会化过程等方面都存在某种程度的不同，从而造成了价值观、人性组合形态、心理结构与行为模式的差异。这种差异是人际冲突的重要来源。例如，个体之间价值观的差异体现在对相同的事实，不同的价值观会造成不同的价值判断，进而会产生不同的行为。所谓的"道不同，不相为谋"，就是就此而言的。这里的"道"，就是指各自的价值体系与行为方式。

第三，角色的差异。企业是由许多不同角色组成的角色系统。不同的角色承担不同的职责，拥有不同的权力与责任，享受不同的利益，具有不同的人性组合形态、心理结构与行为模式。各种角色之间相互依赖、相互矛盾。一个角色的职责、目标、权力、利益可能和另外一个或一些角色的职责、目标、权力、利益相冲突。例如，一个公司的销售部经理可能与生产部经理在人才、经费、编制、项目等方面存在矛盾与冲突。这些矛盾与冲突是由各自承担的角色所带来的。角色一旦转换，矛盾与冲突的内容就会发生变化。

第四，自我服务归因。自我服务归因是指，当项目取得成功或成就时，高估自己的贡献，低估他人的贡献，甚至把成功完全归于自己，认为与其他人的作用无关紧要；当项目遭受失败或挫折时，低估自己的责任，高估他人的责任，甚至把失败归于他人，认为自己与失败无关。自我服务归因是导致企业个体之冲突的重要原因。

第五，破坏性批评。企业中个体之间的冲突不少是由破坏性批评引起的。破坏性批评的特点是尖酸刻薄、嘲笑、讽刺——损害信息接收者的自尊；包含威胁；不及时——

秋后算账；将不良绩效归于内在原因，如不努力、没能力、没动力等；对操作全面指责，不指出具体的错误，不提出具体的改正方法与措施；论人，不论事——指责信息接收者的个性特征；动机不良——由嫉妒、愤怒驱使，志在诋毁、报复信息接收者。

第六，偏见与歧视。年龄、性别、身体状况、民族、种族、宗教、性倾向、价值观等都是偏见与歧视发生的基础。我们都是偏见与歧视的受害者。人性中的报复心会使我们自然而然地对那些歧视我们的人进行反击，以牙还牙。

第七，资源的有限性。任何企业所控制的资源都是有限的，如钱、权、名、位、空间、优质的目标与任务等都是稀缺的。稀缺就会导致争夺，这是一个普遍性规律。

第八，环境压力。环境压力使人变得特别敏感，对自己的利益特别关注。环境压力越大，冲突的可能性与机会就越大。例如，当面临经济危机，企业必须裁员时，每一个员工都面临极大的环境压力，这种压力使人焦虑、敏感，一有机会就会发泄。

除了上述八个方面外，职责与权限不清晰、企业变革、信息不足与沟通不畅也是引发个体之间冲突的重要原因。①

2. 群体之间、部门之间及群体与部门之间的冲突

一个企业内包含众多的群体与部门，这些群体与部门实际上就是一个个心理情感能量场，群体之间、部门之间及群体与部门之间的互相对立、争执、冲突实际就是企业内部心理情感能量场之间的互相对立、争执、冲突。概括起来，企业内部心理情感能量场之间的冲突有以下四种类型。

第一，纵向冲突。企业中不同层级部门之间的争执被称为纵向冲突，如企业不同层级管理部门之间的冲突（董事会与管理层的冲突、总公司与分公司之间的冲突）。

第二，横向冲突。企业中同一层级部门之间的争执被称为横向冲突，如企业中研发部门与生产部门之间的冲突，生产部门与销售部门之间的冲突。

第三，正式组织与非正式组织（群体或非正式群体）冲突。一个有一定规模的企业中，除了有正式组织外，还会存在非正式组织，两者之间会经常发生冲突。

第四，非正式组织（群体或非正式群体）之间的冲突。企业内部可能存在众多的非正式组织，即非正式群体，它们之间会为了资源与影响力而展开争夺。

群体之间、部门之间及群体与部门之间冲突的根源主要有以下四个方面。

第一，群体、部门的本性。群体、部门一旦形成，它们便是一个整体，并具有人性的任何一个要素。群体、部门本性中的占有欲、嫉妒心、报复心、好斗心、自体性（自我性）等，是群体之间、部门之间、群体与部门之间冲突的根源与动力。

第二，资源的有限性。当某一或某些资源可充分地满足所有人、所有部门的需要时，围绕这一或这些资源的冲突就不会存在。但是，企业中各种资源，如人、财、物、名、位、权等都是有限的。企业中的每一个群体或部门都想获得更多。一个群体或部门获得的多了，就意味着另一个群体或部门获得的少了。例如，企业内部对原有利益分配的不均，必然会让群体、部门产生不公平感，进而导致冲突的发生；当企业内部组织结构随着发展战略的变化而变化时，例如机构精简、合并或扩大等，其结果必然会带来权

---

① 参见唐雄山《组织行为学原理——以人性为视角》，中国铁道出版社2010年版，第162–163页。

力和利益的重新分割与分配,从而导致分歧与冲突的产生。对企业资源的争夺是群体或部门间冲突的主要来源。

第三,权责重叠与权责真空。企业中分工总是存在不明朗的区域,这种不明朗的区域为部门之间的冲突提供了机会。当有利可图时,大家都想独占;当出现不良后果时,谁都不想承担责任。具体而言,这种不明朗表现在两个方面:一是权责重叠,二是权责真空。权责重叠与权责真空造成了各个部门之间见利便夺,见责、见祸便躲。

> A公司是个生产汽车零配件的中型公司,近年来员工士气低落,效益低下。大学刚毕业的小刘到该公司从事人力资源管理工作,在工作的过程中发现该公司存在一些问题:如各部门的职责要求不明确,职位说明书缺失,员工的职责几乎是凭借自己的理解和自觉性来履行的。这样,他们之间经常以不知道或不明确自己的工作为由出现人浮于事、扯皮现象;好事争先邀功,一旦出问题则互相推诿。让他特别吃惊的是,有一次他到车间去查看员工的工作情况时,意外地发现在备料和组装车间的通道里堆满了杂物和废品,严重影响车间人员的行走,也有碍于观瞻。于是,他让备料车间的小王负责清理,小王却说那不是他们车间的事,不关她的事,她只负责他们车间的卫生,还说要清理也可以,若增加工作量,则应增加工资待遇。小刘听后非常生气,但又觉得小王说的似乎有些道理。小刘又到组装车间了解情况,车间的人说那过道堆的杂物和废品都是备料车间的,应由他们处理。垃圾事件一推就是一个月,两个车间的员工都熟视无睹,无人问津。
>
> (资料来源:本书作者根据对某企业员工的访谈整理。)

第四,各部门或群体目标、价值观、态度的差异性。一个企业的工作不是由一个或两个部门完成的,而是由多个部门相互协作完成的。但是,由于每个部门在目标、优先权、人力资源、态度等方面存在差异,这种差异势必导致部门之间的冲突。这种冲突主要表现在两个方面:一是交叉部门之间的冲突,二是前面部门与后续部门之间的冲突。①

> ×公司是一家快速消费品企业,产品面向中端市场。由于进入市场较早以及凭借长期的品牌宣传,市场地位一直稳固。但这种优势在两家强有力的竞争者加入后,似乎在渐渐消失,两家竞争公司都采取"跟随"策略,在产品设计和包装上都模仿×公司主打的A产品,而且价格比×公司低一些。他们开展大规模的促销活动,试图抢占A产品的市场份额。
>
> ×公司的销售人员见状非常着急,强烈要求A产品也降价,并在各个经销点做促销。市场部认为,降价和大规模促销不符合A产品的市场定位,反而应该进一步拉高品牌形象,并针对对手产品的弱点,推出一款新型的A+产品。销售部认为市场部不了解市场,因此,对推广价格更高的A+产品非常抗拒。

---

① 参见唐雄山《组织行为学原理——以人性为视角》,中国铁道出版社2010年版,第168-169页。

（资料来源：唐雄山、吕向虹、李远辉《组织行为学》，中国铁道出版社2020年版，第188页。）

销售部与市场部的冲突源自各自的目标、价值取向、关注重点的差异。部门之间的冲突会自然而然演变成个人之间的心理情感能量冲突。

（二）心理情感能量场失衡的表现

无论是个体之间的冲突还是部门之间、个体与部门之间的冲突，都既有积极的作用，也有消极的作用。就消极的作用而言，冲突可能会导致企业心理情感能量场轻度或中度失衡，具体表现如下。

第一，愤怒、悲哀、郁闷、恐惧、紧张、焦虑、嫉妒、怨恨等心理情感能量在企业心理情感能量场取得相对主导或支配性地位。如果冲突（尤其是破坏性冲突）得不到合理化解，这些心理情感能量就会长期在企业心理情感能量场中处于主导或支配性地位，企业成员的心身健康受到损害，企业凝聚力、士气、工作绩效下降。

第二，沟通和协调出现困难。愤怒、悲哀、郁闷、恐惧、紧张、焦虑、嫉妒、怨恨会使人们丧失理性，感情用事，听不进不同的意见，心理上处于高度的警戒状态，怀疑他人的言行，沟通与协调困难。

第三，对他人形成消极的刻板印象。当人们处于愤怒、悲哀、郁闷、恐惧、紧张、焦虑、嫉妒、怨恨之中时，不可能客观、全面地分析"敌人"或对手，对他们形成一种全方位的、生动活泼的印象。

A软件股份有限公司是一家杰出的软件股份有限公司。A软件股份有限公司杭州分公司拥有雇员68人，分成六大职能部门，分别经营A软件股份有限公司在杭州的各项业务。但是，在杭州分公司中，营销部经理张小明和策划部经理李小光之间一直有矛盾，给公司的士气与绩效带来了一定影响，直接影响了公司的健康发展。

营销部经理张小明毕业后就进入了公司，是公司元老之一，他为人和善，有极强的幽默感，手下的职员很喜欢他，但他很懒散。张小明在日常工作中依仗自己的资历经常违纪，如经常迟到、无故离岗数小时、经常花几个小时吃午饭等。因此，他的下属也有类似的违纪行为。

策划部经理李小光两年前从大学毕业后加盟A软件股份有限公司。他不成熟，带有孩子气，喜欢恶作剧，但工作刻苦，业务能力强。他手下的职工对他的孩子气了如指掌，因此，他并没有获得一个管理者应受的尊重。但他为公司尽心尽力，并很有发展潜力。

两位经理间的问题不单纯是性格不合，还涉及公司元老与年轻业务骨干之间的矛盾。具体说，元老们艰难地开启了公司的创业之路，但随着公司的发展壮大，他们的思维方式和业务能力渐渐不能满足公司迅速发展的需要。而公司新招的许多年轻大学毕业生理念先进，业务娴熟，很快被公司提拔到的关键岗位，使得公司元老的地位受到"威胁"。这样，公司元老与年轻业务骨干之间便形成了矛盾。

公司总经理已经意识到这一问题，但同时也为如何恰当地解决这一矛盾，维护双方的利益而一筹莫展。

（资料来源：唐雄山、吕向虹、李远辉《组织行为学》，中国铁道出版社2020年版，第189-190页，有删改。）

上述案例虽然陈述的是个体之间的矛盾，即张小明与李小光的矛盾，但是他们分别是营销部与策划部的经理，同时又分别代表公司的元老与年轻的业务骨干，因此，他们之间的个体冲突又涉及部门之间的矛盾、群体之体矛盾。这种复杂的矛盾使愤怒、悲哀、郁闷、恐惧、紧张、焦虑、嫉妒、怨恨等心理情感能量逐步取得主导性地位，企业心理情感能量场出现了某种程度的失衡。

三、心理情感能量场平衡的维护与恢复

企业成员的归属感、责任心、群体性、放弃的欲望（辞让心是其重要的组成部分）、宽恕心、同情怜悯心等是企业心理情感能量场化解冲突的核心力量，这些力量与企业的生存欲、发展欲互相作用，外化为企业化解冲突、维护与恢复企业心理情感能量场平衡的三大机制，即事前机制、事中机制与事后机制。

（一）事前机制

维护企业心理情感能量平衡的事前机制主要包括以下三个方面的内容。

第一，树立平等、自由、公正、公平的观念，构建合理的制度、规则和程序，明确每个人、每个群体、每个部门的权利、义务与责任，防止权责重叠与权责真空。部门（群体）之间的资源分配总体平衡，以保持部门（群体）本性的平衡。为此，企业领导者必须认识到企业是一个有机的生态系统，每个个体无论其的民族、种族、宗教、性别、价值观、能力如何，都是企业系统的组成部分；企业中每一个部门、机构、群体都是企业的有机构成部分，它们具有平等的权利、机会。所谓的生态系统是指，构成企业所有的个体、部门、群体都是平等、自由与自主的，同时，他们互相矛盾、互相依赖、互相制约与平衡。如果没有这种理念，企业心理情感能量场就会失去平衡的基础。

第二，在冲突出现之前，企业成员（个体、部门、群体）共同制定决策程序与规则。这样，当某个冲突发生时，每一个人、每个部门、每个群体都知道冲突将如何处理。规则是处理事务的原则，原则是不能违反的。程序是在原则指导下处理冲突的先后步骤。

为什么企业成员要在冲突出现之前共同制定决策程序与规则？在冲突出现之前，规则与程序的制定是针对即将出现的事，而不是针对人。企业成员并不知道谁将卷入未来的事件，这就使企业在制定规则与程序时可以将人的情感、对权威的恐惧、个人对利益与安全的考量尽可能排除在外，也可以将企业中实际存在的权利与等级尽可能地排除在外。如果在冲突出现之后才制定规则与程序，情况就完全不同了，企业中的成员已经深

度卷入事件之中，个人的情感、个人利益、对权力的恐惧、对未来安全的担心已经渗透到规则与程序的制定过程之中，权力与利益等级也会强有力地影响规则与程序的制定。也就是说，事后制定程序与规则会导致规则与程序的锚定化，即规则与程序为特定的个人或集团而制定，这是腐败制度化与制度腐败化的根源与前兆。从这一刻起，企业心理情感能量场就会一直处于失衡的状态。

同时，规则与程序的制定是企业全体成员的事，因为它关系到所有成员的权力与利益。如果只是少数人、少数部门参与规则与程序的制定，所制定的规则与程序一般来说只对参与制定规则与程序的少数人、少数部门有利，只体现他们（它们）的利益与愿望，这是由人性与部门本性所决定的。如果这些少数人与部门宣称他们能代表全体成员，那是自欺欺人。少数人、少数部门制定的规则与程序不能代表全体成员的利益与意愿，因而缺少全体成员的心理承诺与行为承诺，企业心理情感能量场会处于严重的失衡状态。

第三，增加信息透明度。信息不充分、不透明是企业内部冲突的重要根源。企业可以利用"约哈理窗户"——自我暴露策略来化解正在酝酿的冲突。

"约哈理窗户"——自我暴露策略是由美国著名社会心理学家约瑟夫和哈理提出的。根据约瑟夫和哈理的观点，人与人、部门与部门、企业与企业之间的交往可视为"我"与"你"之间的交往。人们对"我"有了解的地方，也有不了解的地方；同时，对"你"有了解的地方，也有不了解的地方。"约哈理窗户"包括四扇小窗，如图4-1所示。

	了解他人	不了解他人
了解自己	开放的区域	秘密的区域
不了解自己	盲目的区域	未知的区域

图4-1 "约哈理窗户"

（1）开放的区域。这是一个开放透明的区域，在这个区域内，所有事情都按照惯例或已经有的程序运行，人们了解自己的心理模式与行为特性；同时，了解他人的心理模式与行为特性。因此，人们互相戒备降至最低程度，冲突发生的可能性不大。

（2）秘密的区域。这是一种只了解自己而不了解他人的人际交往状态。交往各方都将自己真实的情况、心理状态和意图隐藏起来。由于不了解交往其他各方的信息，其中一方的任何言行都可能会触犯他人的利益，从而引起冲突。

（3）盲目的区域。这是一种人们了解他人但不了解自己的人际交往状态。有时，人们了解他人的情况，而不了解自己的情况，从而导致心理上的焦虑，怀疑他人可能损害了自己的利益，从而导致人际冲突。例如，A与B同在一个部门工作，能力与业绩不相上下。A知道B就要提升了，但对自己的前景却并不知道，A就会出现不安的心理状态，怀疑B的提升以自己的不提升为代价，怀疑B暗地里进行了什么见不得人的交易。

（4）未知的区域。这是一种人们不了解他人也不了解自己的人际交往状态。未知区域是冲突高发区。

从企业人际关系的角度来看，要想将企业中冲突发生的概率与烈度降到最低，就必须尽可能扩大开放区域，缩小其他三个区域，特别是未知的区域。企业中的个人与部门需要不断地"自我暴露"；企业自身也需要不断地"自我暴露"，企业的行为尽可能做到开放、透明、公平、公正。①

（二）事中机制

所谓的事中机制，指的是冲突已经发生并正在不断发展的处理机制。事中机制包括以下几个方面的内容。

第一，在处理、管理冲突的过程中必须坚守平等、自由、公正、公平的理念，坚守事先制定的制度、规则、政策、程序。

第二，企业的管理者与冲突各方思考、检查，冲突是否来源于有缺陷的组织系统，诸如奖励系统。任何制度都存在缺陷，都有漏洞。认识到这一点是就事论事的基础，可以最大限度地将人的情感因素排除在外，让理性主导企业心理情感能量场。

第三，进行情绪管理。企业领导者、管理者的一项十分重要的工作就是进行情绪管理。领导者的情绪管理可以分为三个方面的内容：一是领导者要管理自己的情绪，要十分清楚领导者情绪的影响力与破坏性。在不同的情景，面对不同的人与事，需要有不同的情绪，情绪运用得当，就会提高企业的凝聚力与运作效率。二是领导者要管理员工的情绪，了解员工的心理结构与人性组合形态，了解员工的需要，激发员工的积极情绪，控制员工的消极情绪，同时，必须让员工、同事消极的情绪通过正常的与合理的途径得到发泄。不良的情绪只能疏导，而不能堵塞。关于这一点，日本松下集团的做法值得借鉴。该公司专门开辟了"出气室"，这里面摆放着公司大大小小行政人员与管理人员的橡皮塑像以及木棒、铁棍，职员对哪位主管不满，心里有怨气，可随时对其塑像拳脚相加，棒打一顿，以解心中积郁的闷气，达到疏导员工不良情绪的目的。三是企业领导者、管理者要对冲突相关各方进行情绪管理，根据不同的情况可以采取不同的管理方法。

第四，鼓励建设性冲突。冲突具有消极作用；同时，冲突也有积极作用，尤其是建设性冲突。建设性冲突具有以下三个重要特征。

（1）论事不论人。面对已经发生的事件或冲突，最好的做法就是论事不论人。论人，就会加剧个人情感的卷入，诸如"你为什么这样做"之类的问题只能使事情变得更加糟糕；论事，则可以尽可能地将个人情绪排除在外，并为企业未来相同或类似的事件或冲突提供解决的先例，诸如"我们如何才能使事情变得更好"之类的问题则有助于缓解冲突。

（2）不掩盖矛盾与冲突。冲突各方把问题摆在桌面上，认真沟通，以彻底消除误解。

（3）建设性批评。建设性批评的特点：关怀体贴——保护信息接收者的自尊，不包含任何威胁；及时——在实际操作之后马上进行，不将不良的绩效归于内在原因；具体——具体指出操作哪些方面不当；动机良好——帮助信息接收者提高绩效，提供改进的具体建议。

建设性冲突具有以下五个方面的作用。

---

① 参见唐雄山《组织行为学原理——以人性为视角》，中国铁道出版社2010年版，第167-168页。

（1）建设性冲突使问题明朗化，促进问题的解决。生存与发展是企业的终极目的，而安宁、融洽、合作是企业生存与发展的手段。但是，仅仅有安宁、融洽、合作，企业是不可能健康地生存与发展的，建设性冲突是企业生存与发展的重要力量。建设性冲突可以使问题与矛盾明朗化，迫使企业寻找解决问题与矛盾的对策。如果遇到问题与矛盾就进行掩盖，营造表面化的安宁、融洽、合作，企业所有的成员都生活在虚假的安宁之中，就会使问题越积越多，矛盾越变越大，破坏性的心理情感能量越积越多，超越企业承受力的极限，最后出现一次总的大爆发。中国历史上的各个王朝就是在各种矛盾、问题、冲突的大爆发中消亡的。一个企业的消亡也是如此。

（2）建设性冲突能够促进改革和创新。建设性冲突的结果是迫使企业寻找新的方法来重新安排组织的各种利益与资源，打破旧的利益集团的垄断，改革企业的权力结构，使企业心理情感能量场重新恢复平衡，提高企业生存的概率与发展的能力。20世纪80年代，在摩托罗拉的一次中高层会议上，一位经理直言不讳公司由惯性思维所导致质量管理方面的问题，他的突然唱反调式的发言在整个管理层引起强烈的反响，刺激人们提出各种提高质量的意见和建议来帮助公司变得更加创新，最终促成了摩托罗拉人尽皆知的"六个西格玛"管理活动。可见，建设性冲突在一定程度上能够促进组织的创新。

（3）建设性冲突能带来更好的决策。建设性冲突可以迫使有关各方从各种不同的立场重新考虑问题，实现决策的民主化，防止"一言堂"的出现。"一言堂"是集体从众、集体催眠、集体弱智、集体沉默、集体狂热、集体自大或自卑的罪魁祸首。

> 英特尔的群体会议沟通方式值得借鉴：在会前将项目的几个方案通过电邮发给参会人员，要求他们提前阅读，要求每位参会者在会上针对每个方案的优劣进行发言、辩论，引发适当的冲突氛围，导致发散性思维和灵感的不断出现，最终确定一个被大多数成员认可的方案。毫无疑问，这种群体民主决策提高了决策的质量，也提高了员工的能力与才干。

（资料来源：本书作者根据网络资料整理。）

（4）建设性冲突使得冲突各方更好地相互理解。由于人性与部门本性的作用，人们喜欢、习惯从自己的立场和利益来考虑问题；而建设性冲突则迫使各方不得不站在对方的立场考虑问题，理解对方的利益需求、情感和处境，互相沟通、互相理解、互相妥协，以求得问题与矛盾的解决，防止企业心理情感能量场失衡。

（5）建设性冲突能增强组织凝聚力。良性的或建设性的冲突是企业民主、自由、开放的重要标志。民主、自由、开放可以让企业成员不良的情绪与情感得到发泄，同时，也使各种利益与资源的分配公开化、透明化，减少企业上下级之间、部门之间、成员之间的互相猜疑与矛盾，从而增强组织的凝聚力。

第五，根据不同的情况，采取不同的冲突管理策略。两维度－五策略模型、谈判

(bargaining or negotiation)都是管理冲突有效的方法与策略。① 下面简单介绍热－冷应对策略。

热－冷应对策略是冲突管理的重要方法。在这个策略中有两个重要的因素：速度、时间、精力与心理的投入。热－冷是一个连续体。"热"是一个极端，它表示对冲突的处理速度达到了最快，表示对冲突的处理在时间、精力与心理上的投入达到了最大。"冷"则是另一个极端，它表示对冲突的处理速度放缓到了最慢，表示对冲突的处理在时间、精力与心理上的投入降低到了最小。

在实际的管理过程中，这两种极端的现象是很少见的。决定企业对某一冲突处理速度与投入的因素主要有：冲突对企业的重要性（或危害性）、冲突的性质（情感情绪性冲突或是实质性冲突）、冲突的烈度、卷入冲突人员在企业中的作用与地位、企业有无精力与能力。

一般来说，冲突对企业越重要，企业对冲突处理的速度就越快，所投入的时间、精力与心理就越大，冲突管理的模式就趋于"热"；反之，就趋于"冷"。如果冲突是情感情绪性的而非实质性，而且冲突的烈度很低，冲突管理的模式就趋于"冷"，企业可能不会理会这种冲突的存在，不会对这类冲突投入时间、精力与心理。

在企业中卷入冲突人员的作用与地位可能会影响冲突的重要性（或危害性），因而对冲突管理的"冷"或"热"的模式选择也存在着影响。②

第六，当冲突十分严重，冲突各方无法自行化解冲突时，需要第三方力量介入，进行调解（mediation）、仲裁（arbitration）。③ 如果第三方介入无效，组织（企业）心理情感能量场可能会严重失衡，甚至会出现破坏性分裂。

（三）事后机制

所谓的事后机制是指，在冲突处理、化解后，对冲突进行分析、总结，对分析、总结的结果进行处理，其目的是防止相同或类似的冲突再度发生。从这个定义来看，事后机制包括以下几个内容。

第一，企业的管理者要认真分析、总结冲突发生的原因：是情感引起的冲突，还是制度引起的冲突？如果是制度引起的，必须对制度进行反思，找出制度中具体的缺陷、漏洞与不足，提出具体的修改建议。

第二，分析、总结冲突的过程与具体的卷入者。分析冲突的过程是为了找出冲突发生的节点与模式，这对后续的制度、规则、政策、程度的修改与完善具有重要的作用。分析具体的卷入者，可以深入了解冲突各方的诉求、心理结构、心理情感能量的组合模式，这也有利于后续的制度、规则、政策、程度的修改与完善。

第三，对冲突处理、化解的结果进行跟踪，搜集并分析反馈信息。

第四，对有缺陷的制度、规则、政策、程序进行修改与完善。在这个过程中，必须

---

① 参见唐雄山《组织行为学原理——以人性为视角》，中国铁道出版社2010年版，第165－171页。
② 参见唐雄山《组织行为学原理——以人性为视角》，中国铁道出版社2010年版，第68页。
③ 参见唐雄山《组织行为学原理——以人性为视角》，中国铁道出版社2010年版，第171页。

从企业的大局出发，根据企业的价值观、宗旨、战略目标来修改有缺陷的制度、规则、政策、程序，不能根据个人或部门的利益需要来修改企业的制度、规则、政策、程序。否则，就会产生制度、规则、政策、程序的锚定，造成腐败制度化、规则化、政策化、程序化，其结果只能是制度、规则、政策、程序腐败化。在这种情景下，整个企业心理情感能量场充满了怨恨、敌视、失望（甚至绝望）、得过且过等心理情感能量。在这里需要特别注意的问题：由于人性与部门的本性的作用，有缺陷的企业系统的制定者会坚决阻碍变革，一方面，他们在制定政策时就别有用心；另一方面，随着旧政策的退出，他们的权力与职位也难以保全。

事后机制有助于提高企业信息透明度，提升企业凝聚力、士气，恢复企业心理情感能量场的相对平衡。

在现实中，常见的问题是，企业不重视事后机制，不对冲突的原因与过程进行分析与总结，导致相同或类似的冲突不断发生。

思考题

1. 为什么企业心理情感能量场存在自动的平衡机制？
2. 在什么情况下需要外部力量的介入，企业心理情感能量场才有可能由失衡恢复平衡？

第五章 "成长—分裂—整合"机制

▶ **本章学习的目标：**

1. 理解企业心理情感能量场的成长机制。
2. 了解企业心理情感能量场的分裂机制的类型。
3. 理解企业心理情感能量场的整合机制的动力。

"成长—分裂—整合"机制指的是，任何企业都同时存在成长机制、分裂机制与整合机制。这三种机制在企业不同的发展阶段扮演不同的角色，起着不同的作用。有时，这三种机制会纠缠在一起。

一、成长机制

企业心理情感能量场的成长机制也可以被称为企业心理情感能量场的扩张机制。成长是企业的本性。企业生存的欲望、创造的欲望、求知的欲望、占有的欲望、嫉妒心、群体性、承担责任与义务的欲望等，促使组织不断地扩张；企业利益相关者的需求是促使企业不断成长的重要动力。虽然成长是企业的本性，但并不意味着企业一定就会成长，因为企业的生存欲与死亡欲同在，占有欲与放弃欲同在，创新（造）欲与保守、惰性同在。虽然企业利益相关者的需求是使企业不断成长的重要动力，但当企业不能满足利益相关者的需求时，这种成长性动力就会转化为企业衰败和死亡的力量。

因此，只有企业的生存欲、占有欲、创新欲、好奇心、责任心、义务感、同情心、群体性在其本性组合形态中取得主导地位，并通过改革与创新满足利益相关者的需求，企业才能获得不断的成长。企业本性是企业心理情感能量场成长机制的核心，但是，除了企业本性外，其成长机制还包括其他重要的组成部分。下面我们通过一个案例来揭示企业心理情感能量场的成长机制。

佛山市施凯装饰设计有限公司（简称为施凯公司）于2006年6月成立。起初规模比较小，正式员工只有10多人，主要从事装饰与设计。但是，在公司创立者与领导者戴小东的领导下，公司发展十分迅速。到了2008年，公司已经拥有业务部、设计部、工程部、材料部四个部门，正式员工已经达到了40多人，直接为公司服务的各类人员已经达到600～700人。从一开始，公司的定位就是高质量、高品位的设计与装饰。所以，施凯公司努力建设一支水平较高的设计队伍，并以高价位吸引技术精良的具体施工人员。为了保证工程质量，材料部严把材料关，严格按照合同进料；工程部制定详细的施工规程，对施工质量进行严格的监督。

装饰设计行业是一个年轻且竞争十分激烈的行业，施凯公司是一个年轻的公司，公司的人员也都很年轻。为了团结员工，提高士气，该公司提出："互助互爱，互补共进；同心同向，以司为家；勤奋好学，开拓进取；全力以赴，追求完美"的行为准则。

施凯公司最初在一个地理位置并不理想的地点办公，各个部门的人挤在一套100平方米左右的房子里。办公室设施简陋，但却十分整洁。施凯公司之所以能发展壮大，完全是凭其优良的装饰工程，给客户留下了极好的印象。一般来说，一个组织（企业）给人们留下的最后印象极为重要。客户感到满意的同时，也会将装饰公司介绍给自己的朋友与亲人。

但是，施凯公司因其办公条件而很难接到大客户与大的订单。许多大客户在见到施凯公司的办公条件后，都会对施凯公司的能力与水平持怀疑态度，因而最后放弃与施凯公司签约。为了改变这种状况，公司领导将公司的办公地点迁到佛山创意产业园。新的办公地点面积为600多平方米。施凯公司对新办公地点进行比较精细的装修，并与画家合作，将画家的画作展示在各个办公室里和走廊里。在施凯公司搬到新的办公地点之后，很快就有几家大客户上门，并与之签约。

（资料来源：本书作者根据企业访谈整理。）

施凯公司由10多人发展到600多人，办公面积由100多平方米发展到600多平方米。通过对施凯公司成长历程的分析，我们可以看出，其成长机制主要由以下几个部分构成。

第一，占有欲望、成长（发展）欲望、为客户创造价值的欲望（体现在其宗旨或定位：高质量、高品位的设计与装饰）。施凯公司的占有欲望、成长（发展）欲望、为客户创造价值的欲望是其成长的根源性动力，这些欲望成了其心理情感能量场主导与支配性的力量。一个企业想要得到成长，必须占有财富、占有人才、占有市场，必须为客户创造价值。为了发展，施凯公司"努力建设一支水平较高的设计队伍，并以高价位吸引技术精良的具体施工人员"。为了发展，施凯公司向客户提供具有优势的产品与服务，并将自己的办公地点由居民小区搬迁到佛山创意产业园。占有欲望、成长（发展）欲望在施凯公司本性的组合形态中取得了主导性或支配地位，使施凯公司这个心理情感能量场充满了上进心、开拓欲、创新欲、学习欲、责任心、义务感。

第二，价值观、行为准则。价值观、行为准则是施凯公司成长的方向性动力，这一动力决定了企业前进的方向，为企业中的个体、企业中的部门提供是与非、美与丑、善与恶的判断标准，约束企业中的个体、企业中的部门的行为，也约束企业的行为。施凯公司的价值观与行为准则是"互助互爱，互补共进；同心同向，以司为家；勤奋好学，开拓进取；全力以赴，追求完美"。如果没有这种价值观与行为准则，施凯公司中的个体与部门将"三观"混乱，行为无序，没有归属感，企业心理情感能量场会处于混乱、失衡与分裂的状态，良性的心理情感能量场就无法形成，更无法成长。

第三，企业制度。企业制度是施凯公司的成长维护与维持性机制（亦称"结构性动力"）。企业的价值观、宗旨、行为准则需要外化为具体的企业制度，规范企业成员的行为范围与边界。制度规定了企业成员什么能做、什么不能做，规定了做什么会受到奖赏、做什么会受到惩罚，因此，企业制度本身就是心理情感能量的载体，它会向企业心理情感能量场释放高兴、幸福、积极向上、痛苦、不安、恐惧等心理情感能量。正是这些能量鼓励、规范企业成员的心理结构与行为模式。

第四，组织结构与角色扮演。从上述案例来看，合理的组织结构及其变革促使了施凯公司的成长。施凯公司刚成立时，其组织结构极为简单，一个成员根据其专业特长可能会扮演多个互相关联的角色。随着业务的增长与人员的增多，多个互相关联的角色便会形成一个统一的心理情感能量场，为施凯公司部门化提供基础。再加上企业成员对权力、财富、地位、名誉的追求，其进行组织变革，使其设立了业务部、设计部、工程部、材料部四个部门。权力、财富、地位、名誉等都是由组织创造出来的，创造出来的权力、财富、地位、名誉等则需要依据组织结构与角色扮演来进行分割与分配。一旦企业进行了部门化，每一个部门就是一活体，便有了自己的生存欲、占有欲、发展欲等，这些部门会从企业内部推动企业成长。

第五，与外部环境进行能量交换。从案例来看，施凯公司的成长得益于它与外部环境进行能量交换的机制。为客户创造价值，即"为客户提供高质量、高品位的设计与装饰"，是施凯公司与外部进行各种能量（心理情感能量是其中的重要组成部分）交换的桥梁。在这个能量交换的过程中，施凯公司所有的部门与成员都发挥了作用。

企业心理情感能量场的成长机制在本质上就是企业心理情感能量场的动力机制。关于企业心理情感能量场的动力机制，本书的第三编有详细的分析与论述。

二、分裂机制

企业心理情感能量场的分裂机制可分为：成长性分裂、群体性分化、破坏性分裂、成长－破坏性分裂。每一种分裂都有自己的动因、路径和表现形式，对企业产生不同的影响。

（一）成长性分裂

所谓成长性分裂是指，随着企业业务不断发展，规模由小变大，人数由少变多，原来的简单组织结构形式已经不适应企业内外环境的需要，成了企业发展壮大的障碍，于是，企业便开始部门化。一个部门一旦形成，它便有了自己的本性与行为方式，便是一个相对独立的心理情感能量场。随着部门化不断推进，企业心理情感能量场内部就会出现多个相对独立的、职能化的心理情感能量场。这些心理情感能量场之间以网络形式互相连接，并进行心理情感能量交换。

由此可见，成长性分裂的根源性动力是企业占有欲、发展欲；成长性分裂的路径是部门化与团队化，是企业的安排、分权与授权。

一般来说，成长性分裂并不会影响心理情感能量场作为整体的运行，相反，在许多情况下，成长性分裂是心理情感能量场正常运行的保障，因为它使得原来因企业成长变得无序的心理情感能量场重新变得有序。同时，成长性分裂可促使企业进一步成长，使企业获得新发展动力，因为每个部门都有自己强大的占有欲、扩张欲。部门的发展、扩张、壮大，实质上就是企业的发展、扩张、壮大。上述案例中提到的施凯公司的部门化便属于成长性分裂。如果施凯公司不出意外，继续发展，它将分裂更多的部门，甚至形成子公司。

需要引起特别注意的是，由于企业领导者经验不足或其他原因，成长性分裂可能会出现部门之间权责不清，出现权力、责任互相重叠和权力与责任真空，部门之间缺乏互相监督与制衡，个人之间、部门之间冲突不断的情况，成长性分裂就会演变为成长-破坏性分裂。

（二）群体性分化

群体性分化指的是企业或企业中部门的成员自然而然形成不同的非正式群体，每一个非正式群体就是一个心理情感能量场，这些心理情感能量场有自己的边界，但不是很清晰，且具有一定的开放性。从理论来讲，只要有充足时间，任何一个心理情感能量场都会发生群体性分化，这种分化自从心理情感能量场形成（产生）那一刻就埋下了种子。

群体性分化动力是"同性相吸"，即在性格、气质、价值观、爱好、习惯、学业背景、家庭背景、社会经历、年龄、性别、诉求等方面相同或相近的企业或部门成员会互相喜欢、互相吸引，从而形成一个个非正式群体。非正式群体内的成员经常在一起展开各种类型的活动，进行心理情感能量交流与交换。

企业或部门中非正式的心理情感能量场对企业成员与企业都有积极作用，能够弥补企业中职能化心理情感能量场的不足，满足企业成员的社会性需要。但是，如果处理不当，这些非正式的心理情感能量场会给企业或部门带来消极的影响。

> 小王大学毕业后，进入了一家著名的国有企业。他就职于企业核心的技术部门，这个部门的工作性质稳定，待遇也不错。小王工作积极努力，每个工作日早晨不到7点就到办公室，准备新一天的工作。
>
> 这个部门算上小王和部门经理，总计25名员工。其平均年龄在27岁左右，学历均在大学本科以上，男女比例约为1:1，未婚人数占60%。部门经理在任已经3年。可以看出这是一个相当年轻的高学历团队，领导年富力强，同事间竞争较为激烈。这个部门有5间办公室，其中部门经理单独占用一间办公室，其他的办公室每间坐6人。该公司规定每天的上班时间为早上8点。
>
> 时光飞逝，一转眼，小王一年实习期已满。不经意间，小王发现自己工作日早晨到达公司的时间越来越晚，偶尔还出现晚到的现象。这引起了小王的思考。小王开始留心周边的同事的言行，很快他发现部门同事在上班问题上，表现可以分为以下三类。
>
> （1）早到型。坚持每个工作日提前较长时间到单位，这占了部门员工总数的

60%，其中包含：①部门经理。②结伴开车到单位的同事，他们在工作中属于同一群体，与经理也有很好的关系。③到单位食堂一块吃早餐的同事，他们在单位属于另一群体，经常利用早晨时光交换信息。

(2) 基本准时型。这类员工每天都会在8点前后出现在办公室，占20%。这些人在部门里比较活跃，但是，没有特定的群体归属。

(3) 经常晚到型：这主要是年纪较大的员工，占20%。这些员工在部门相对比较沉默。

小王觉得自己属于第二种类型。但仔细想来，小王发现自己确实不属于任何一个小圈子，但经常被不同的小圈子叫去聚餐。实际上小王在工作一年后，已成为公司的技术高手，经理非常欣赏他，经常带他出席比较重要的会议，并把很多重要的方案交给小王完成。

事实上，该部门有严格的考勤体系，并装备了门禁系统，但这两者都在启用一段时间后，被悄悄弃用了。部门经理对迟到问题心知肚明。有趣的是，在该部门经理出国考察期间，虽然委托了某位骨干代为管理，但是早晨迟到的人数增加，员工很晚才到单位，且均为结伴开车的几位，其他人员上班情况和以前保持不变。但当经理回国上班后，一切情况又恢复到最开始的情况。这个小变故之后，虽然大多数人选择了沉默，但工作效率却普遍降低了。

（资料来源：王雪莉《组织行为学案例》，中国发展出版社2012年版。）

案例显示，该部门的心理情感能量场出现了群体性分化，形成了数个非正式群体，形成的动因主要有职位、诉求、年龄、习惯、爱好等。这些非正式群体本质上就是存在于企业之中的非正式心理情感能量场。这些非正式心理情感场被类型化为积极型（早到型）、中性型（基本准到型）、消极型（经常晚到型）。在任何企业或部门中，都同时存在这三种类型的心理情感场，向企业或部门输入三种不同类型的心理情感能量，它们之间互相矛盾、互相较量、互相平衡。很明显，在部门经理出差之前，积极的心理情感能量处于相对主导性地位，部门的工作效率较高。但在部门经理出差期间，部门心理情感能量场发生分化，消极型（经常晚到型）群体乘机"扩张了自己的地盘"，从而导致部门工作效率下降。部门经理回来之后，工作效率仍无法恢复到原有的水平。

(三) 破坏性分裂

所谓的破坏性分裂，指是导致企业心理情感能量场解体的分裂。这种分裂的根源性动力是人性、部门或群体本性中的占有欲、放弃欲、推卸责任与义务的欲望、自体性（自我性）、嫉妒心、报复心。这种分裂一般发生在企业重大的转折期和生命周期的后期。在这个时期，企业成员会围绕各种权力与利益展开争夺，企业的领导体系、价值体系、制度体系面临重大挑战，整个企业变得动荡不安，企业心理情感能量场充满了绝望、不安、焦虑、嫉妒、报复、愤怒、仇恨等心理情感能量。整个企业心理情感能量场四分五裂，各个派系展开激烈的斗争，最终导致企业解体。

西和古尔德公司（Shea&Gould）是一家著名的律师事务所，由威廉·西和米尔顿·古尔德在20世纪60年代创立，鼎盛时期仅律师就达到350人。20世纪80年代中期，公司的创建者开始把控制大权转让给年轻的合伙人，而问题由此产生。一些长期以来习惯于接受西和古尔德领导的合伙人，此时开始向新的权力结构发出挑战。在建立法定制度方面随处可见宗派群体和宗派斗争。年长的合伙人和主顾也参与其中。具体从事安全诉讼的律师从自己的利益出发施加影响，在6家大型财会公司工作的律师也在争夺自己的利益。年轻的合伙人联合起来反对年长的合伙人。然而，没有一个群体或联合体足够强大，能够控制得了整个公司。1993年12月，冲突升级，5名合伙人宣布退出，有传言说还有众多的合伙人在积极寻求去其他公司的机会。1994年1月该公司解体。

[资料来源：（美）斯蒂芬·P.罗宾斯著《组织行为学》第七版，孙建敏、李原等译，中国人民大学出版社1997年版，第385页。]

从对该案例的分析来看，组织（企业）心理情感能量场的分裂机制包括以下三个方面。

第一，丧失相对统一的、权威的领导。统一的、权威的领导可以发挥指挥、组织、协调、仲裁、控制的作用，使组织形成一个整体，并维持正常运转。案例显示，西和古尔德公司创始者交权的时机与方式不当，从而使该公司丧失了相对统一的、权威的领导，指挥、组织、协调、仲裁、控制的机制失效，公司陷入派系林立、四分五裂的状态。

第二，丧失统一的价值观。价值观是企业宗旨（使命）、战略、规章制度的基础与核心，是组织心理情感能量的核心载体，为企业与企业成员提供前进的方向，塑造企业成员的心理结构与行为模式，约束企业与企业成员的行为。案例显示，西和古尔德公司原来统一的价值观已经瓦解，新的统一的价值观无法形成。西和古尔德公司心理情感能量场充满迷茫、失望（可以说是绝望）等心理情感能量，公司陷入一片混乱之中。

第三，统一的、被企业成员普遍接受的组织制度瓦解。案例显示，西和古尔德公司新的合伙人对原有制度不满，企图对组织制度进行修改或变革。为此，原合伙人与新合伙人展开了激烈的斗争。

由于价值观的差异及相对统一的、权威的领导的丧失，被企业成员普遍接受的新的价值观与组织制度无法形成，企业与企业成员（个人与部门）失去了价值观与组织制度的指导与约束，企业中的个人与部门各自为政，企业统一的心理结构与行为模式丧失，组织公民行为沦丧。[①] 西和古尔德公司的心理情感能量场严重失衡，失望、焦虑、不满、占有欲、推卸责任的欲望、冷漠、死亡欲、报复心、嫉妒心、自体性（自我性）等心理情感能量取得主导性地位。个体之间、群体之间利益争夺激烈，企业整体的、长远的利益被抛弃。西和古尔德公司的心理情感能量场分裂成互相对立、互相冲突的多个心理情感能量场，统一的、整体的心理情感能量场已经瓦解。

---

① 参见唐雄山《组织行为学原理——以人性为视角》，中国铁道出版社2010年版，第107页。

（四）成长－破坏性分裂

所谓成长－破坏性分裂，指的是企业在成长过程中所产生的破坏性分裂。成长－破坏性分裂往往发生在企业快速扩张时期。在这个时期，部门化、团队化、区域化导致权力、责任、义务、利益重新分割与分配，出现权力、责任、义务重叠与真空，利益分配不均衡、不合理。同时，企业内部开始出现部门化的价值体系、团队化的价值体系、区域化的价值体系。如果有些部门是兼并而来的，问题就变得更加复杂。

成长－破坏性分裂严重影响企业的正常运行，阻碍企业的发展，如果得不到及时的、有效的处理与整合，就会演变成破坏性分裂，并导致企业解体。

A公司是一个处于初创期的高技术研发组织，由研究所事业单位转制成为市场化的公司。行业特点决定了A公司的外部市场环境相对稳定，但业务发展的不确定性仍旧很多。目前，A公司共有员工400余人，高管团队10余人，中层管理人员40余人，基层管理人员通常按照平均5∶1的管理跨度配置，本身从事项目管理和技术抓总两方面的工作，有些也做具体的软件设计、技术研发和编程工作。A公司核心骨干成员有着近10年的合作经验，相互之间比较了解，也相对稳固，是一个有凝聚力的核心团队。他们绝大多数技术出身，目前担任着各项业务的管理者角色，其思维观念和管理方式趋同，长期形成的稳定的权力格局，使得A公司像是一个"坚果"，外部的力量难以渗透和融入。用A公司竞争对手的话来形容就是：创新外衣下的保守，机敏外表下的迟钝，埋头做事中的崇高使命，分权掩盖下的集权。A公司很像是"披着狼皮的羊"。

A公司成立之初，为了尽量地扁平化，以确保灵活高效，激发组织的活力，只设有技术副总和财务副总2个岗位，所有核心产品研发与应用事务由技术副总管，其他辅助事务由财务副总管，与总经理形成"金三角"的权力格局。随着人员规模从最初的30余人快速增长到目前的400余人，副总级别的领导也从2人迅速增加到了10人。当然，很多副总级别领导是在并购过程中吸收被并购公司的总经理来担任的，如业务副总C、总经理助理A，是两个分公司的总经理；也有因为其负责的业务快速发展，逐渐成为公司主业，为加强管控力度而提拔上来的，如业务副总A和业务副总B；还有为处理与国企特殊关系而设立的总经理助理B，常驻浙江大学负责处理双方协作，相当于代理人；另外一些则是为了平衡各方面利益而设立，如总工程师。在大多数问题上的最终决策权始终牢牢地掌握在总经理的手中。

目前，高管团队存在的问题包括：①高管团队中技术出身的占了绝大多数，对企业运营不太熟悉。例如，财务副总本是研究所的副所长，虽然管人、管钱、管物，但对现代企业的人力资源开发、财务控制理论等并不熟悉。另外，技术出身的人多少有点"书生意气"，互相不服气，协调和配合上存在很多问题。②高管团队内部在职能上存在交叉，容易形成"三不管"的管理盲区。例如，技术副总原本负责公司产品线的规划，但由于设立了总工程师，且各位业务副总和分公司总经理在产品研发中又分别设立了规划部，因而出现了整体产品发展战略无人负责，各部门研发各自为政的情况。③并购带来的差异文化，短时间内难以融合。A公司从研究所转制后，注重规模增长，短期内并购了6家公司，这6家公司在文化上存在很大差异，表现在高管团队，就是管理层会议的激烈争吵和议而不决，协调难度很大。④高管团队对于职能和业务的交叉管理，带来了资源分配不正常倾斜，导致内部竞争激烈。由于销售部由主管A产品的业务副总主管，其将主要精力放在推广A产品及其服务上，难以满足整个公司的业务拓展需求，加之各部门均承担经营指标，为完成任务，在对销售人员的争夺、对市场资源的争夺、对合同订单的争夺上，均展开明争暗斗，甚至出现同一公司的两个部门共同参加一项竞标的现象。

高管团队存在的问题已经传递到执行层面，在A公司，跨部门协作十分困难。企业的主导产品——信息化应用项目大多是系统工程，需要"多兵种协同作战"，而本身公司的产品之间是存在互补性的，在一个技术副总管理所有产品的时候，沟通是通畅的，协作是简单的，如今人为割裂成若干副总负责的业务领域之后，就变得复杂了，往往协调一个人需要请示三层领导才能办成，存在信息传递失真的情况。一线实施人员得到的最新信息很难被如实地反馈到管理层，导致决策依据的信息不准确、不及时。虽然开通了总经理信箱，但总经理日理万机，也无暇处理，久而久之，便形同虚设了。同样，公司下达的很多决策意见都是通过合议中的口头商议，口耳相传的结果是曲解上意，更不要说本就难以达成一致的上意了。

（资料来源：王雪莉《组织行为学案例》，中国发展出版社2012年版。）

A公司在短期内由30多人发展到400多人。发展的路径一是业务的扩张，二是兼并。快速发展使A公司的心理情感能量场出现了成长－破坏性分裂，具体表现为：①各部门之间的权力与责任存在严重的交叉与重叠，同时又存在权力与责任的真空，各部门之间围绕权力与利益展开激烈的争夺，跨部门协作十分困难，占有欲、自体性（个人的自体性与部门的自体性）、好斗心、嫉妒心、推卸责任与义务的欲望弥漫了A公司心理情感能量场；②A公司并购了6家公司，这6家公司有着自己的独特的组织文化，由于没有进行有效的文化整合，合并后，原来独立的6个心理情感能量场并没有与A公司形成一个整体，即A公司没有形成一个统一的心理情感能量场；③公司总经理权威不足，无法使公司形成一个整体；④信息横向与纵向流动出现障碍，信息失真与扭曲严重，而信息是各种心理情感能量的载体。

三、整合机制

企业在成长与发展过程中，破坏性分裂机制与成长机制伴随始终。当破坏性分裂机制战胜成长机制时，企业就会解体、死亡；当成长机制战胜破坏性分裂机制时，企业就会生存、成长。对任何一个企业来说，破坏性分裂的危机一直存在，但还是有许多企业生存下来并获得了发展，这是因为企业一旦成立，便有了完整的分裂整合机制，当分裂发生时，这一机制便会启动。

本书第四章分析、论述了企业心理情感能量场平衡维护与恢复的三大机制（事前机制、事中机制与事后机制),当企业心理情感能量场发生轻度或中度破坏性分裂时,这三大机制对企业心理情感能量场具有整合作用。实际上,企业心理情感能量场破坏性分裂就是企业心理情感能量场严重失衡所导致的。当企业心理情感能量场严重失衡并导致其产生严重的破坏性分裂时,前面所述的三大机制就失去了作用。在这种情况下,如果企业要继续生存并获得发展,则需要根据具体情况,启用具有针对性的整合机制。如果整合失败,企业将会迅速走向死亡。下面我们通过一个案例来分析、论述整合机制。

就在施凯公司由旧址搬迁到新址7个月后,公司发生了成长-破坏性分裂。

从2009年开始,公司领导戴小东陆陆续续从多方面获得的信息表明,公司内部有人员在利用公司的资源干私活、拉私单,从而损害公司的利益。起初,戴小东并没有在意,因为,一方面,他相信这些与他共事多年、精明能干、诚实可信、为公司的发展做出很大的贡献的员工。特别是公司搬到新址后,具体事务基本交给了部门经理,戴小东则抽出更多的时间来进行战略性与策略性问题的思考。另一方面,公司业务也一直在增长,公司发展势头向好。

但是,进入6月份,令戴小东想不到的问题出现了:一些装修工程出现了严重的质量问题,与顾客发生了不愉快;公司的业务增长缓慢。7月的某天晚上,他突击检查公司部门经理的电脑,结果令他十分吃惊与愤怒:共有10多单工程没有进入公司的计划,总价值达数百万元。进一步的调查更令他吃惊:这10多单工程是业务部经理、设计部经理、工程部经理共同合作的"私活"。这种"私活"的流程是这样的:业务部经理将公司没有谈下来的工程以低于公司的价格谈下来,然后,私下交给设计部经理与工程部经理,由这两个部门分别负责"私活"的设计与施工。

作为公司的所有者与领导者,戴小东对此无法忍受。当晚,他思考对策,第二天早晨,他分别约见了3个部门的经理,并当场将他们从公司辞退,并亲自掌管3个部门。3位核心部门的经理同时被辞退,引起了整个公司的震荡,不少业务骨干与工程监理也受到牵连,整个公司人心浮动。如何面对、处理这些人与事正考验着公司的领导者。

3位部门经理同时被辞退严重损害了施凯公司的生存与发展能力,同时,也打击了公司员工的士气。为了挽救自己一手创办的公司,戴小东想尽了办法。

第一,他找参与干私活的人员谈话,使他们认识到自己的错误。戴小东指出,只要参与人员认识并承认错误,就可以留在公司继续工作,如果有能力且表现好的,将来与其他的员工一样,可以得到提拔与加薪。这一措施防止了事态的扩大化,将不良影响压缩到最小,从而稳定了人心。

第二,他召开全体员工大会。在会上,他如实地说明了整个事件的过程与真相,陈述了事件对公司的影响。他说:"从表面上来看,这件事对公司来说是一个严重的打击,它使公司同时失去了3位部门经理,而且都是业务骨干。但是,实际上,这个事件的出现挽救了施凯公司。设想一下,如果这一事件推迟1年、半年或3个月发生,公司就会彻底垮掉。这一事件表明,公司长期以来存在许多严重的问题,现在是解决这些问题的时候了。只要解决这些问题,公司很快就会步入正轨,并得到快速发展,因为公司已经在佛山打拼了多年,在积累了比较雄厚的资金的同时,也积累了知名度,更为重要的是,积累了比较丰富的生存与发展的经验与技巧。只要公司全体员工同心同德,我们就会快速成长与发展。公司发展,员工发展……"通过这次全体会议,公司的凝聚力大大提高了,员工的士气得到大幅度的提升。

第三,他分别地将公司的核心成员与业务骨干请到自己的家里,由自己的母亲与妻子亲自下厨做饭烧菜招待。家里,是一个非正式的场合,也是一个亲情展放的场合。这一举措使许多核心成员与业务骨干感动不已,他们不仅对公司领导戴小东有了亲近感,而且对戴小东一家也有了亲近感,从而使他们更愿意为公司的发展做出贡献与承诺。

第四,为了防止同类事件的发生,戴小东反复宣传、强调公司的价值观,梳理公司的管理制度,着手建立监督与制衡体系。

(资料来源:本书作者根据企业访谈整理。)

从对案例的分析来看,施凯公司的心理情感能量场发生了严重的成长-破坏性分裂,公司的领导者戴小东及时发现了问题,并启动了具有针对性的整合机制。

第一,重树权威。施凯公司的不断发展为其部门化创造了条件,企业部门化是企业成长机制的核心部分,但是这种成长机制也属于成长性分裂机制。这就意味着部门化的过程存在巨大的风险。企业部门化的过程往往存在五大陷阱:①部门化过早或过晚。②权力移交太多或太少。③缺少监督与制约的机制。④权力移交非人。⑤将用人的例外原则当作普遍原则。用人的例外原则有:用人不疑、疑人不用原则,唯才是用原则,内避亲、外不避仇原则。这些是在特殊的情景下才能使用的原则。

施凯公司在部门分化的过程中犯了三个致命错误:权力移交太多,缺少监督与制约机制,过分信任部门经理。企业中的部门一旦成立,它便获得了生命,便具有了组织本性所有要素:生存欲与死亡欲,占有欲与放弃欲,责任心与推卸责任的欲望,同情怜悯心与冷漠之心,爱美之心与"美的迷失",报复心与宽恕心,好奇心与惰性,嫉妒心与赞赏之心,自体性(自我性)与群体性、类性,理性与感性等。部门领导是影响部门本性组合形态的核心与关键因素,而部门领导也具有人性的所有要素。部门领导权力的大小、是否受到监督与制约对其人性组合形态产生重要的影响。

从上述案例来看,施凯公司的部门领导由于权力太大,同时又没有受到监督与制约,从而导致了占有欲、自体性(个人的自体与部门的自体性)在其本性中取得了主导性地位,而这种心理情感能量自然会传递给部门其他的成员。如此,施凯公司便出现了这样一种局面:①各个部门与企业相分裂,对企业的责任心、归属感在各个部门及其成员的本性组合形态处于极为次要的地位;②各个部门之间互相分裂、争权夺利,同时又互相勾结,损害公司的整体利益;③公司最高领导者的地位与权威受到严重损害,对发生的危机处于是知非知、是信非信的状态。

好在戴小东发现了问题并深感问题的严重性,及时地、坚决地辞退了与他一起创业的三位部门经理,并将三个部门的权力重新集中在自己的手里,重新树立在公司的地位与权威，阻断分裂的根源，为公司重新形成整体创造至关重要的条件。

第二，恩威并施，安抚人心。在这场危机之中，施凯公司的许多骨干与员工牵涉其中，恐慌、焦虑、不安等心理情感能量弥漫整个公司的心理情感能量场。要维持公司的生存就必须恩威并施，安抚员工，消除恐慌、焦虑与不安。从案例来看，戴小东这一点做得比较成功。恩威并施、安抚人心是心理情感能量场整合的重要机制，历史与现实中有许多这类案例。

> 宋太祖赵匡胤的皇位是从后周抢来的，他上台后，深知得天下易，得人心难，于是采取宽宏的手段，对前朝旧臣和遗族以安抚为主，不行杀戮，争取人心。对后周的旧臣，赵匡胤不是不知道他们对自己心存不满和对前朝皇恩的怀念。但他对这种情绪没有硬性压制，或用杀戮政策恐吓，而是用温和的宽容政策，让他们逐渐接纳新朝。他让后周的三位宰相范质、王薄、魏仁浦继续担任很高的官职，以示优礼。这样做对于稳定人心，平定局面，且确实发挥了积极的作用。赵匡胤早年落魄时曾投奔到董遵海父亲帐下。董遵海经常刁难赵匡胤。赵匡胤忍不下去就投奔他处了。后来，两人同殿为臣，董又和赵的政敌声气相通。赵匡胤即位后，就召见董遵海。董自忖死罪难逃，便要自杀。他的妻子却表现出了不凡的见识：等到皇上要你死时，再去死也为时不晚。万乘之君，岂会小肚鸡肠，同你计较过去的一点私嫌旧怨？果然，董遵海上朝请死时，赵匡胤开怀一笑泯恩仇，不予追究，还委以他重任。董遵海于是感激涕零，一生忠谨。就这样，赵匡胤宽大为怀，以和为贵，迅速安定了新皇朝的局面。
>
> （资料来源：黎红雷《中国管理智慧教程》，人民出版社2006年版，第367页。）

第三，展示远景，重申价值观。展示远景是为了稳定人心，给企业心理情感能量场注入希望的能量，使失望甚至绝望的心理情感能量在组织心理情感能量组合形态中丧失主导性地位。在案例中，戴小东从历史与现实的角度分析了施凯公司的实力、地位与商誉，充分展示了公司美好的远景，使公司成员重新燃起对公司美好的愿望，公司的凝聚力大大提高了，员工的士气得到大幅度的提升。

重申价值观是为统一企业成员（包括个人与部门）的思想与行为。施凯公司的3个部门经理的思想与行为与公司价值观严重背离，3个部门经理被辞退，使企业心理情感能量场充满了迷茫、不知所措等心理情感能量。重申企业价值观可以将迷茫、不知所措等心理情感能量"清场"。

第四，完善制度，建立监督与制衡体系。从人性与部门本性组合形态的可能性而言，任何个人与部门都既是潜在的天使，也是潜在的魔鬼。如果一个企业有完善的制度与健全的监督制衡的体系，企业中的个人与部门就很难由潜在的魔鬼变成现实的魔鬼。案例中，施凯公司在部门化的过程中，部门经理得到的权力的太大、太多，而同时缺少监督与制衡体系，使得3个部门经理互相勾结、以权谋私，严重损害公司的利益，使组织（公司）心理情感能量场陷入四分五裂的状态。戴小东总结教训，着手建立监督与制衡体系，并完善公司的各项制度。

思考题

1. 为什么企业心理情感能量场会出现成长-破坏性性分裂？
2. 为什么说不同的企业其心理情感能量场整合机制存在差异？

第六章　心理情感能量此消彼长机制

▶▶ **本章学习的目标：**

1. 理解企业机运与企业内外事件的关系。
2. 了解心理情感能量耗尽的类型。

心理情感能量此消彼长机制是指：虽然任何组织都有其主导性心理情感能量（企业的主导性心理情感能量是创造财富、占有财富、分配财富、生存与发展的欲望等），并支配组织心理情感能量场，但其他的心理情感能量并未离场，其他心理情感能量会轮流上场，在组织（企业）心理情感场中取得暂时性或短期的主导性地位，有时甚至会取得较长时期的主导性地位，从而形成此消彼长的局面。这种现象的发生有3个动力机制：内部事件、外部事件与企业机运轮流登场机制，心理情感能量耗尽机制与恢复机制，边际效应递减机制。

一、内部事件、外部事件与企业机运轮流登场机制

企业生命周期是一个复杂而漫长的过程，在这个过程中会发生许多事件，这些事件轮流登场使各种不同的心理情感能量轮流登场，并在某一特定时间段取得主导地位，成为企业心理情感能量场中的主导性能量。

企业内部事件主要有：生、死、得、失、富、贫、达、穷、聚、散、和、讼、娶、嫁、成、败、老、病、离、急、危、灾、祸、争、骂、咒、斗、打、纠等。绝大多数企业都会经历这些事件的大部分。有时，多个事件会同时发生，可能是同类型的，也有可能是不同类型的。每个事件都是相应心理情感能量的载体，并传播相应的心理情感能量，使企业心理情感能量场产生不同程度的波动。随着该事件与相关情景的消失，相应的心理情感能量也会让位于其他的心理情感能量。

对企业来说，企业内部重大的事件有：核心成员的离世或出走、重要领导者的更替、兼并或被兼并、重大战略与策略调整、重要市场的获得或失去、重大的科研成果的获得、裁员、重要人才的获得等。这些重大事件的交替出现会使各种类型的心理情感能量此消彼长，并形成相应的心理情感能量场（见本书第三章"二、企业心理情感能量场的类型"）。

除了企业内部事件轮流登场外，企业外部事件也会轮流登场。企业外的事件主要有三类：第一，供应商、销售商、消费者、竞争者、银行所发生的事件；第二，企业所在

小区（社区）、镇（街）、市所发生的事件；第三，国家、国际所发生的事件，包括自然或非自然的事件。企业会受到这些事件不同程度的影响，并产生相应的心理情感能量，形成相应的心理情感能量场。有些外部事件所引发的心理情感能量会暂时或短期（甚至长期）主导企业心理情感能量场。

  1995年7月20日，广东中山爱多电器公司正式成立，胡志标任总经理，陈天南出任法定代表人。此前，他俩曾一起给人修电视机、做变压器、做游戏机等。爱多电器公司成立后，他们选择了当时前途无限的VCD项目。胡志标雄心勃勃，想把公司与项目做大。但是，对于地处中山东升镇的无名小厂来说，谈何容易？胡志标选择了一条捷径——依靠高强度的密集广告，把"爱多"两个字强行摁进市场和消费者的眼中，快速提升品牌和企业的知名度。1996年底，他先花450万元请香港著名影星成龙拍出"爱多VCD，好功夫！"的广告片，又花8200万元投中中央电视台《天气预报》后的5秒钟广告标板。其后的事实表明，这笔钱花得绝对值：菲利浦公司对爱多给予了充裕的机芯供应；各级经销商纷至沓来；销售网络进一步理顺充实，产品供不应求，爱多取得巨大的成功。1996年产值达到2亿元，1997年则猛增到16亿元。广告所带来的巨大收益及争做龙头老大的雄心，促使胡志标同意请来成龙和张艺谋，花费上千万元拍摄一条"真心英雄"的广告片，尽情诠释和传递"我们一直在努力"的企业理念，并以2.1亿元夺得CCTV 1998年标王。

  但是，太快的成功不免让人浮躁，也许，此时的胡志标不仅仅是浮躁，而是狂妄。也正是从此时开始，爱多走上了一泻千里的下坡路。爱多出现了一系列重大决策失误：为做行业老大，不惜血本与新科在市场上斗法，虽夺取了新市场，却丢失了老成果，数千万元的投入没有带来合理的市场和利润回报；为夺回丢失的一线零售市场，爱多展开了收复失地的拯救行动，而正是在这个时候（1998年3月后），VCD市场由供不应求发展成了供过于求，爱多的拯救行动失败；接着，因拖欠材料供应商的款项太多，一些供应商停止供货；债主不断上门，并将爱多告上法庭，不同的法庭分批查封了爱多的财产；其后多元化战略失败，高层次人才流失。爱多陷入绝境。

（资料来源：张文昌、曲英艳、庄玉梅《现代管理学》（案例卷），山东人民出版社2004年版，第6-7页。）

通过对上述案例的分析，我们可以得出以下几点结论：

第一，虽然创造财富、占有财富、分配财富、生存与发展的欲望等是爱多心理情感能量场中主导性、支配性的心理情感能量，但是在1995年至1998年，这种主导性、支配性地位不断受到冲突，喜、乐类心理情感能量，焦虑、恐慌、痛苦类心理情感能量，悲观失望的心理情感能量，嫉妒、愤恨类心理情感能量，轮流出场并取得短暂的相对支配性的地位。

第二，引发不同类型心理情感能量轮流出场并取得短暂的相对支配性的地位动因，是爱多内部与外部相关事件的轮流登场，如获得重大的成就、受到巨大的挫折、强大竞争者的出现、错失战略转型的机遇、竞争失败、供应商断货、法庭查封财产、高层次人才流失等。

与企业内部事件、外部事件轮流登场相关的是企业机运的轮流登场，因为在绝大多数情况下，企业机运与企业内部事件、外部事件密切相关。在企业的生命周期内，不同时期有着不同的机运，不同的机运产生不同的心理情感能量，对企业心理情感能量场起相对主导的作用，有时会起绝对支配性的作用。

从心理情感能量的内涵来看，第一，企业的心理情感能量十分丰富、十分复杂；第二，企业的心理情感能量往往两两相对、互相矛盾。正是由于以上两个特点，在特定的情景下，只有少数的几股能量会占据主导地位，控制企业的思维与行为。情景发生变化，控制企业的思维与行为的心理情感能量也会随即发生变化。

二、心理情感能量耗尽机制与恢复机制

心理情感能量耗尽机制与恢复机制是企业心理情感能量场运行机制的重要组成部分，是企业心理情感能量此消彼长的重要动力。

（一）耗尽机制

一个心理情感能量场中的每一种类型的心理情感能量都是有限的，这是因为场内个体心理情感能量是有限的。同一类型的事件消耗同一类型的心理情感能量。当同一类型事件连续出现，就会发生相关心理情感能量耗尽的现象。这时，场内的个体对这类事件会暂时变得麻木、无所谓、行动迟缓。这就是所谓的心理情感能量耗尽机制。这种机制可以保护场内个体不受进一步的伤害，或者让场内个体变得冷静与理性，有助于防止心理情感能量场的瓦解。

对于一个企业来说，心理情感能量耗尽机制包括两个部分：企业主导性心理情感能量的耗尽与企业非主导性心理情感能量的耗尽。

第一，企业主导性心理情感能量的耗尽。企业主导性的心理情感能量是占有财富的欲望、创造财富的欲望、分配财富的欲望、生存与发展的欲望、群体性、责任心与义务感，这些心理情感能量来源于企业的个体与部门。如果企业主导性心理情感能量逐步被耗尽而得不到及时的恢复与补充，企业的死亡的机制就会被启动，死亡的力量就会上升并取得主导与支配性的地位。

企业主导性心理情感能量被逐步耗尽的原因主要有：①企业中个人合理、合法的利益得不到保障，能力得不到充分的发挥，发展长期受阻；②企业中的部门合理、合法的利益得不到保障，部门之间互相争权夺利；③企业领导者独断专行，贪权贪利，决策不断失误；④企业制度、政策、程序等锚定化，造成腐败制度化与制度腐败化。

步鑫生是海盐衬衫厂的厂长，为工厂的发展做出过重大的贡献。步鑫生为厂里大大小小的事情操心，可谓殚精竭虑。他喜吃鱼，却忙得连鱼也顾不上吃。他每天工作十五六个小时。但自从1984年开始，工厂开始走下坡路。

1985年秋，步鑫生被选送去浙江大学管理专业深造。但他并不因此而稍有懈

急,企业严峻的经营状况令他放心不下。他频繁奔波于学校与工厂两地,在厂的日子远多于在校。半年之后,他退学回厂,决心以三年时间挽回企业的颓势。

步鑫生精明能干,他的助手多数也很能干,只是当他从早到晚忙着处理厂里的大事小事时,他的助手似乎插不上手。最终因企业濒临破产,步鑫生被免去厂长之职。

(资料来源:徐二明主编《管理学教学案例精选》,复旦大学出版社1998年版,第35–40页。引用时做了较大的删减。)

从上述案例来看,步鑫生虽然努力工作,但管理十分混乱,效率不高,甚至出现严重负效益。同时,其他管理者的权力被剥夺,无法参与决策,得不到成长,失去了积极性,创造财富的欲望、群体性、责任心与义务感等心理情感能量也逐步衰减与耗尽。当企业心理情感能量场中的某种或某些主导性能量被消耗时,其他心理情感能量就会取而代之,从而出现企业心理情感能量此消彼长的现象。例如,上述案例中,由于责任心、义务感、归属感、创造财富的欲望、群体性等心理情感能量逐步衰减与耗尽,自体性(自我性)、推卸责任与义务的欲望、惰性、焦虑、不安、失望等心理情感能量就逐步上升,并在企业心理情感能量场中取得主导性地位。这些心理情感能量是促使企业死亡的力量,它们会启动企业的死亡机制。

第二,企业非主导性心理情感能量耗尽。一般来说,无论什么样的心理情感能量类型,其所持续的时间都是有限的,都会被消耗殆尽。

小张最近有些烦,这已经是他的公司今年动员的第四次捐款了,目前,他正在考虑捐还是不捐,捐的话的要捐多少。这件事也困扰着小张公司的其他同事。

2021年3月,公司的一名员工得了重病,需要大笔的医疗费用,而该员工家境比较穷,无力负担。公司领导动员捐款帮助这名员工渡过难关。公司上下很齐心,很快凑足了钱。小张与这名员工的关系比较好,除了带礼物去看望外,还捐了500元。妻子对此事也表示支持与理解。

2021年5月,公司所在地发生水灾,灾区不少家庭受灾严重。当地政府号召捐款,公司领导以身作则,捐了款,并号召公司员工捐款。小张与妻子反复商量与沟通,最后捐了200元。

2021年9月,公司的一名员工出了车祸,伤势严重,需要大笔医疗费,该员工家里一时凑不齐,公司领导号召员工捐款。小张与妻子反复商量与沟通,最后捐了100元。

最近,公司一名员工家失火,损失惨重,万幸没有人员伤亡,但其生活十分艰难。公司领导号召全公司的员工帮助该员工度过困境。就这件事,小张已经与妻子沟通了几次,但依然没有结果。

(资料来源:本书作者根据企业访谈整理。)

同情、怜悯、关怀等是一种心理情感能量,我们每一个人都有同情与被同情的需要、怜悯与被怜悯的需要、关怀被关怀的需要。但随着一次次的释放与投送,这些心理情感能量就会逐步衰减与耗尽。当同情、怜悯、关怀心理情感能量逐步衰减与耗尽时，冷漠、麻木的地位就会上升，并在个体心理情感能量组合形态中取得重要的地位。因此，任何企业都必须将同情、怜悯、关怀等心理情感能量作为重要的资源，要十分谨慎地使用，绝对不能过度消耗，更不能恶意消耗。对待责任心、义务感、群体性、归属感等心理情感能量也是如此。

（二）恢复机制

任何一个心理情感能量场都存在能量的恢复或补充机制。这一恢复或补充机制由以下五个部分构成。

第一，时间。当某种心理情感能量耗尽时，在"休整"一段时间之后，这种能量会自动地恢复。例如，当同情心与怜悯心这种心理情感能量因为各种原因而被耗尽时，在得到一段时间"休整"之后，这种能量就会得到恢复，而重新活跃起来。这是因为同情与怜悯直接来源于个体、群体、组织的本性，作为本性，它以质（或根、本、体）的形式存在。其他的心理情感能量也是如此。当然，如果某种心理情感能量（如同情心、怜悯心、责任心、义务感、群体性与类性等）被过度消耗，或被恶意"消费"与摧残，要恢复到应有的水平则需要花很长的时间。国家应制定相关法律，禁止任何个人、任何组织以任何形式恶意"消费"、摧残人们的同情心、怜悯心、责任心、义务感、群体性与类性等。

第二，事件。当某种心理情感能量耗尽时，相应事件的出现或发生，会使这种能量得到恢复。例如，当企业心理情感能量场内"希望"这种心理情感能量被耗尽并要转入失望或绝望时，一个成功的事件可以恢复场内的"希望"能量。

第三，新成员的加入或老成员退场。新成员的加入会使场内某种即将耗尽的心理情感能量得以恢复或得到一定的补充。例如，在企业这个心理情感能量场，一个强而有力的新成员的出现会使陷入失望或绝望的企业重新充满希望与活力。任何一个心理情感能量场只要有充分的时间，都存在新成员的加入与老成员的退场的可能。老成员如果在该退场时退场，对一个心理情感能量场来说则是一件好事；如果在不该退场时退场，或在该退场时不退场则会对一个心理情感能量场造成损害与打击。同时，老成员退场的不同方式会对一个心理情感场造成不同的影响。

第四，外部建设性或滋养性力量的介入。当一个心理情感能量场中的某个或某些能量过度消耗而无法自动恢复时，则需要外部相应的建设性或滋养性力量的介入，以使其恢复。否则，该心理情感能量场就会解体。

第五，对于企业来说，针对性、有效的制度、政策、程序的调整或改革，有助于其已经耗尽的主导性心理情感能量的恢复。

对于任何一个有机体来说，如果维持其正常运转的能量被耗尽而没有得到补充，该有机体就会死亡。对一个企业来说也是如此。维持企业存在与发展的心理情感能量具有多样性，而且形成一个十分复杂的系统。当维持一个企业的存在与发展的相关心理情感能量耗尽时，其内部存在的补充机制就会或快或慢地启动，对相关能量进行补充。如果企业内部的补充机制失效，就需要外部力量的介入。如果外部力量的介入也失效，企业就会解体，企业心理情感能量场的生命就会终结。

三、边际效应递减机制

所谓边际效应递减是指，对于一个人或一个组织来说，当某一类事物达到一定量之后，该类事物持续增长或发生所产生效应（或效用）就会呈现出逐步递减的趋势。例如，当一个人每个月只有4000元的收入时，这4000元中每一块钱都是有用的；当这个人每个月的收入达到了7000元，其有一部分就会被存入银行，这些存入银行的钱的效用逊于没有存入银行的钱；当这个人每个月收入达到20000元，他就会有更多的钱存入银行，那些存入银行的钱所产生效用继续下降，此时，1元钱、10元钱在他眼里就不算什么钱。又如，当一个人第一次获得奖励时，他会很高兴；当他第二次获得奖励时，其高兴的程度就会下降；当他第三次获得奖励时，其高兴的程度就会进一步下降；随着他获得奖励次数的再度增加，他就会变得麻木。

边际效应递减机制同样适用于企业心理情感能量场。对于一个企业来说，同一类事件连续发生，其产生的相应心理情感能量呈现递减趋势。其中起重要作用的是耐受机制、疲劳机制、能量耗尽机制。例如，对于一个人或一个企业来说，如果令人高兴的同类事件连续发生且达到一定量之后，疲劳机制与能量耗尽机制就会启动，这类令人高兴的事件所产生相应的心理情感能量就会逐步递减。又如上述案例中的小张，令人产生同情怜悯等心理情感能量的事件在一年内不断发生，每一次所引发的同情怜悯等心理情感能量相较前一次都有所减少，直到人们变得冷漠与麻木。引发人们恐惧、焦虑、不安、仇恨的事件也是如此。

边际效应递减机制是造成企业心理情感能量此消彼长的重要因素，企业心理情感能量在总体上与总趋势上是相对平衡的，每一个企业心理情感能量场总会根据自身的实际情况自动或半自动地分配、调节这些能量。例如，有些企业在某个阶段机运极好，总是好事一件接着一件，但是随着好事不断增加，这些好事给企业带来的快乐、幸福、满足等心理情感能量就会逐步递减，这些能量也会消耗殆尽，最后对好事的感觉变得麻木，企业内部一点小小的争吵、损失、挫折或企业外部不良的事件（不管是什么类型与程度），都会引起企业成员的痛苦、不安、失望等心理情感能量，从而引起企业心理情感能量此消彼长。对于机运极差的企业来说也是如此，接连不断的坏事会增强这些企业对坏事的耐受度，随着时间的推移，这类坏事给企业成员带来的沮丧、痛苦、不安、失望等心理情感能量就会递减，这些心理情感能量也会消耗殆尽，最后对坏事的感觉变得麻木，企业内部一点点成就、收获或企业外部良性事件（不管是什么类型与程度），都会引起企业成员高兴、愉快、幸福、满足等心理情感能量，从而引起企业心理情感能量此消彼长。

思考题

1. 为什么不能过度强调员工的责任心、义务感？
2. 边际效用递减机制对管理者有何启示？

第七章　心理情感能量感应、外溢及其阻断机制

▶ **本章学习的目标：**

1. 理解企业心理情感能量感应的原理。
2. 理解企业心理情感能量的外溢机制。

企业心理情感能量场的正常运行离不开心理情感能量感应机制、心理情感能量外溢及其阻断机制。这三个机制将企业内外联络成一个整体，一方面推动企业内部进行心理情感能量交换，另一方面推动企业与外部进行心理情感能量交换，从而形成一个更大的网络化的心理情感能量场。

一、心理情感能量感应机制

所谓企业心理情感能量感应机制是指企业成员之间相同或类似的心理情感能量互相启动的机制。这一机制包括两个组成部分：企业心理情感能量感应原理与企业心理情感能量感应路径。

（一）心理情感能量感应原理

企业心理情感能量感应原理由三个部分构成：人性要素的同一性原理、心理情感能量"同性相吸"原理、企业成员一体原理。

1. 人性要素的同一性原理

人性是人与生俱来的属性及其组合形态。根据这一定义，人与生俱来的属性不是单一的，而是由许多要素构成的。这些要素有：生存欲与死亡欲，占有欲与放弃欲，责任心与推卸责任的欲望，同情怜悯心与冷漠之心，爱美之心与"美的迷失"，报复心与宽恕心，好奇心与惰性，嫉妒心与赞赏之心，自体性（自我性）、群体性与类性，理性与感性，等等。人性这些要素在不同的情景下会呈现出不同的组合形态。就人性要素而言，个体之间不存在差异，任何人都具有人性的任何要素，而且人性要素以质的形式存在，个体之间亦不存在量的区别。

人性要素的同一性原理是企业心理情感能量感应最核心、最基本的原理，它奠定了企业成员心理情感能量互相感应的基础。

2. 心理情感能量"同性相吸"原理

情感与情绪是人类心理结构中的重要组成部分。它们与人性及人性的组合形态存在

十分密切的关系，是人性直接或间接的产物。人性是心理情感能量的本源与本体。①

心理情感能量基本的构成要素主要有：爱、恨；高兴、忧伤；占有欲、放弃欲；积极上进、懒惰保守；同情怜悯、冷漠；理性、感性；刻薄、宽容；小气、大方（慷慨）；乐于助人、见死不救；生存欲、死亡欲；责任心、推卸责任的欲望；报复心、宽恕心；自体性、群体性、类性；尊重、鄙视；自尊、自弃；希望、失望（绝望）；诚信、欺诈；廉洁、贪婪……

相同或类似的心理情感能量存在"同性相吸"的原理（法则），即相同或类似的心理情感能量互相启发、互相启动、互相感染、互相呼应。

明代思想家、教育家湛若水说：

> 文武兴，则民好善；幽厉兴，则民好暴。感应之机，何异于影响之捷哉？人君惟慎其所感而已矣。[（明）湛若水：《格物通卷四十六·立教兴化上》]

湛若水在这里用历史事实论述了相同或类似的心理情感能量存在"同性相吸"的原理（法则）。周文王与周武王是两位圣王，周幽王与周厉王则是两位暴君。圣王与暴君分别是两种完全不同心理情感能量的载体，由于相同或类似心理情感能量互相启发、互相启动、互相感染、互相呼应，因而形成两种完全不同的心理情感能量场。

> 老刘是某医院的副院长，业务十分精通，工作努力，与各位同事关系良好，所主管的部门士气高、凝聚力强。但是，最近几天他的脾气不好，他已经狠狠地批评了几位科室主任，因为他们科室的地上有一两张空白的纸。几位科室主任心里很不服气，觉得很冤，他们又狠狠地训了各自的值班医生。老刘主管的几个部门士气受挫。好在老刘很快发现了自己的问题。他开了会，做了自我检讨，说明了自己心绪不好的原因。原来，他的女儿考试有两门课不及格，妻子埋怨他没有尽到做父亲的责任。老刘说，他不该将在家庭中产生的不良情绪带到工作场所来。各位科室主任表示理解，并做了自我批评，很快，老刘所主管的几个科室又回到原来的状态。
>
> （资料来源：唐雄山《组织行为学原理——以人性为视角》，中国铁道出版社2010年版，第159页。）

在这个案例中，老刘先后向其所主管的科室输入了两种完成不同的心理情感能量，启动、启发下属及同事两种完全不同的心理情感能量，形成了两种完全不同的心理情感能量场。

> 日本企业家吉田忠雄提出一个"利润三分法"。他说："我一贯主张办企业必须赚钱，多多益善。但是利润不可独吞。我们将利润分成三部分，一是质量较好的产品以低廉的价格交给消费者大众，二是交给销售我们产品的经销商及代理商，三

---

① 参见唐雄山、余慧珍、郑妙珠等著《家庭心理情感能量场研究》，中山大学出版社2019年版，第15-19页。

是在自己的工厂。"吉田忠雄把这种做法称之为"善的循环"。他说:"如果我们散播善的种子,予人以善,那么,善还会循环归给我们。善在我们之间不停地循环运转,使大家都得到善的实惠。"这就是说,从善出发,把好处既留给自己,也交给别人;别人得到了好处,最终也会给自己带来好处;善就是这样循环往复,不断运转,使大家受益。"不为别人的利益着想,就不会有自己的繁荣。"

[资料来源:(日)伊藤肇《东方人的经营智慧》,琪辉译,光明日报出版社1987年版。]

案例中"善的循环"实际上就是心理情感能量"同性相吸"的另一种表述。需要特别提醒的是,不仅存在"善的循环",同时也存在"恶的循环"。

3. 企业成员一体原理

企业成员一体原理是指企业作为一个心理情感能量场,其各级成员休戚与共,形成一体,其中包括痛痒、苦乐一体,穷达、贫富一体,安危、存亡一体。这是企业心理情感能量感应机制的现实依据与表现。

痛痒、苦乐作为心理情感能量具有可传播性与可启动性,企业心理情感能量场中一个或一些成员的痛痒、苦乐会引起其他成员痛痒、苦乐的感受。在任何一个较大的企业或部门中,都存在上级、下级和一般的组织成员,构成一个网络式的复杂的心理情感能量场,场内的成员进行心理情感能量交换,才能保证场内各种心理情感能量的平衡,维护心理情感能量场的正常运行。"痛痒、苦乐一体"就是心理情感交换的结果。如果场内成员的痛痒、苦乐不能为一体,就说明场内心理情感能量没有进行交换,场内成员离心离德,心理情感能量场失去平衡,企业管理混乱,企业最终解体。

所谓的穷,就是诸事不顺,处于困境。所谓的达,是诸事顺畅。诸事顺畅则荣,诸事受挫则辱。因此,穷、达是不同心理情感能量的载体。贫与富则是就财富而言的,贫、富亦是心理情感能量的载体。穷(诸事不顺)与贫使人产生失望(甚至绝望)、迷茫、恐慌、焦虑、屈辱、忧虑等心理情感能量,这些能量需要得到及时的释放、缓解与安抚;达(诸事顺畅)与富则会使人产生高兴、幸福、充满希望、骄傲等心理情感能量,这些能量需要及时得到释放、安顿与分享。不同的心理情感能量会产生不同的心理结构与行为模式。企业成员处于同一个心理情感能量场之中,如果穷达、贫富不能一体,愤怒、仇恨、轻视、嫉妒、怨恨、敌视、愤世嫉俗等心理情能量就会在场中蔓延、扩散,并不断地积累,无情地消耗场内的责任心、义务感、同情心、怜悯心、忍耐力等心理情感能量,最终会导致心理情感能量的解体。

安、危、存、亡是企业生命周期内必须面对的重大事件,这些事件携带了巨大的心理情感能量,影响企业心理情感能量场中的每一个人,这是"安、危、存、亡一体"的第一层含义。第二层次含义是,企业中个体与部门的安、危、存、亡事件,对企业也会产生不同程度的影响,因为企业就是由个体与部门所构成的。例如,如果企业不重视员工的安全与健康的防护,一次安全或健康危机就会导致企业解体。又如,一个部门解体,就有可能引发整个企业的解体。因此,个人、部门、企业三者之间安、危、存、亡,休戚与共,成为一体。

（二）心理情感能量感应路径

企业心理情感能量感应路径主要有模仿、暗示与感染。

1. 模仿

人们模仿的对象往往是人们心目中的榜样、偶像。这些榜样、偶像在某方面有突出的成就，由于光环效应，崇拜者会将榜样、偶像理想化，努力向榜样、偶像学习，并在生活的各个方面模仿榜样与偶像。现实生活的不完美与不如意使得人们需要榜样与偶像。特定的组织（企业）有特定的榜样与偶像。当组织（企业）的某个或某些成员的言行与偶像同样或类似时，其他成员也会跟着做，生怕自己落在别人的后面。

周敦颐说：

> 十室之邑，人人提耳而教且不及，况天下之广、兆民之众哉？曰纯其心而已矣。[（宋）周敦颐：《通书·治第十二》]

这里的意思是说，只有十户人家的小邑，人口很少，但要面对面地一个个进行教化，那是办不到的。何况君主统治天下，天下民众无数，如何能面对面地一个个进行教化？因此，君主要做的就是养成良性、积极的人性组合形态、心理结构与行为模式，即所谓的"纯其心"，让自己成为榜样，成为偶像，通过天下万民对自己的模仿使自己成为一个巨大的正能量源，通过这个巨大的正能量源来影响天下民众的身心，[①] 从而使全国形成一个良性的心理情感能量场。

湛若水说：

> 国家之本在君，君之本在身，身之本在心。纯心也者，感化人心之本也。心有不纯，则其本先已失矣，将何以为教乎？故吾心纯，则有感而天下应，放诸四海而准矣。是之谓操约而施博，教不必耳提面命于天下，而天下劝者也。人君立教兴化可不知其本乎？《书》曰：民心罔中，惟尔之中。故人君之教在纯其心，欲纯心者必自中始焉。[（明）湛若水：《格物通卷四十八·立教兴化下》]

这里的"君"，可以泛指任何一个企业的最高领导者，亦可以泛指企业中部门的最高领导者。湛若水这段话说明了以下三个问题。

第一，国家之本，在君之心。君心是感化之本、感化之源，即君心是国家治场中各种类型心理情感能量的来源。

第二，君心要纯，要成为天理（即同情、怜悯、关怀、爱、孝、悌、慈、义、礼、俭、诚、正、敬等）的化身与载体。具体而言，君主要养成良性、积极的人性组合形态、心理结构与行为模式，形成一个巨大的正能量源。

第三，由于心理情感能量的可传递（传播）性、可启动性、可感染性、可扩张性

---

① 唐雄山：《湛若水的治国之道》，广州出版社2018年版，第58页。

与渗透性，君主通过自己巨大的正能量源感化天下民众，使天下民众形成理想的人性组合形态、心理结构与行为模式，促使国家这个庞大的心理情感能量场正常运行。因此，湛若水说：

> 仁者，人心之天理，君民同然者也，上行之则下效之，而兴其同然之心……人君之于天下仁而已矣，天下之民心亦仁而已矣，为人君者，欲兴教化，岂待外求之哉。[（明）湛若水：《格物通卷四十六·立教兴化上》]

这段话包括了圣君感化万民的原理与机制。"仁者，人心之天理，君民同然者也"是感化的原理；而"上行之则下效之，而兴其同然之心"则是感化的路径：模仿。对此，《孝经》道："先王见教之可以化民也，是故先之以博爱而民莫遗其亲，陈之以德义而民兴行，先之以敬让而民不争，导之以礼乐而民和睦，示之以好恶而民知禁。"

湛若水又说：

> 孟子曰：恻隐之心，仁之端也；羞恶之心，义之端也；辞让之心，礼之端也；是非之心，智之端也。人之有是四端也，犹其有四体也。有是四端而自谓不能者，自贼者也。谓其君不能者，贼其君者也。凡有四端于我者，知皆扩而充之矣，若火之始然，泉之始达，苟能充之，足以保四海，苟不充之，不足以事父母。
>
> 臣若水《通》曰：孟子此章直指本心体用全具，可谓深切而着明矣。不忍人之心即心之生理，所谓仁也，即下恻隐之心至于羞恶辞让是非之心，即是四端之发，随感而异见尔，非谓原有四心也。夫惟圣人有是心则有是政者，所谓体用一原也。君子能知是心而扩充之，复其本心也；众人不能，则此心虽发，将随发随泯，自暴自弃者也。虽然，充之则足以保四海，不充之不足以事父母，是故帝尧之德光被四表，后之人主或以天下之大不能悦其亲，而遂肆欲以危宗庙社稷，是心充与不充之间其所系，岂细故哉？故人君苟不失其本心之正，斯不失天下之心，而天下国家可保也。[（明）湛若水：《格物通卷十九·正心中》]

从心理情感能量场理论来看，"四端"（即"天理"）就是四种类型心理情感能量，这四种心理情感能量可以转化为仁、义、礼、信等心理结构与行为模式，这些心理结构与行为模式是任何良性心理情感能量场得以形成并正常运行的基础。"帝尧之德光被四表"指的是尧帝发挥、扩充、传播这四种心理情感能量，对周围的其他人产生巨大的影响，调动、感染其他人本性中的"四端"，使其他人进行模仿，从而形成一个庞大的良性心理情感能场；在这个场内，人人扩其"四端"，并形成仁、义、礼、信等心理结构与行为模式。心理结构与行为模式是相应规章制度形成的基础与准备状态，而规章制度形成之后便成了相应心理情感的载体。

2. 感染

感染是一种心理结构变化的过程，通过感染，人们可能会出现一种新的心理结构形式，更进一步说，可能会改变人们的人性组合形态，产生"理想的"心理情感能量，推动预设行为的发生。

人性要素的同一性与心理情感能量的相似性是感染的基础。人们可能被各种各样的事与物所感染，例如，人们会被一篇文章、一场演讲、一张照片、一幅画、一首歌、一首诗、一部电影、某个人或某个群体的某种行为所感染，而这些事与物可能都是被设计出来的，也有可能是发自内心的、自然而然的。感染可以使人们产生忠诚、感动、冲动、激动、高兴、兴奋、愉快、痛苦、愤怒、仇恨、嫉妒等心理情感能量及做出相关的行为。企业的领导者离不开感染的帮助，感染为企业行为提供着强大的动力。

2002年末，蒙牛的维修工李生茂在上海参加了一个大型设备培训班。培训班即将结束的时候，和他一起参加学习的两个企业的设备部经理先后找到李生茂："小李，你的学习成绩不错，跟我们干吧！""不行，我不能去。""我给你高薪！"——接受有关媒体的记者采访时，李生茂说："我当时没有回答他们，而是扯开上衣让他们看我胸口这道疤。他们很惊讶……我说：人不能为钱活着，不能违背良心，我的命是蒙牛给的，哪能离开蒙牛！"

原来，2001年，刚到蒙牛工作几个月的李生茂被确诊为心脏病，需要手术治疗，手术费用4.6万元。李生茂家境贫寒，父母狠下心说："孩子，家里实在没法子，你自己看着办吧。"李生茂走投无路，找到了液态奶事业部经理白瑛。

蒙牛公司党委发出倡议：挽救李生茂的生命。总裁牛根生带头捐出1万元，员工们纷纷解囊，一共捐了3万多元。

李生茂的手术非常成功，病愈出院时，医生、护士和病友们都拉着他的手嘱咐："病好了，要好好工作，对得起公司。"

像这样被救助的员工，几乎每年都有。

2003年，一位员工出了车祸，公司对其关怀备至。有位因为责任事故而离职的原部门经理去探视这位员工时，慨叹"天下难得"。他说，他对蒙牛的确有过计较，但这么多年，入职了这么多公司，像蒙牛这样关心人、爱护人的企业，还是他遇到的"头一个"。

（资料来源：孙先红、张治国《蒙牛内幕》，北京大学出版社2006年版，第262页。）

企业领导的任何行为都是心理情感能量的载体，不同的行为所承载的心理情感能量不同，对企业成员所产生的感染也存在差异。在上述案例中，蒙牛领导者行为中所承载的心理情感能量主要有：对企业成员的同情怜悯心、对企业成员承担责任与义务的愿望。这种心理情感能量会感染、启动、强化企业成员相同与类似的心理情感能量，如对企业的归属感、对企业的责任心与义务感、对企业奉献自己力量的愿望。但是，由于个体心理情感能量的有限性与可耗尽性，企业必须通过制定相关的制度对相关行为进行规范，一方面可以保证相关的心理情感能量源源不绝地对企业成员发挥感染作用，另一方面使企业心理情感能量场在总体与总趋势上保持平衡。

万向美国总裁倪频本着为客户负责的态度，在向客户介绍产品时，不仅强调产品的优点、本身具备的特点，还把产品具有的不足之处明确地向客户提出。但是，倪频的这种负责的态度并不是马上就能让客户接受的。倪频说："有一次，我发现有一经销商大量地采购了我们的产品。当我了解情况后，觉得这个经销商订货时有点盲目，缺乏对市场的了解。我亲自给这位经销商打电话，让他根据市场情况有节奏地预订我们的货，不要一次订得太多，以免造成库存。没想到这位年近七旬的经销商接到电话后大怒，他认为我这个年龄不及他一半的人这样劝他是对他能力的怀疑、对他的侮辱。他认为他过的桥比我走的路还多。"

但是，倪频并没有改变自己的想法，电话沟通不行，倪频又将自己的意见以信件的形式传真给那位美国老头。但是，这位固执的老头还是不接受倪频的建议。一年半过去，这位客户来电话，说自己错了，由于没有听倪频的劝说，现造成了大量库存，问能否帮他。倪频二话没说，收回了他库存的货，换了新货给他。

又过了一年多，这位客户突然打电话给倪频，说一位来自中国的万向竞争对手去他那里推销与万向货一样但价格便宜30%的产品，就在那位竞争对手从中国赶到他公司的时候，他躲了出去，并约倪频到另一个城市谈生意，说要将那个城市与他合作几十年的客户让给倪频。当时，那位美国老头握着倪频的手说："小兄弟，我这样做，只是为了告诉你，你在我心中是多么重要，我有多么感激你。"

（资料来源：陈中、刘端著《蒙牛思维：成就蒙牛速度的25个法则》，中国发展出版社2005年版。）

信与疑是人性的两个重要的因素，是人的本性，也是两种完全不同的心理情感能量。信与疑在人性中互相斗争，互相纠缠，互相渗透。当人们面对某个人或某件事时，信与疑的斗争便开始了，信战胜疑是一个十分艰难的过程，这个过程在很大的程度上就是一个感染的过程。从上述这个案例来看，感染可能是一个较为漫长的过程。在这个过程中，被感染者需要重构自己的认知，并重构自己的人性组合形态。

"世界船王"包玉刚常说："签订合同是一种必不可少的惯例手续。纸上的合同可以撕毁，但签订在心上的合同是撕不毁的。人与人之间的友谊应该建立在相互信任的基础上。"他恪守信用，从不夸海口，而是实实在在地一步一个脚印地扩展他的业务量。1970年，航运市场看好，许多公司都积极争取在日本造船，船厂几乎不肯接受订单。没多久，市场状况发生逆转，许多船只都租不出去，建造中的船只总吨位急剧下降。可是包玉刚仍然不断地向日本订船。1971年，差不多是在船运市场最糟糕的时候，包玉刚订造了6艘船，总吨位是150万吨，从而解了船厂的燃眉之急。所以，后来包氏在日本造船总是能一帆风顺，而且被日本的造船界誉为"我们最尊贵的主顾"。因此，利用公共关系树立企业形象，最重要的是不能寄希望于一朝一夕便能取得成功，而应着眼于长远，树立诚信的形象，取信于消费者，获誉于社会。只有这样，才能最终取得成功。

包玉刚争夺香港最大的码头——九龙仓的控股权，就是以其在香港银行长期良好的信用记录，与英国财团展开了一场收购与反收购之战。他在短短的几天里，调动了20多亿元现金，从而赢得了这场号称"世纪收购战"的胜利。

包玉刚曾经说过："如果在金钱与信誉的天平上让我选择的话，我选择信誉。"包玉刚重信誉、守信用的品格在香港商界、实业界、金融界是有口皆碑的。他那"言必信，行必果"的豪爽作风，使其朋友满天下。

（资料来源：王行健编著《中国商道——从胡雪岩到李嘉诚》，新世界出版社2006年版，第53－54页。）

根据心理情感能量"同性相吸"的原理，包玉刚之所以被日本造船界誉为"我们最尊贵的主顾"，是因为包玉刚以信的心理情感能量及由此驱动的行为感染了日本造船界，让日本造船界对包玉刚深信不疑。

3. 暗示

暗示是指在无对抗的条件下，人们对某种信息迅速而无批判地加以接受，并依此做出行为反应的过程。

其特点是：第一，暗示是一种刺激；第二，暗示不是说服，无须讲道理，而是一种直接或间接的提示。

暗示在商业广告和政治宣传中用得比较多，它能塑造人们的从众心理，从而产生从众行为，以达到某种商业或政治目的。例如，商业广告中经常出现"作为一个男人，我……"，"作为一个女人，我……"。这就暗示：如果你是一个男人或女人，你就应该……。"衡水老白干，喝出男人味！"就是十分典型的暗示。

企业正面人物与反面人物是完全不同的心理情感能量的载体，具有暗示作用。正面人物让人佩服、敬仰、向往，进而进行模仿；反面人物让人反感、厌恶、警恐，进而与之隔绝。

企业不同的制度是不同心理情感能量的载体，具有暗示作用。鼓励性制度让人奋发向上，充满激情，朝着组织指定的目标前进；暗示人只要如此，便可得到奖励。禁止性制度让人产生恐惧、敬畏，防止自己行为越轨；给暗示人只要如此，便会受到惩罚。

企业历史与传奇、企业传统与风俗也具有暗示作用。

二、心理情感能量外溢及其阻断机制

每一个企业成员都是心理情感能量的载体，企业心理情感能量会随着企业成员在空间的移动而移动，这就决定了企业心理情感能量的外溢性。企业成员会把企业心理情感能量外溢到企业外部的任何空间。企业内部的任何事件与行为都内含了相关的心理情感能量，作为信息的企业事件与行为具有高度的流动性，也导致了企业心理情感能量的外溢。从企业外溢出来的心理情感能量会对相关的心理情感能量场及在场的个体产生建设性或破坏性的影响。

同时，由于人性与企业本性中存在着趋利避害的机制以及企业心理情感能量场边界的约束，在许多情况下，企业及其成员会自动或被动地阻断企业心理情感能量的外溢。

(一) 心理情感能量外溢机制

任何一个心理情感能量场都存在能量外溢机制，当心理情感能量场中的某一种或某些心理情感能量达到某种程度时，便会从场中溢出，对其他心理情感能量场及其个体产生相应的影响。心理情感能量外溢可以分为自然外溢、主动外溢与被动外溢。

1. 自然外溢

自然外溢存在 3 种情况：①企业成员自然而然的行为；②企业自然发生的事件；③企业自然而然的行为。

> 小张所在的公司最近遇到了危机，几个大的原料供应商突然宣布涨价，几个产品代理商突然倒闭。小张在公司已经工作了 4 年。与许多老员工一样，小张希望能为公司渡过难关出一份力。公司领导在大会小会上不断地给员工们鼓劲，在承认困难的同时，阐述公司的长处与远景。公司领导带头减薪，带头免费加班。小张与绝大多数员工一样，参加了拯救公司的行动。为此，小张最近总是早出晚归。一开始，家人特别是妻子很不理解，甚至表示反对。小张不得不对妻子表明自己的想法，他说，公司多年一直很关心自己的成长，大学毕业不久，自己就由一个业务员升为部门副经理，工资也涨了不少；公司领导找他谈过话，说他能力很强，很有发展前途……听了这些，妻子不再反对，而是支持小张的行为。3 个月后，公司度过危机，业务与收益都有极大的增长，而且还引进了几位优秀的人才。
>
> （资料来源：唐雄山《组织行为学原理——以人性为视角》，中国铁道出版社 2010 年版，第 3 页。）

在上述这个案例中，小张所在公司充满了焦虑、不安的心理情感能量，小张也充满了积极上进、责任心、义务感、为公司做出奉献的欲望、归属感、群体性的心理情感能量，这些心理情感能量外溢到了与公司利益相关的心理情感能量场，其中包括公司员工的家庭，使公司员工的家庭也充满了类似的心理情感能量，公司与员工家庭形成了一个整体。从外溢的动因来看，包括了以上 3 种情况。

> 在香港，人们谈起郭得胜这个显赫一时的富豪时，都知道他是靠"老实"发迹的。"二战"刚结束，郭得胜一家就从澳门来到了香港，郭得胜到达香港后在上环开了一间杂货店，先名为"鸿兴合记"，后改为"鸿昌合记"。郭得胜每天早晨早早开铺，对待顾客殷勤有礼，渐渐地，他以憨厚的微笑和细心经营，使周围邻居不再感到陌生，生意日渐好起来。他批发的杂货及工业原料价格都很适中，街坊都说"他是个老实商人"。说也奇怪，人越老实，客户越喜欢跟你做生意。生意做大了，他便又向东南亚拓展市场。
>
> 1952 年，郭得胜将牌号改为鸿昌进口有限公司，专营洋货批发。没多久，街坊都称誉他为"洋杂大王"。一顺百顺，郭得胜又抓住了日本 YKK 拉链独家代理权。这在 20 世纪 50 年代实在是无法估量的摇钱树。当时成衣、皮包、布袋等制造

行业都需要拉链，郭得胜抓住时机，利用多年洋杂生意建下的零售网络，使拉链畅销于东南亚各地。

1958年，郭得胜与冯景禧、李兆基等合作组建永业企业有限公司，开始经营地产。1963年，郭、冯、李3人注册开了一家新公司，取名"新鸿基企业有限公司"。进入1972年，香港股市已渐达疯狂之境，新鸿基企业改名为"新鸿基地产发展有限公司"，目的是将股票公开发售，从股市筹集资金。

1972年9月，新鸿基地产的股票正式上市，股民们这样说："看郭老板为人，投他的股准没错。"公司原来准备集资1亿元的，但热情的股民却将10亿元现金寄到该公司，超出新发行股数金额的10倍。

（资料来源：王行健编著《中国商道——从胡雪岩到李嘉诚》，新世界出版社2006年版，第58-59页）

从上述案例来看，"老实商人"承载了诚实、守信、可信、可靠、责任心、义务感等心理情感能量，这些心理情感能量是商人应有的主导性的心理情感能量，当这些心理情感能量充沛时，就会自然而然地外溢。根据心理情感能量感应原理，外溢出何种心理情感能量，就会启动、诱发利益相关者相应的心理情感能量，这些利益相者包括个人、企业、银行、社区。郭得胜因此自然而然地构建起了一个庞大的良性的心理情感能量场，在这个场内，他如鱼得水。

2. 主动外溢

企业心理情感能量主动外溢指的企业有目的、有计划地向外溢出心理情感能量。

企业主动向外溢出心理情感能量的动因比较复杂，其中最主要、最核心的动因是为了企业的生存与发展。向外溢出的主要路径有：企业的行为、企业产品或服务、企业成员的行为。

在产品同质化的今天，顾客很难区分出产品的差别，因此，企业就要在其他方面做文章，让顾客感受到你的存在，不仅如此，最好还要把"顾客就是上帝"这种意识切切实实地让顾客感受到。

在北京申办奥运成功之际，蒙牛做出"一厘钱精神，千万元奉献"的承诺：蒙牛从每个雪糕、每袋牛奶的销售收入中各提取一厘钱，累计1000万元，分期分批捐给奥组委；"非典"疫情袭来，蒙牛率先向国家卫生部捐款100万元，之后陆续向全国30多座城市捐款、捐奶达1200万元；2003年教师节，蒙牛发起了"向人民教师送健康"活动，向120万名教师赠送了价值3000多万元的产品……

"君子不言利，利就在其中"，这句话可以说是蒙牛集团"送去主义"的精髓所在。企业实行"送去主义"，客户、顾客反过来也会对企业实行"送去主义"，市场经济的基本法则就是等价交换，交易双方通过交换各自获得价值的满足，从而实现"双赢"的结果。有一句是这样说的："你敬我一尺，我还你一丈。"这是典型的"别人先给，我才给"的想法。可是，换一个角度，为什么不是"自己先给一尺，让别人（你的顾客、客户）还你一丈呢？""送去主义"是今天的送去，明天、将来的拿回,而且是数倍的拿回。"送去主义"是切实贯彻了"顾客至上"的原则,真正地把企业放在"上帝"的位置,而这种思想,在顾客至上的今天,在商品极大丰富的今天,是非常符合时代要求的。企业必须"为顾客创造价值",不论是物质上的还是精神层面的。为顾客创造价值就是运用新的工具、新的系统、新的技术以及新的观点,为顾客提供产品或服务,让顾客在买到商品或享受服务时,有一种耳目一新的感觉,让顾客感觉到更方便、更满意。

"送去主义"还体现了企业注重长期利益的企业战略。"送去主义"从短期来看并不能给企业带来利润,甚至有一定的损失。但是,从长期来看,"送去主义"赢得了客户、顾客的忠诚,赢得了对企业产品、服务的信赖。以"放长线钓大鱼"来比喻蒙牛的"送去主义",显然有"以小人之心度君子之腹"的嫌疑。蒙牛的"送去主义"含有报恩、感谢的意思,但是,如果我们从另外一个角度来考虑,蒙牛正是舍弃了短期利益而强调长期利益,放弃短期利益而把线拉长去"钓"长期利益这条"大鱼"。

(资料来源:陈中、刘端《蒙牛思维:成就蒙牛速度的25个法则》,中国发展出版社2005年版,第13-15页)

蒙牛集团的"送去主义"就是有计划、有目的的心理情感能量外溢,外溢的路径主要是蒙牛集团一系列的行为,如捐赠、创新。外溢的能量主要是责任心、义务感、群体性、创造与创新的欲望等。

1985年,一位用户来信反映,近期工厂生产的冰箱有质量问题。张瑞敏突击检查了仓库,发现库存中不合格的冰箱还有76台。当研究处理办法时,干部提出两种意见:一是作为福利送给本厂有贡献的员工;二是作为"公关武器"送给经常来厂检查工作的工商局、电业局、自来水公司的人,让他们能够与海尔心往一处使。可张瑞敏却做出了一个有悖常理的决定:76台冰箱全部砸掉。

张瑞敏召开全厂各部门人员参加的现场会,确认了每台冰箱的生产人员后,提出一把重磅大锤,由事故责任人当着全厂职工的面,用大锤将76台冰箱全部砸毁。张瑞敏和总工程师杨绵绵承担责任,扣了自己的工资。全厂员工目睹那些人流着泪水砸冰箱的情景,开始明白厂长的意图——没有严格的立厂之道,哪有海尔的前途。

对于当初的情形,一位老工人如此回忆:"工厂还在负债,当时冰箱也很贵,并且这些冰箱也没有多少毛病,也许只是外观上的一道划痕,但张总说它们不能出厂。因为如果把它们卖出去,导致工厂资不抵债的错误就会继续下去。"

冰箱公司的老职工胡秀凤说,忘不了那沉重的铁锤,高高举起又狠狠落下,76台质量不合格的成品冰箱顷刻毁于一旦。它砸碎的是他们陈旧的质量意识,唤醒了他们去努力提高自身素质。有了质量,他们才有了现在的一切。

从此,在家电行业,张瑞敏以"挥大锤的企业家"著称。至于那把著名的锤子,海尔现在把它摆在展览厅里,让每一个新员工参观时都记住它。1999年9月

28日,张瑞敏在《财富》论坛上说:"这把大铁锤为海尔今天走向世界是立了大功的。"

(资料来源:颜建军、胡泳《海尔中国造》,海南出版社2001年版,第207-208页)

张瑞敏的大锤向所有的消费者外溢了海尔追求完美、精益求精、诚实可信的心理情感能量,这些心理情感能量为海尔赢得了消费者的心,推动了海尔不断发展。

3. 被动外溢

企业心理情感能量被动外溢是指,企业之外的个体、组织(各级政府及部门、企业、社会组织、国际组织、军队、教会、新闻机构等)根据自身的需要,将特定的企业心理情感能量场的能量向外输送。输送的手段与渠道主要是宣传栏、报纸、电台、电视、电影、网络、小道消息等。在这个过程中,有些个人与组织心怀善意,为社会大众利益着想而将特定企业心理情感能量场的能量向外输送;有些个人与组织心怀恶意,为自己的利益着想而将特定企业心理情感能量场的能量向外输送;还有些个人与组织无中生有。面对不同的情况,企业需要分别对待。

1957年,咬紧牙关走出绝境的李嘉诚开始生产既便宜又逼真的塑胶花。有一天,正在李嘉诚与几名技术工人将设计出来的塑胶花进行调色,寻找新的配方时,一个工友神色不安地走过来,嚷道:"不好啦,不好啦,有人在外面拍照,在搞反面宣传,扬言要整垮长江塑胶厂。"

李嘉诚一听,忙对身边几名工人说:"你们继续干,我出去看看。"

李嘉诚走出车间,看见有人用长镜头正对着他的厂房拍照。那些人见他走出来,连忙抓紧时机将他也摄入镜头。工人们十分气愤,纷纷要求拿下对方的照相机。李嘉诚压抑着自己的情绪,平静地对工人说:"大家干活去吧!现在拿下他的照相机,他们明天还会来拍照,不达到目的他们是不会罢休的。"

几天之后,这张照片果然在报纸上发表了,上面是破旧的"长江塑胶厂"和似乎无所作为的厂长。

李嘉诚自然知道这种反面宣传将使他再次"兵临绝境",他当即心生一计,决定充分利用这种免费宣传。于是李嘉诚拿着这份报纸,背着自己的产品,走访了全香港上百家的代理商。李嘉诚很坦诚地对他们说:"你们看,'长江塑胶厂'在创业阶段的厂房是够破的,我这个厂长也是够憔悴且衣冠不整。但请看看我们的塑胶花,还有几款我们自己设计且连欧美市场都没有的品种,我相信质量可以证明一切,欢迎你们到我们厂里来参观订购。"

代销商们惊奇地看着这个诚实勇敢的年轻人,以及他生产的优质塑胶花,他们为香港有这样灵敏的商业头脑的创业者感到自豪。不少代销商真的到"长江塑胶厂"来参观订货。

精明的李嘉诚恰到好处地借助了这场风波带来的反作用,为"长江塑胶厂"做了一次相当实惠的广告宣传。很快,订单愈来愈多,而且,他们的价格合理,有些经销商甚至主动提出愿意先付50%的订金。终于开出一条道路的长江塑胶厂在渡过危机之后，渐渐稳定地发展起来。

（资料来源：革文军编著《李嘉诚商训》，中国纺织出版社2004年版，第35–36页）

在上述案例中，竞争对手无中生有，意欲整垮长江塑胶厂。李嘉诚被迫化被动为主动，向代理商与社会输送诚实、勇敢、创新等心理情感能量，感染了不少代理商，化解了危机。

（二）心理情感能量外溢的阻断机制

心理情感能量场不仅存在能量外溢机制，同时也存在心理情感能量外溢阻断机制。心理情感能量外溢阻断的动因也是人与组织的本性。趋利避害是所有个人与组织的本性，这种本性在阻断心理情感能量外溢的过程中起了十分重要的作用。有时，同情心、怜悯心、责任心、义务感也会在这个过程起十分重要的作用。心理情感能量外溢的阻断也可以分为建设性能量外溢的阻断、破坏性能量外溢的阻断、中性能量外溢的阻断。无论哪种类型能量外溢阻断，都存在自然性阻断、自主性阻断、被动性阻断三种形式。心理情感能量外溢的阻断机制存在的前提是：心理情感能量场中的各种能量互相矛盾、互相制约与平衡；心理情感能量边界的约束。①

自然阻断主要是由于企业心理情感能量边界的约束，自主性阻断出自企业的本性，被动性阻断则需要外部力量的介入。

1995年，还是在宏观调控期间，万科上海公司项目工程部从经理到下面的工程人员、工程师，四个人集体受贿，被检察院传讯。这事当时给王石的刺激非常大。案发之后，王石迅速专程飞到上海，给上海公司的职员讲了他自己的态度："我说一个企业经营有赚钱也有亏损，一个项目失败了，亏损一千万、两千万，你可以推倒重来，可以做下个项目把它赚回来。但如果企业由于管理上的失误，造成企业职员犯罪，这是终生的损失，它不仅仅影响到一个人，而且影响到整个家庭，这个损失是无法弥补回来的。所以，以后万科公司宁可一个亿、两个亿的钱不赚，我们也不要犯管理上的失误，给职员造成犯罪的可能。"

那么，如何做到用制度保护职员，不要让他们有机会犯错呢？王石想了很多，也逐步实施起来。原来万科在项目论证方面是没有人事部门参加的，主要就是市场分析，包括财务人员分析财务资金能不能支撑上去，营销人员论证市场回报率符合不符合。自这个事件之后，万科专门确定了人事部门参加项目论证的原则，也就是说人事部门有最后的一票否决权。"它一旦认为这个项目虽然可以赢利，但是人力资源的管理上不去，可能造成人事管理失控的话，这个项目一定是要否决掉的。"王石在很多场合都提到过他此后的亡羊补牢的措施。

---

① 参见唐雄山、余慧珍、郑妙珠等《家庭心理情感能量场研究》，中山大学出版社2019年版，第122–126页。

（资料来源：陆新之《王石是怎样炼成的》，浙江人民出版社2004年版，第221页）

在上述案例中，破坏性心理情感能量外溢被阻断。在这个过程中，外界力量（检察院）与企业的本性起到了关键性作用。

思考题

1. 企业心理情感能量感应机制对管理者有何启示？
2. 企业为何要阻断心理情感能量外溢？

第三编

企业心理情感能量场的运行动力

企业心理情感能量场的运行动力主要由四部分构成：原动力、维持性动力、外部推动力、衍生性动力。

第八章　企业心理情感能量场的原动力

▶ **本章学习的目标：**

1. 理解事实世界与价值世界的区别。
2. 理解企业价值观、宗旨、目标三者之间的关系。

企业心理情感能量场的原动力包括企业的价值观、宗旨、目标，以及企业的成员。

一、企业价值观

（一）事实、价值、价值观

1. 事实与事实世界

这个世界首先由无数的事实构成，这些事实包括了自然界的、人类社会的。例如，自然界的事实有：老鼠在地里吃庄稼，蛇吃老鼠，今天下大雨……人类社会的事实有：张三打了李四，李四见刘五摔倒装着没有看见，刘五背一个行动不便的老人过马路，某个企业倒闭了，某个企业发明了某个东西……事实具有自然性、平等性、差异性、表面无序性。

我们每一个人生活在事实世界，必须面对无数的事实，这些事实让你高兴、痛苦、不满、幸福、悲伤、愤怒、宽慰、仇恨、原谅……

2. 价值与价值世界

众多的、无序的事实使我们感到迷茫与困惑，我们必须对事实世界的事实进行简化与逻辑化，从而使我们生活在一个有秩序的世界之中。对事实世界的事实进行简化与逻辑化最有效的方法之一就是对事实进行分类。对事实进行分类导致了价值的出现。

对事实进行分类的方法与维度主要有：有用性分类、有利性分类、心理感受性分类、稀缺性分类、大小分类、高低分类、性别分类、年龄分类、远近分类……对事实进行分类导致了价值，使我们每一个人都生活在价值世界之中。如此，我们每一个人就有了两个世界：事实世界与价值世界。

3. 价值观

什么是观？观即看、审视。看、审视什么？看、审视事实世界中的事实。从什么角度、标准来看（审视）？从有用性、有利性、心理感受、大小、高低、多少、性别、年龄、远近等角度、标准来看，看（审视）的结果：是、非、对、错、善、恶、美、丑、高、低、上、下、贫、富、贵、好、坏……这便是所谓的价值观。因此，价值观就是人们判断客观对象（实事世界中的事实）是、非、对、错、善、恶、美、丑、高、低、上、下、贫、富、贵、好、坏的角度或标准。

价值观具有多样性。首先，个体之间的价值观具有多样性，对同样的事件（事实），个体之间由于审视的角度存在差异，得出的是、非、对、错、善、恶、美、丑、高、低、上、下、贫、富、贵、好、坏的结论便存在差异，有时差异会很大。造成这种现象的原因是主要个体之间家庭与文化教育背景存在差异、职业存在差异、权力与财富及地位存在差异。这些差异影响个体的人性组合形态，不同的人性组合形态产生不同的观察事物的视角。

其次，同一个体的价值观具有多样性。也就是说，对相同或类似的事件（事实），个体在不同的时间、不同的地点、不同的情景会有不同的审视角度，得出的是、非、对、错、善、恶、美、丑、高、低、上、下、贫、富、贵、好、坏的结论便存在差异，有时差异会很大。造成这种现象的第一个原因是个体人生经历的多样性，人的一生会经历生、死、病、灾、得、失、舍、升、降、穷（否）、达（泰）、聚、散、悲、欢、离、合……《易经》的 64 卦实际就是人生的 64 种状态。同样或类似的事件（事实）在不同的人生状态下，个体会有不同的价值观；同时，每经历一次人生状态，个体价值观可能会发生不同程度的变化。造成这种现象的第二原因是个体职业、职位、财富、权力、地位、名望在不断发生变化，个体职业、职位、财富、权力、地位、名望的变化，必然引起其价值观的改变。这种改变实质上便是个体心理情感能量组合形态的改变。个体是心理情感能量的载体。

（二）企业价值观的产生

任何企业都会面临众多的自然事实与人为事实，例如，新冠肺炎疫情仍在蔓延等。企业生活在严酷的事实世界，在这个世界没有是、非、对、错、善、恶、美、丑、高、低、上、下、贫、富、贵等。但是，这些事实却能给企业带来各种复杂的集体与个体感受，如幸福、快乐、痛苦、愤世嫉俗、仇恨、嫉妒、冷漠、关心、慷慨、悲伤、冲动……集体感受影响个体人性组合形态，个体感受也影响集体本性组合形态，集体感受与个体感受相互交织。

于是，企业便开始依据各种标准对自然事实与人为事实进行分类。例如，企业会从有用性、有利性、心理感受、稀缺性对自然事实与人为事实进行分类，并从这些角度来看、审视事实世界，从而得到了关于是、非、对、错、善、恶、美、丑、高、低、上、下、贫、富、贵的思维、观念系统。于是，企业不仅有事实世界，而且有了一个价值世界。这两个世界互相纠缠，个体与企业很容易迷失在这两个世界之中。

实际上，我们每一个人与每一个企业都生活在多个世界之中：个体（私人）世界与公共世界、事实世界与价值世界、物理世界与虚拟世界、现实世界与理想世界。此外，每个世界又分成多个世界，例如个体（私人）世界，有多少个个体，便有多少个个体（私人）世界。

（三）企业价值观的影响因素

企业价值观的影响因素有四个方面：企业类型、企业的发展阶段、企业的领导者、企业面临的具体环境与具体事件。

1. 企业类型

自从工业革命以来，企业的数量不断地增长。我们可以从不同的角度将企业分成不同的类型，不同类型的企业拥有不同的价值观。

从行业领域来看，企业可以分为工业类企业、农业类企业、商业类企业、交通类企业、金融类型企业、环保类企业、建筑类企业等，每一类企业又可进一步细分。不同类型的企业，由于所承担的社会功能不同，所需要的资源不同，利益相关者不同，所处的环境不同，因而其本性组合形态就不同，这些不同造成了其价值观的差异性。

从所有权来看，企业可以分为公有企业、私有企业、外资企业、合资企业等，这些企业的属性差异性，导致其价值观也存在差异性。

从规模来看，企业可以为超大型企业、大型企业、中型企业、小中型企业、小型企业、微型企业。由于规模不同，实力不同，地位不同，所拥有的资源不同，这些不同规模的企业的本性组合形态存在差异，价值观必然存在差异。

2. 企业的发展阶段

从企业发展过程来看，一个企业可分为初创期、成长期、繁荣期（鼎盛期）、衰败期、死亡期。企业不同发展阶段的主导性的本性组合形态不同，因而其价值观也就存在差异。关于这个问题，本书将在第四编进行十分详细的分析与论述。

3. 企业的领导者

首先，企业开创者与企业价值观存在密切的关系。从某种意义上说，企业的价值观雏形来源于创始人的价值观。例如，Walmart 的价值观反映了山姆·沃尔顿的价值观，IBM 的价值观反映了托马斯·约翰·沃森的个人信念和价值观。企业开创者价值观的影响因素主要有时代背景、家庭背景、知识背景、个人经历与性格、社会资源等。企业开创者价值观影响企业价值观的形成、影响企业价值观的稳定性、影响企业价值观的可延续性、影响企业价值观的特征。

其次，企业历任领导与企业价值观存在密切的关系。历任领导对企业价值观的认同度、历任领导的知识背景与职业出身、历任领导与企业的渊源等都会对企业价值观与价值体系产生影响。实际上，每一任领导者都试图将自己的价值观强加给企业。

4. 企业面临的具体环境与具体事件

企业价值观受制于社会普遍的伦理道德，社会普遍认同的价值观是企业价值系统的重要组成部分。否则，一个企业将无法与社会环境正常地交换心理情感能量，亦无法正常地从社会环境中获取自己发展所必需的各类资源，其动力系统必将出现十分严重的缺损。

同时，国际与国内的经济、政治、科学技术、历史文化等环境也会影响企业价值观的形成、发展与变革；政府、社区、客户等利益相关者的价值观及诉求也会对企业价值观产生十分深刻的影响。

具体事件，特别是具体的突发的重大事件有可能改变企业的价值观，这些事件有自然的与人为的。

（四）企业价值观的特征

企业价值观具有以下特征。

1. 稳定性与可变性

企业价值观的稳定性是指，企业价值观一旦形成之后，在一定时期内便不会发生重大的改变。这是因为：①企业要从一个类型转换成另一个类型十分困难；②企业由一个发展阶段进入另一个发展阶段，一般来说也需要一段时间；③企业领导者或领导集团的价值观具有相对的稳定性，主要领导者也有固定的任期；④宏观的国际、国内的经济、政治、科学技术、历史文化等环境具有相对的稳定性；⑤企业价值观具有一定的历史惯性，它是企业与企业成员心理情感能量的载体，是企业心理情感能量场的稳定器（定海神针），是企业心理情感能量场运行原动力的原动力。

尽管企业价值观具有稳定性，但这种稳定只是相对的，因为企业的发展会由一个阶段进入另一个阶段，企业领导者与领导者集团会轮替，宏观的国际与国内的经济、政治、科学技术、历史文化等环境随时发生变化，突发的重大事件可能会对企业价值观造成重大的冲击。

> IBM是全球著名的信息企业，迄今已有百年的历史，如今发展良好，但也曾经陷入危机中。IBM在托马斯·约翰·沃森父子时代，它的核心价值观一直是"尊重个人、追求卓越、服务顾客"，但由于其已经不符合社会发展的趋势，在IT业产生巨大变革时，IBM陷入了竞争危机中，为了让IBM恢复生机，提高竞争力，新上任的总裁彭明盛在旧价值观的基础之上，提出了新的价值观，最终确立了"成就客户、创新为要、诚信负责"的新的价值观。一场价值观的变革，使IBM公司重新回到市场，恢复了竞争优势。
>
> （资料来源：本书作者根据网络资料整理。）

2. 渗透性

企业价值观作为企业心理情感能量场运行原动力的原动力具有极强的渗透力，它会渗透到企业的宗旨（使命）、目标与战略之中，也会渗透到企业结构、企业制度、企业公民行为、企业员工的思想、企业历史与传统之中，并对企业正面人物与反面人物的形成产生巨大的影响。

3. 多元性、层次性与系统性

企业价值观的多元性有两个方面的含义，一是指不同的企业有着不同的价值观，有多少企业便有多少组织价值观。例如，美的价值观：感知未来——志存高远、务实奋进、包容共协、变革创新；格力核心价值观：少说空话、多干实事；质量第一、顾客满意；忠诚友善、勤奋进取；诚信经营、多方共赢；爱岗敬业、开拓创新；遵纪守法、廉洁奉公。二是指同一个企业的价值观具有多样性：①一个企业在其存在期间，有主导性价值观，亦有非主导性价值观，而且非主导性价值观可能不止一个，而是多个。②企业在不同的发展阶段，其价值观存在差异，有时差异十分巨大。③在不同的情景下，企业的价值观会有差异。④不同的领导者或领导者集团会将自己的价值观强加给企业，在过渡时期，企业的价值观会呈现出多元性。⑤一个企业可能存在多个部门，不同的部门之间的价值观存在差异，有时差异十分巨大。例如，营销部门、研究开发部门、财务部门之间的价值观就存在差异，有时差异十分巨大。

企业价值观的层次性有三个方面的含义：一是指主导性（核心）价值观与非主导性价值观存在层次关系；二是指企业层价值观与部门层价值观存在层次关系；三是指主导（核心）价值观与战略层价值观、策略层价值观、制度层价值观、政策层价值观、程序层价值观存在层次关系，其内涵存在着递增态势，其稳定性存在着逐步递减态势。关于企业价值观的层次性，我们可以用图8-1、图8-2、图8-3来表示。

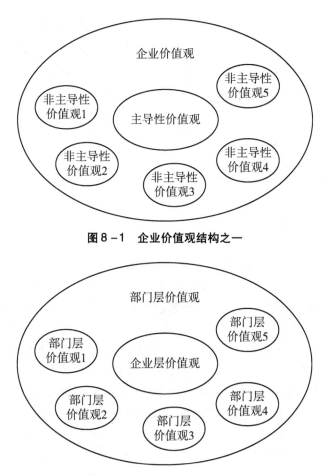

图8-1 企业价值观结构之一

图8-2 企业价值观结构之二

图8-1显示，所有企业都只有一个主导性价值观，而非主导性价值观则可能有多个。有时，某一个非主导性价值观可能会暂时取代主导性价值观的地位。

图8-2显示，企业层价值观是企业核心的价值观，每一个部门的价值观都建立在

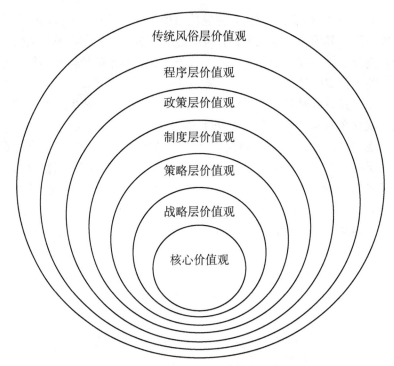

图 8-3 企业价值观结构之三

企业层价值观的基础之上。

图 8-3 显示，企业核心价值观是基础，其他层面的价值观都建立在核心价值观的基础之上。

从企业价值观的多元性与多层次来看，任何一个企业的价值观都是一个价值系统。

字节跳动企业文化新增"多元兼容"，打造全球化团队

字节跳动成立于 2012 年，经过短短九年的发展，已经成为中国互联网行业的巨头之一。它是全球第一家将人工智能应用到主产品的科技公司，也是目前世界上最大的独角兽公司。

2020 年，成立八周年之际，字节跳动公司更新了企业文化（其内部称为"字节范"），新增"多元兼容"，旨在打造多元化的全球团队。

"字节范"被认为是字节跳动员工的工作方式和行为共识。它最早由字节跳动创始人兼 CEO（首席执行官）张一鸣于公司成立六周年年会上提出，共包括五条内容，分别是追求极致、务实敢为、开放谦逊、坦诚清晰、始终创业。

据字节跳动文化官方账号"字节范儿"显示，此次更新，加入第六条核心原则"多元兼容"，是因为字节跳动全球产品和业务的高速成长，要求团队和人才建设更加丰富、包容，"随着字节跳动的快速发展，产品和平台覆盖的国家、地区和文化不断增多。用户群体展现出丰富多元的特征——比如不同性别、年龄、族裔、语言、文化背景等方方面面。同时，产品的一大核心和重点，就是建立丰富包容的社区文化，为多元不同而喝彩"。

企业文化是组织建设的重要一环，与使命、愿景共同构成企业成长发展的根基。互联网公司因市场体量大、员工数量多，其企业文化尤其受到关注。与字节跳动"字节范"相似的案例，还有阿里巴巴的"新六脉神剑"，腾讯的"瑞雪文化"，以及百度的"简单可依赖"。

"字节范儿"早前公布过的一份数据表明，2018年至2019年，字节跳动全球员工增长超过55%，总数超过5万人。截至2019年底，字节跳动在全球共有240个办公室和15个研发中心。

2019年3月，在字节跳动公司成立7周年年会上，张一鸣曾透露，2012年在创业起步的公寓里，内部已经开始讨论全球化。字节跳动全球化的正式布局，始于2015年8月。数年间，字节跳动在海外陆续推出了多款有影响力的产品，包括TikTok、Lark、Helo等。2018年，在与清华经济管理学院院长钱颖一对话时，张一鸣曾定下"小目标"，表示希望3年内实现全球化，即超过一半的用户来自海外。

（资料来源：https://baijiahao.baidu.com/s?id=1660880826960640135&wfr=spider&for=pc。）

价值观是企业文化的最核心的部分。与所有大型的科技企业一样，字节跳动是一个高度国际化的企业，其价值观是一个具有多元性与多层次性的系统。"多元兼容"是字节跳动核心的、主导性价值观，也是对价值观多元性与多层次性的深刻认知。

（五）企业价值观的功能

企业价值观具有导向功能、约束功能、凝聚功能、区分功能、渗透功能、对个体人性与企业本性组合形态的塑造功能、心理情感能量场营造功能、辐射功能。

1. 导向功能

企业价值观的导向功能主要表现在3个方面：一是对作为整体的企业的本性组合形态、心理结构与行为具有导向作用。企业价值观渗透到企业的宗旨、战略、制度、政策、程序之中，从而达到引导企业的目的。二是对企业各个部门的本性组合形态、心理结构与行为具有导向作用。大中型企业是由许多部门构成的，每个部门都是一个活体，具有企业本性的所有要素。如果没有企业价值观的引导，各个部门朝着一个方向前进，那么，企业的各个部门就会各自为政，从而使整个企业成为一盘散沙。三是对企业中个体成员起导向作用。企业价值观通过企业的宗旨、战略、制度、政策、程序将内部成员紧紧地联系在一起，同心协力、共同奋斗，从而达成企业的具体目标。若企业成员的价值观和行为与企业价值观出现悖逆，企业价值观会自动将其纠正并将之引导到企业价值观和行为规范标准上来。

2. 约束功能

企业价值观具有一种无形的约束力量，对企业、企业中的部门与企业成员的思想、心理、行为具有约束和规范的作用。这种约束力主要体现在渗透了企业价值观的企业制度、政策、程序及风俗与传统之中。企业制度、政策、程序及风俗与传统互相作用，使企业成员形成强大的群体意识，产生心理共鸣，达成心灵契约，继而达到行为的自我控制。

3. 凝聚功能

价值观具有极强的凝聚力量。一个民族如此，一个企业亦如此。企业价值观一旦被全体成员共同认可，它就会成为一种黏合力，从各个方面把企业成员聚合起来，从而产生一种巨大的向心力和凝聚力。在向心力与凝聚力的作用下，企业内部各个部门、各个成员相互依存，相互团结，齐心协力，乐于参加企业的一切活动，发挥自己的聪明才智。只有企业内部成员在工作的各个方面不断努力，才能不断推动企业向前发展。但是，如果企业的战略、策略、制度、政策、程序与企业的核心价值相背离，企业的凝聚力就会受到损害。

4. 区分功能

企业之间价值观的差异导致了企业之间宗旨、战略、制度、政策、程序、历史传统、风俗习惯、心理结构、行为模式、外在形象的差异，从而成就了独特的企业与企业成员。因此，根据不同的企业价值观，不仅可以对不同的企业进行区分，而且可以对不同企业的成员进行区分。

5. 渗透功能

从企业价值观的区分功能来看，企业价值观具有强大的渗透功能，它渗透到企业的宗旨、战略、制度、政策、程序、历史传统、风俗习惯、心理结构、行为模式、外在形象之中（见图8-3）。

> Y零售公司于1961年成立，经过几十年的发展，目前在全球拥有近4000家连锁店。Y零售公司的高层非常重视公司价值观对员工工作行为的渗透，主要通过以下四个措施，使员工的工作行为与组织的价值观相吻合：一是要求员工随身携带公司愿景、使命和价值观卡片，接受熏陶；二是界定各职务最能体现公司价值观的工作行为；三是基于这些工作行为进行绩效考核；四是将绩效考核结果与薪酬挂钩。
> （资料来源：本书作者根据对某企业员工的访谈整理。）

6. 对个体人性与企业本性组合形态的塑造功能

企业价值观对个体人性组合形态具有塑造作用，特定的企业价值观塑造特定的人性组合形态；企业价值观的变化导致人性组合形态变化；企业价值观的迷失导致人性组合形态混乱（人的心灵秩序混乱）。同时，个体人性组合形态对企业价值观也有影响，特别是企业高层领导者（集团）的人性组合形态会导致企业价值观发生变化，因为企业高层领导者（集团）的人性组合形态会外化为价值观，企业高层领导者（集团）会把自己的价值观强加给企业。

企业价值观不仅对企业中个体人性组合形态具有塑造作用，对企业本性组合形态的塑造也具有关键性作用。不同类型的企业其价值观不同，其本性组合形态就会存在极大的差异。例如，家电企业与环保企业的价值观不同，其本性的组合形态就存在巨大的差异。

7. 心理情感能量场营造功能

企业价值观的导向功能、约束功能、凝聚功能、区分功能、渗透功能、对个体人性与企业本性组合形态的塑造功能，共同营造企业心理情感能量场，使企业心理情感能量场形成一个独特的整体。

8. 辐射功能

一个企业的价值观不仅能对企业内部成员的工作行为产生软约束和影响，而且也能对其他企业产生一定的辐射作用。

二、企业宗旨

（一）企业宗旨的含义与来源

1. 企业宗旨的含义

宗旨是一个企业存在合法性与合理性的依据，是某种高度抽象性的概念，是对自己历史使命的描述。因此，企业的宗旨就是企业的使命。所谓的使命，就是"我到这个世界干什么来了？"例如，格力的使命：弘扬工业精神，追求完美质量，提供专业服务，创造舒适环境；华为的使命：聚焦客户关注的挑战和压力，提供有竞争力的通信解决方案和服务，持续为客户创造最大价值。

2. 企业宗旨的来源

企业宗旨有三个来源。

第一，来源于价值观。企业宗旨是企业核心价值观的产物，更确切地说，是企业核心价值观的自然延伸。企业有什么样的核心价值观，就会有什么样的宗旨。

第二，来源于领导。企业宗旨由组织最高层提供。从管理者的技能来看，企业最高层最重要、最核心的技能就是概念技能，即为企业提供核心理念的能力。

第三，来源于社会环境。企业宗旨来源于社会环境的需要，企业必须将社会环境的需要内化成自己的需要，使自己与社会达到高度的统一。从企业本性组合形态来看，就是使企业的自体（自我）性、群体性、类性三者高度统一，化解三者之间的矛盾，达到三者之间有机的平衡。

（二）企业宗旨的特征

1. 表述简单，让人易记易懂

企业宗旨必须表述简单，让人易记易懂，具有感染与暗示的作用。例如，格力、美的、华为的宗旨就是如此。其他组织的宗旨亦是如此，如中国共产党的宗旨：全心全意为人民服务；一所大学的宗旨：为社会培养高素质的人才；妇联的宗旨：为中华所有的女性与儿童服务。

2. 反映普遍性价值

企业宗旨不仅要充分体现企业的价值观，而且要反映社会普遍性价值，因为只有具有普遍性价值的东西才具有稳定性与长久性，才有广泛的支持者与认同者。

3．企业之间的差异性

不同类型企业之间的宗旨不同。例如，交通类企业的宗旨与电器类企业的宗旨存在巨大的差异。如果交通类企业的宗旨与电器类企业的宗旨没有差异，该企业就会迷失自己的本真，其心理情感能量场就会发生变异，怀疑、焦虑、不满、迷茫等心理情感能量就会弥漫企业。

同一类型企业之间的宗旨存在差异。例如，同样是电器公司，美的与格力的宗旨也存在差异。美的的宗旨：联动人与万物，启迪美的世界；格力的宗旨：弘扬工业精神，追求完美质量，提供专业服务，创造舒适环境。

4．具有稳定性与可变性

企业宗旨直接来源于企业价值观，具有相对稳定性，在一定时期内保持不变。企业越大，其宗旨越稳定。但是，企业宗旨的稳定只是相对的稳定，企业宗旨会因环境的变化而变化。例如，某个企业初创期从事交通业务，其宗旨与提供交通服务有关；但是，后来该企业转向了饮食业，其宗旨也必须随着核心业务的转变而转变。

（三）企业宗旨的作用

1．企业的宗旨是企业行为的核心动力源

它为企业所有的成员提供精神支撑，为企业所有的成员指明方向，为企业所有的行为提供动力。只要违背宗旨，企业就无法正常地发展，最终走向消亡。三鹿集团就是一个典型的案例。

2．企业宗旨指导企业目标体系的构建

企业宗旨是企业战略目标的前提与基础。只有确立了宗旨，企业才能根据宗旨对环境的分析确定企业远期战略目标，根据战略目标制定中期目标与短期目标，根据中期目标与短期目标制定企业相关的政策，进而对企业所拥有的资源进行分配，为企业行为提供有效的、及时的物质方面的支持。

三、企业目标

（一）企业目标与宗旨的关系

目标是宗旨的具体化，宗旨是目标存在的依据。宗旨要靠一系列的目标才能实现。当一个时期结束或一个目标实现之后，就必须重新确立目标。企业存在与发展的过程实际上就是"确立目标—实现目标—确立新目标—实现新目标—再确立目标……"的循环往复的过程。这个过程终止了，这个企业也就不存在了。

（二）企业目标的性质

关于企业目标的性质，学界讨论很多，总结起来，企业目标具有以下五个方面。

1．企业目标具有层次性

企业的目标具有三个层次，通过这三个层次，将企业内部与外部有机地连接在一

起，将企业内部的各个层级、各个部门有机地连接在一起，将个人的目标与企业的目标有机地连接在一起，从而形成一个庞大的网络化的心理情感能量场。

环境层：企业宗旨的来源之一便是环境，企业目标是对企业宗旨的具体化与反映。因此，企业必须将相关的社会环境目标内化成自己的目标，如税收、就业、环境保护、安全、社会和谐与进步等。

企业层：企业自身的目标。企业自身的目标是一个庞大的体系。①纵向目标体系，即自上而下的目标体系，例如企业高层目标、企业中层目标、企业基层目标；②横向目标体系，即企业各个横向部门的目标构成一个体系；③时间顺序目标体系，如企业的远期目标、企业的中期目标、企业的近期目标。

个人层：企业成员的目标。企业成员的目标与企业的目标的关系存在三种情况：正相关，企业目标就是个人目标，个人目标就是企业的目标；无相关，企业目标与个体目标不相关，个体不关心也不反对企业的目标；负相关，个人目标与企业目标相冲突。

2. 企业目标具有多元性

企业目标除了具有多层次性，还具有多元性，例如，一个企业具有财务目标、市场目标、人才目标、研究开发目标、社会目标等。

3. 企业目标具有次序性

目标的次序性是指企业目标存在先后的次序。一般来说，目标的先后次序与时间有直接的关系，但有时也与时间无关，而与目标的重要性有关。目标的次序包括三个方面的内容：目标时间的次序性、目标重要程度的次序性、目标紧迫程度的次序性。有些目标重要但不紧迫，有些目标紧迫但不重要。

4. 企业目标具有协调性

企业目标的协调性包括三个方面：多层次目标之间的协调、多元目标之间的协调、目标次序之间的协调。

5. 目标具有明确性、时间长度具有限制性

企业目标的明确性是指企业目标内容明确、具体，对企业成员有引导作用；定量目标与定性目标相结合，能量化的目标尽可能量化。企业目标要明确到具体的部门、具体的个人。从时间来看，远期目标（战略目标）相对模糊且宏观，中期目标（根据战略目标制定）相对明确且中观，近期目标（根据中期目标制定）明确、具体，具有微观的特性；从企业层次来看，高层的战略目标相对模糊而宏观，中层目标相对明确且中观，基层目标明确、具体，具有微观的特性。

企业目标时间长度的限制性是指企业目标必须在规定的合理期限内完成。时间过长，没有效率；时间过短，质量没有保障，不仅没有效益，而且会出现负效益。

四、企业成员

（一）企业高层成员

企业的高层领导者或领导集团包括企业的董事会、高层管理者。

1. 董事会

董事会（board of directors）是有限公司或股份公司的最高权力机构，是公司的人格化，对外代表公司，对内代表股东或组成公司的各单位，是一个由董事组成的集体决策机构。通常设有董事长一名，副董事长若干名，有的公司还设有常务董事若干名。从企业心理情感能量场运行动力的角度来看，董事会具有三项主要的任务。

（1）为企业提供核心价值观与宗旨，为企业心理情感能量场运行指明前进的大方向。

（2）审批企业高层管理者的建议、决策、行动，为他们提出忠告和建议，提出具体的改进措施，对高层管理者正确的行为进行肯定与鼓励，对不正确的行为进行遏制与批评，保证企业心理情感能量场各种能量之间的相对平衡，维持企业心理情感能量场的稳定与正常运行。

（3）监视企业内外各种心理情感能量场的微妙变化，评判这些变化的性质，并提醒企业高层管理者注意这些变化将会给企业心理情感能量场运行造成的影响。从理论与现实的角度来考察，心理情感能量场之间存在着错综复杂的关系，一个心理情感能量场的能量波动必然会对其他相关的心理情感能量场产生影响。

2. 高层管理者

高层管理者（top managers）是指公司的总经理、副总经理、总经济师、总会计师、总工程师。从企业心理情感能量场运行动力的角度来看，高层管理者具有以下责任。

（1）为企业心理情感能量场提供道德力。所谓的道德力，指的是企业的高层管理者在企业中占领道德的制高点，在道德上让下属仰望，成为下属的榜样。孔子曰："苟正其身矣，于从政乎何有？不能正其身，如何正人？"（《论语·子路》）彼得·德鲁克说："如果机构里的某个管理者很有魄力但也十分腐败的话，那么他将会给机构带来很大的破坏性……正直的品格本身不能创造价值，但如果缺乏正直和诚恳，那就有可能会搞糟其他一切事情。"[1] 如果企业高层管理者没有道德力，企业心理情感能量场就会充满怀疑、鄙视、焦虑、恐惧、贪婪、失望等心理情感能量，企业的士气、凝聚力就会受到严重的挫伤。

（2）为企业制定合理、可行、卓越的目标，并将企业目标与个人目标结合起来，为企业提供决策力与平衡力。唯有如此，才能实现企业成长及个人成长。成长是企业的欲望，也是个人的欲望。从理论上来说，这两种欲望是平等的。这两种心理情感能量相辅相成才是企业心理情感能量场的正常状态。

（3）为下属和企业成员实现目标提供物质与精神动力。企业与个人都是在成功与失败互相交错中成长的，企业的高层管理者，特别是探索型、创新型、科研型企业的管理者，要允许、包容失败，这一点十分重要。

（4）高层管理者需要为企业心理情感能量场提供企业家精神。企业家精神是企业心理情感能量场的主导性心理情感能量。世界著名的管理咨询公司埃森哲曾在26个国家和地区与几十万名企业家交谈。其中79%的企业领导认为，企业家精神对于企业的成功非常重要。全球最大科技顾问公司Accenture的研究报告也指出，在全球高级主管

---

[1] ［美］彼得·德鲁克：《卓有成效的管理者》，孙康琦译，上海译文出版社1999年版，第90页。

心目中，企业家精神是企业健康长寿的基因。正是企业家精神造就了"二战"后日本经济的奇迹，造就了20余年美国新经济的兴起。那么，到底什么是真正的企业家精神呢？对此，学术界并没有统一的说法。总的来看，企业家精神指的就是企业家应有的心理情感能量，这些能量包括：占有财富的欲望、创造财富的欲望、分配财富的欲望、创新的欲望、探索与冒险的欲望、合作与竞争的欲望、敬业的意识、学习欲望、执着与权变的心态、诚信。企业家精神是企业核心竞争力的重要来源。

胖东来成立于1995年，主营店铺零售业，截至2015年，开有30多家店铺，以卓越的服务赢得了顾客的喜爱，在社会上享有良好的口碑，2015年销售额为50多亿元。胖东来电器自创办以来，销售市场覆盖许昌及其附近市、县等地区，更有前来购物的外省、外地顾客，销售市场占有率不断扩展，占取了本地电器市场的主要份额。河南省知识产权局授予胖东来电器"豫南地区家电行业唯一无假冒伪劣商品商场"称号。马云称赞它："引发了中国零售商的新思考，是中国企业的一面旗子。"雷军称赞它："在中国零售业一直是神般存在。"

从创业起，作为创始人的于东来一直坚持"你心我心、将心比心"的大爱信仰，从一间小店起家，逐渐发展成如今的胖东来商贸集团。此次新冠肺炎疫情暴发，于东来第一时间捐款，并宣布疫情期间，蔬菜按进价销售，3家医药超市24小时营业，配合政府安排，可以牺牲一切。相比一般商人一味追逐经济利益，于东来更追求情感上的幸福与快乐。康德主张"人是自身目的，不是工具"，于东来把员工当自己的亲人看待，他试图建立一个公平、正义、幸福、自由、充满博爱色彩的企业大家庭。这就是于东来的"商业人性信仰"。不仅如此，企业员工像身处一个温馨快乐的大家庭，情同手足，开心工作。员工也将于东来视为"大家长"，都亲切地叫他"东来哥"。

（资料来源：李飞、李达军、马燕《服务型品牌好服务定位点的形成机理——海底捞和胖东来的双案例研究》，载《管理案例研究与评论》2017年第6期，第594-605页；郭晨：《企业家信仰对企业及行业的影响分析——以胖东来公司为例》，载《现代商贸工业》2020年第16期，第50-52页。）

从上述案例来看，胖东来之所以能够从一家小店发展为一个商贸集团，其核心动力就是创始人于东来的企业家精神。其中，"你心我心、将心比心"是于东来成功的要诀，它是胖东来商贸集团心理情感能量场的基石，也是于东来与利益相关者进行心理情感能量交换的信条。通过"你心我心、将心比心"，胖东来构建起一个庞大的、复杂的、网络式的心理情感能量场。在这个场中，有企业内部员工、供应商、顾客、各级政府部门、股东等。企业之间的竞争，本质就是心理情感能量场之间的竞争。

（二）企业的中坚成员（key personnel）

企业的中坚成员包括企业的中层与基层管理者及各类技术骨干。企业的中坚成员负责将企业的发展战略与总体计划付诸实施，并制定实施发展战略与总体计划的策略及派生计划。企业的中坚成员的能力越强，就越能制定出高效的实施发展战略与总体计划的策略及派生计划，反之，企业有再好的发展战略与总体计划也是枉然。企业的中坚成员还有责任搜集企业总体战略、总体计划的反馈信息，并提出自己的修正建议。这就要求企业的中坚成员要有创新精神和担当精神。

越来越多的企业意识到中坚层在企业战略管理过程中的重要性。因为真正了解企业问题和机会的人是他们，实施企业战略的还是他们，所以许多大企业将企业决策权下放给中坚层成员。理想的战略管理系统应当由一个战略管理小组来建立和管理，这个小组主要由公司高层经理与部分中坚层成员组成。因此，企业的中坚成员为企业提供执行力与渗透力。由于部门本性中生存欲、发展欲、占有欲、群体性的作用，企业的中坚成员还为企业提供竞争－合作意识与精神。竞争－合作是企业生存与发展的重要原动力。

因此，对于中坚层而言，人际技能与概念技能都很重要，他们是企业家精神的继承者、传递者。企业必须为中坚层提供开放的、多样化的上升通道。

（三）企业的基层成员（basic staff）

从数量上来看，在正常的情况下，企业基层成员的人数最多，是企业心理情感能量场的主体，他们负责具体的事务操作，为企业提供操作力。企业所有战略、计划、策略的实现依赖于基层成员的工作态度与具体操作水平。战略、策略、规划制定得再好，离开了水平高、态度认真的具体操作者，就什么都不是。态度就是一种心理情感能量。如果企业成员认真负责、对企业的发展充满了期望、对企业有强烈的依赖感与归属感，那么，其操作技能与水平就可以不断提高，并将现有技能与水平发挥到最佳。如果企业成员对企业充满了失望（甚至绝望）、怨恨、怀疑，工作态度差，其工作技能与水平越高，破坏性就越强。

决定企业的基层成员态度好坏的核心因素是企业的利益分配制度。从企业纵向的层级结构来看，企业基层员工、一线员工属于弱势群体，他们的各种合理需要与利益最容易受到忽视，而他们却是企业的根本之所在，他们是产品、服务与任务的最终完成者。他们的情绪、态度、心理结构、行为直接影响企业的效率、效益，直接影响企业的发展与生存。所以，任何一个企业的管理者必须充分考虑、满足这些人的合理需要。这一点张瑞敏做得十分到位。

> 张瑞敏1984年到冰箱厂走马上任后，最得人心的举措是购买了一辆大客车。工人们住得离厂较远，上下班是个沉重的负担。张让班车每天接送工人，对工人来说简直是奢侈的享受。1987年，冰箱厂30多年来第一次买了14套房子，全厂千余名员工眼巴巴看着领导怎么分。结果14套房子全部分给了一线员工，主要是老工人。原来冰箱厂没有食堂，干部与员工一起露天吃饭；后来盖起一个食堂，几千人一起吃也不行，就让工人先吃，干部最后吃。在青岛煤气罐特别紧俏的时候，冰箱厂下决心为每一户员工家中配备一个，分配顺序是倒三班的工人、倒两班的工人、上白班的工人，最后才轮到干部。

《青岛日报》一位记者曾经写了一篇报道：海尔"车间装空调，总裁吹电扇"。

张瑞敏对此解释说，这很正常，工作需要。当时新车间屋顶低，空间太小，工人挤在里面汗流浃背，效率不高，对健康也不利，装上空调就舒服了，工人不仅愿意加班，下了班也愿意在里面多待一会儿。而当时办公室没有车间那种急切需要，吹电扇不会影响工作。

（资料来源：胡泳著《海尔中国造之跨国攻略与领导之道》，海南出版社2002年版，第264-265页。）

从上述案例可以看出，海尔之所以成功，就是充分重视作为企业主体的基层成员的利益，满足他们合理的诉求，从而塑造了一个原动力极为强大的心理情感能量场。企业之间的竞争，本质上就是心理情感能量场之间的较量。

近年来，马云做了"特例性"的加薪，延续"2-7-1"原则，激励员工，给员工加薪。但是包括副总裁在内的所有高层不加薪。马云表示，越是在经济形势不好的时期，公司的资源就应该向普通员工倾斜，要让公司高层感受到紧迫感和危机感。任何企业在公司经济不景气的情况下都会压缩成本，而阿里巴巴压缩公司高层的薪酬来保障员工基本福利，让公司内员工感受到公司对他们的珍惜。

（资料来源：本书作者根据网络资料整理。）

在经济形势不好的时期，最容易受到伤害的就是企业的基层成员。他们平时经济积累比较薄弱，各种资源比较少，技能比较单一。但他们却是企业心理情感能量场的主体，他们如果受到伤害，失望、悲观、不安、焦虑、怨恨、怀疑等心理情感能量就会弥漫整个企业心理情感能量场。在企业心理情感能量的组合形态中，自体（自我）性就上升，责任心、义务感、群体性、归属感就会下降，基层成员操作的速度与质量就会下降，整个企业的效率与效益就会下降。从上案例两个案例来看，张瑞敏、马云对此有十分深刻的认识。

五、企业心理情感能量场的原动力模型

根据上述分析与论述，笔者构建了企业心理情感能量场原动力模型，如图8-4所示。

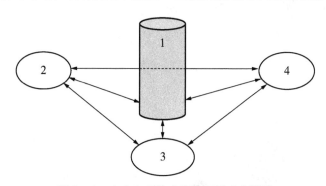

图8-4 企业心理情感能量场原动力模型

图 8-4 中 "1" 代表企业价值观，"2""3""4" 分别代表企业宗旨（使命）、目标与企业成员。结合以上的分析与论述，就图 8-4 做必要的说明。

第一，企业价值观处于核心地位，是原动力的原动力。企业价值观规定了企业宗旨与企业目标，为企业成员提供价值判断与价值导向。同时，企业价值观有赖于企业宗旨（使命）的达成，有赖于企业目标的实现，有赖于组织成员的身体力行，否则，企业价值观便成了空话。

第二，企业宗旨是企业目标制定的依据，企业目标是企业宗旨的自然延伸。企业宗旨与目标对企业成员具有指导与规范作用，企业成员是组织宗旨与目标的实施者。企业宗旨、企业目标、企业成员共同托起企业价值观。

第三，企业成员赋予企业生命、活力，企业的本性在本质上就是企业成员的本性。企业成员是企业价值观、宗旨、目标的构建者、承载者、实施者与修正者。价值观与宗旨是企业的理念（观念）系统，企业其他的一切都是由这一理念系统派生出来的。

第四，企业价值观、宗旨、目标与成员是心理情感能量的载体，是企业心理情感能量场运行的原动力。

第五，企业的价值观、宗旨与目标决定了企业的愿景。企业的愿景也被称为企业的远景，是对企业未来美好或理想状态的描述。这种描述能够对企业成员起到暗示、激励、凝聚作用，对想进入企业的人员起到感召的作用。不同的企业，由于价值观、宗旨与目标不同，愿景也就会存在差异。

思考题

1. 为什么说企业价值观是企业心理情感能量场原动力的原动力？
2. 企业高层、中坚层与基层各自为企业心理情感能量场提供何种动力？对管理者有何启示？

第九章　企业心理情感能量场的维持性动力

▶ **本章学习的目标：**

1. 理解企业制度对企业心理情感能量场的作用。
2. 理解团体意识与组织公民行为的基础。

企业心理情感能量场的维持性动力，也被称为企业心理情感能量场结构性动力，其主要内容有：组织制度、组织结构、团体意识与组织公民行为、企业传统与风俗、企业正面人物与反面人物、企业历史与传奇。

一、企业制度

陈亮说："治国有大体，谋敌有大略。立大体而后纪纲正，定大略而后机变行，此不易之道也。"[（南宋）陈亮：《中兴五论序》]

这里的"大体"指的就是价值观、宗旨（使命）。这里的"大略"指的就是总体战略，其具体的形式为战略目标及由此派生出来的目标体系。"纪纲"指的是基本制度、政策、程序。价值观、宗旨（使命）、战略是制度、政策、程序的本源与本体。就本源而言，制度、政策、程序源于价值观、宗旨（使命）、战略，价值观、宗旨（使命）、战略是制度、政策、程序产生的前提与依据；就本体而言，制度、政策、程序产生的同时，价值观、宗旨（使命）、战略便内在于制度、政策、程序之中，成为制度、政策、程序的本体。没有价值观、宗旨（使命）与战略，制度、政策、程序便无法产生与形成，没有制度、政策、程序，价值观、宗旨（使命）、战略便无法落实。

就企业心理情感能量场而言，企业价值观、宗旨（使命）、战略是根源性动力，而企业制度、政策、程序则是维持性动力。

（一）企业制度的内容

企业制度包括三个部分：企业的基本制度、企业政策、企业运行程序。这三部分之间存在着互为表里、互相依存的关系。有时，也会出现互相矛盾的现象。

1. 企业基本制度

企业基本制度的主要内容有：基本的组织制度、基本的人事制度、基本的财务制度、基本的分配制度、基本的激励制度、高层管理制度。

企业基本制度设计有两个原则：

第一，不能违背国家的法律、法规、政策，不能违背社会的伦理道德，这是企业制度形成约束性前提。离开这个约束性前提，一个企业就是非法的企业。这样的企业不可能得到正常的发展，也不可能公开存在。企业成员是带着这样一个约束性前提会集到一起的。

第二，企业基本制度必须遵循企业核心价值观、宗旨（使命）、战略目标，并服务于核心价值观、宗旨（使命）、目标与战略目标。

企业基本制度主要有以下五个特征。

第一，科学性。科学性包括两个方面：①基本制度的设计必须服从管理科学的客观规律，运用科学的管理方法和管理原理，将基本制度的设计引向科学理性，使企业的运行更加规范；②与人性、企业本性相符，遵守人性平衡定律与企业本性平衡定律，能在总体与总趋势上保持人性平衡及企业本性平衡。

第二，可行性。企业基本制度必须切实可行。不可行的制度不仅无效、无用，而且会阻碍企业的生存与发展，给企业造成严重的伤害。要使企业制度切实可行，就必须从企业内外的实际情况出发来制定企业基本制度。

第三，合法性。企业要想正常地生存和发展，法律和道德规范是最基本的条件和保证，因为它们在全社会范围内具有普遍的约束力，所以企业的基本制度的设计必须要以法律和社会道德规范为基础。

第四，公平性。任何组织的基本制度都应当具有公平性，企业自然不能例外。公平性要求企业所有成员都必须遵守制度的规定，基本制度必须适用于企业的所有成员，不论是高层管理人员还是基层工作人员都不能例外，在制度面前人人平等。

第五，相对稳定性与持久性。尽管企业所处的内外环境在不断变化，但是企业的基本制度必须具有相对稳定性与持久性，而不是一时的"权宜之计"，只有这样才能保证企业的长久发展。这就要求企业基本制度具有极强的弹性与超越性。弹性是指企业的基本制度能够适应企业内外环境的变化；超越性是指企业的基本制度是依据事物内在的、普遍的规律与发展趋势而制定的，超越具体的事件与情景。

2. 企业政策

（1）企业政策的产生。

企业政策的产生有两个来源。

一是来源于企业的战略与策略。企业的战略和策略为企业的政策制定提供了具体的依据。政策直接影响着策略的落实，而策略又以战略为基础，所以可以说政策间接地为战略服务，由此可见政策在企业中的重要地位。

二是来源于企业的基本制度。企业政策是企业基本制度的延伸与具体化。企业政策与企业基本制度的关系主要表现为：①企业政策与企业基本制度在形式上有重叠；②企业政策与企业基本制度有共同的功能；③企业政策与企业基本制度在功能上具有互补性；④企业政策与企业基本制度可能存在冲突。

企业政策与企业基本制度存在三个方面的区别：①就内涵而言，企业政策具体、细致，企业基本制度简明而具有弹性；②就产生的前提与基础而言，企业政策以具体的问题、具体的事物、具体的情景为基础，企业基本制度以普遍性的规律与事物总趋势为基础；③就稳定性而言，企业基本制度比企业政策更稳定。正是由于企业政策具体、细致且以具体的问题、具体的事物、具体的情景为基础，当具体问题、事物、情景已经解决或消失，相关的企业政策就会失效。

（2）企业政策主要内容如下。

一是财务政策。一个企业要想正常运行，资金是不可或缺的基础，要合理利用资金，就要制定合理的财务政策。财务政策要符合企业关于财务的基本制度，不能轻易修改财务基本制度。

二是人事政策。如人才引进政策、人才安置政策、人才培养政策、人才使用政策、人才流动政策等。人事政策要符合企业基本的人事制度。

三是分配与激励政策。分配与激励政策与人事政策往往联系在一起。分配与激励政策是对分配与激励基本制度的具体化。分配政策主要指的是经济利益的分配，激励政策的内涵则要丰富得多。企业需要对不同的人群采取不同的激励政策或策略。例如，对于高权力需要的人，企业领导者要着意培养其领导能力与组织能力，同时，培养其责任感与义务感，使其权力欲的扩张伴随着责任心与义务感的扩张，保持其人性在总体上的平衡；对于高归属感需要的人，企业领导可以让其担任协调工作，负责员工的福利，探望生病、生子、遇到困难的员工；对于高成就需要的人，企业领导要提供条件、创造机会，让这些人成就事业，做出成绩。这些人的成绩就是企业的成绩，就是企业领导的成绩。

一个企业是一个有机的生态系统，需要各种类型的人，将这些人合理地安置在各种类型的岗位上，从事各种类型的工作，以保持企业有效的运转。

不同企业会采取不同的分配与激励政策，同一个企业在不同的发展阶段，其分配与激励政策也会不同。

3. 企业运行程序

企业运行程序是企业制度的重要组成部分，是维持企业心理情感能量场正常运行的重要动力。企业运行程序主要有三个方面：纵向运行程序、横向运行程序、例外运行程序。

（1）纵向运行程序。包括自上而下的运行程序和自下而上的运行程序两种类型。

自上而下的运行程序是指命令、指示、文件、任务、精神自上而下的传递过程。在这个过程中，由于各种原因，会出现曲解与走样的问题。

自下而上的运行程序是指在企业中，事务的运行过程是从企业的低层传向高层的过程，具体表现为低层的员工向企业的管理层汇报、项目审批、申报、申诉、反馈工作中产生的各种信息等。在这个过程中，由于各种原因，会出现效率低下、信息过滤等问题。

（2）横向运行程序。

横向运行程序是指企业中的事务与信息在横向部门（或职位）之间的运行，具体表现为运行次序发生在同等层次的工作群体、管理者以及基层人员之间，所以也可以称之为水平运行程序。例如，组织招聘、录用、培训员工等都可以属于横向运行程序。

（3）例外运行程序。

例外运行程序是企业纵向与横向运行程序的补充，它可以增加企业运行的灵活性与主动性。执行例外运行程序的主体是企业中的高层或大型企业中部门中的主管。例外运行程序与两个因素相关：事情的重要性与事情的紧急程度。

事情重要且紧急时，例外运行程序启动，这时要求企业高层管理者要马上处理此事件，横向运行程序和纵向运行程序同时也开始启动。

事情重要但不紧急时，企业高层管理者需要花费很多的时间来处理它，尽管它的紧急程度不及上一种，但若未得到妥善处理的话，随着时间的推移就会变得越来越紧急。

事情紧急但不重要时，对企业高层管理者而言，可以尽量将此类事情授权给其他企业成员去做而不是亲自做。企业的管理者一定要善于把此类事情充分放权给自己的下级，因为培养下级、建设团队也是企业管理者的重要工作。

事情不重要且不紧急时，企业的高层管理人员就应该花费最少的时间与精力去处理它，甚至不去处理。

企业运行程序与企业心理情感能量场运行状态存在十分密切的关系，如果企业运行程序合理并人性化，企业心理情感能量场会充满快乐、舒畅、自信、自尊、他尊、关怀、同情等心理情感能量，整个组织和谐，运行效率与效益都会高；如果企业运行程序不合理且非人性化，企业心理情感能量场则会充满愁苦、厌烦、不安、焦躁、冷漠、自卑、怨恨等心理情感能量，整个企业不和谐，运行效率与效益会很低。

（二）制度对心理情感能量场的作用

企业制度是企业心理情感能量场重要的维持性动力，没有它，企业心理情感能量场就会解体。企业制度一旦形成，它就取得了独立的地位，就能独立地对企业心理情感能量场发挥持续不断的影响。企业制度的作用主要体现在以下七个方面。

第一，维系企业心理情感能量场的存在。企业制度有助于保持企业的整体性。企业制度是一种黏合剂，能将企业成员黏合在一起；同时，企业制度又是外在强制性的拉动力，能将企业成员聚合在一起。企业制度失效或消失，企业心理情感能量场也就解体。

第二，认知标准化、行为规范化的作用。就认知标准化而言，企业制度能使企业成员享有某种或某种程度的共同的价值观，在遇到事件时能有共同的或类似的认知结构，而价值观本质上是一种心理情感能量。就行为规范化而言，由于企业成员之间具有相同或类似的心理情感能量，在遇到事件发生时，企业成员所采取的行为也会类似或相同，从而保证了企业步调在整体上的一致性。

> UPS 于 1907 年成立，目前管理 37 万员工。UPS 平均每天将 900 万包裹发送到美国各地和 180 个国家。为了让司机实现每天取送 130 件包裹的目标，UPS 的管理当局建立了全面完善管理制度和工作程序，严格规范司机的工作行为：当他们接近发送站时，必须松开安全带，按喇叭，关发动机，拉起紧急制动，把变速器推到 1 档上，从而为送货完毕的启动离开做好准备。司机从驾驶室出来后，必须右臂夹着文件夹，右手拿着车钥匙，左手拿着包裹。
>
> （资料来源：秦迎林编著《人力资源案例集》，清华大学出版社 2014 年版，第 37 页。）

第三，防范与矫正的作用。任何制度都是心理情感能量的载体。制度中可能承载的心理情感能量有：愉快、幸福、希望、恐惧、焦虑、恐吓、积极向上、懒惰等。例如，鼓励与允许型制度是愉快、幸福、希望、积极向上等心理情感能量的载体，禁止型制度则是恐惧、焦虑、恐吓等心理情感能量的载体。由于人性或企业中部门本性中存在着趋利避害的要素，企业制度可以防范企业成员或企业部门越轨行为的发生，并对已经发生的越轨行为进行矫正，使相关的人或部门的行为重新回到企业规范所允许的范围之内，从而保证企业心理情感能量场正常运行。需要特别注意的是，企业规范对防止企业越轨也具有一定的作用。防止企业越轨行为的发生，需要企业外部力量的他律，也需要企业内部规范的自律。

第四，稳定的作用。一般来说，人们都希望自己能生活在稳定的企业之中，在稳定的环境中，个体才能一展所长，才能有归属感与安全感，并对未来充满希望，愿意为企业做出贡献。企业制度一旦形成就具有一定的稳定性，这种稳定性是企业心理情感能量场稳定的基础。一个企业只有在相对稳定的状态中才能得到正常的发展。在不稳定状态中的发展可能是某种意义的突变，但是，突变的成果需要稳定的环境才能得到巩固与延续。

第五，将能够预测到的纠纷提前消除，防止企业心理情感能量场失衡。权力、财富、名望、地位、荣誉、资源等都是通过企业创造出来的，企业一旦产生，企业成员之间、企业部门之间便会围绕权力、财富、名望、地位、荣誉、资源等的分割与分配进行争夺，发生各种类型的纠纷；同时也会围绕工作任务、责任、义务进行争吵，产生各种类型的纠纷。当争夺、纠纷、争吵产生仇恨、愤怒、失望、冷漠等心理情感能量在企业取得主导性地位时，企业心理情感能量场就会失去平衡。企业的基本制度、政策与运行程序一般来说都是在事前制定的，其依据是事物的内在规律与事物的发展趋势及企业内外的客观环境，并充分考虑到了相对的公平性与合理性，对未来可能产生的纠纷进行分析与预测，将化解的策略与方法制度化，从而将纠纷与冲突消除于未发之中。从控制的过程来看，制度建设属于事前控制。

第六，防止管理的任意性，充分保护企业成员的合法权益，最大限度地满足企业成员对公平、公正的需要。对公平、公正的需要是人的本性，是一种心理情感能量。

A公司上海分公司对于整个A公司的业务举足轻重。不幸的是，1997年上海分公司部分高层管理人员发生了"意外"，导致分公司各项业务陷入停滞与混乱的状态，A公司不得不对上海分公司领导层进行"大换血"。1997年末，A公司从总部派出三位经验丰富、能力极强、年轻有为的干将，分别任命为上海分公司的正副总经理和市场部经理，接管已严重受损的上海业务。新领导班子急赴上海，重整业务，成绩显著。然而，一件意想不到的"小事"，使得A公司总部对上海分公司领导班子的布局出现严重的漏洞。

1998年初，上海分公司一位销售主任大年三十到A公司总部讨"说法"，投诉上海分公司违反人事制度把他解雇了。原来，这位销售主任同新上任的市场部经理在工作中发生了严重的冲突，市场部经理征得正副总经理同意后，解雇了这名销售主任。可是这名被解雇的销售主任认为上海分公司违反了A公司的制度。因为A

公司的人事制度是：基层管理者如果在工作上犯了错，首先应该是降职，如果降职后仍然表现不好，才能将其辞退。

这一情况涉及制度与程序的有效性问题，对此，A公司总部十分重视，随即就事件展开调查。A公司调查表明，销售主任反映的情况属实，上海分公司高层违反了人事解雇程序。然而市场部经理却要挟：如果总部撤销已做出的解雇决定，他就辞职。

为了维护公司制度的尊严，为了维护制度的公正、公平及有效性，A公司总部做出决定：上海分公司领导层收回成命，销售主任改为降职降薪，接受市场部经理辞职。

（资料来源：本书作者根据网络资料整理。）

从上述案例可以看出，A公司的成功，与其良性的心理情感能量场有着密切的关系，而制度在营造良性的心理情感能量场的过程中起着十分重要的作用。制度的公正、公平性是企业凝聚力与士气的重要来源。制度对人而不对事时，就会被扭曲，就会失去对公司成员的约束作用，企业成员就会对企业失望，甚至绝望。

第七，激励企业成员，塑造企业成员"理想"的人性组合形态，从而塑造"理想"的企业心理情感能量场。

华为公司总裁任正非指出："我们公司的薪酬制度不能导向福利制度。如果公司的钱多，应捐献给社会。公司的薪酬要使公司员工在退休之前必须依靠奋斗和努力才能得到。如果员工不努力、不奋斗，不管他们多有才能，也只能请他们离开公司。"

福利制度的核心是以身份和资历，而不是员工的贡献大小作为利益分配主要依据。国有企业是典型的福利制度分配体系，只要是国有企业"在编"人员，不论贡献如何，工资待遇都比临时聘用的员工高很多，甚至在员工退休以后，公司还要承担员工的各种费用。

任正非显然是在有意防止华为生"国有企业病"，害怕华为人将公司当成一个安乐窝，只顾享受，裹足不前，导致华为失去活力和激情。

华为以贡献、能力、职位、劳动态度和发展潜力对员工进行综合评价，确定每个员工的配股额，排除了资历参与分配的权利。老员工如果跟不上公司的发展步伐，即使过去贡献很大，其持股的比例也会降低。新员工如果具备公司需要的知识和技能，对公司的持续发展具有重大贡献，他在公司的持股比例则会增长很快。

任正非在华为营造了一个动态的分配机制，包括资本拥有者在内，其既得利益也不是一成不变的，唯有不断努力才能保持和扩大既得利益，这种体制有效地克服了一切惰性。

部分华为员工则认为，从固定股票分红向"虚拟受限股"转变，是华为激励机制从"普惠"原则向"重点激励"转变，员工收入的主要来源变成了绩效工资。这其实也是任正非的本意，他多次强调，华为在报酬与待遇上，要坚定不移向优秀员工倾斜，而不再是持有股票的多少决定报酬和待遇。

（资料来源：程东升、刘丽丽《华为经营管理智慧》，当代中国出版社2005年版，第162页。）

从上述案例来看，华为的薪酬制度是要抑制惰性。惰性是人性与企业本性的构成要素，也是人与企业的心理情感能量，当惰性在人性与企业本性的组合形态中取得主导性地位时，人性、企业本性就会失去平衡，人性与企业本性中的上进心、占有欲、好奇心、学习欲、探索欲就会受到压制，就会被边缘化，整个企业心理情感能量场就会充满了惰性、贪图享受、得过且过等心理情感能量，企业也就会因此走向衰败。

马云曾在公司中表示奖金不是福利，不是人人都有的，有奖金是因为你的业绩超越了公司对你的期望值。在阿里巴巴，员工被分成三种：有业绩没团队合作精神的，是"野狗"；事事老好人但没有业绩的，是"小白兔"；有业绩也有团队精神的，是"猎犬"。对于"野狗"，无论业绩多好，怎么王牌，公司都坚决清除；"小白兔"则会被淘汰掉；只有"猎犬"才是阿里巴巴需要的。

（资料来源：阿里巴巴官网。）

从上述案例来看，马云是想让阿里巴巴这个心理情感能量场充满了进取与合作的心理情感能量。当进取、合作（群体性）、归属感这些心理情感能量取得主导地位时，惰性、自体（自我性）、嫉妒心等心理情感能量就会被压制、被边缘化，企业就会充满生机，获得快速发展。

二、企业的组织结构

企业的组织结构（organizational structure）是表明企业各个组成部分的排列顺序、空间位置、聚散状态、联系方式以及各要素之间相互关系的一种模式，是整个企业管理系统的"框架"，其中包含了工作任务如何进行分工、人员分组和协调合作。从本质来说，企业的组织结构是企业在职、责、权、利方面的动态结构体系，是为实现企业战略目标而采取的一种分工协作体系。

《荀子·王制》："人何以能群？曰：分。分何以能行？曰：义。故义以分则和，和则一，一则多力，多力则强，强则胜物。"

根据荀子的观点，人之所以能够结成强大的、有机的群体，就在于人能够"分"。这里的"分"包含了多重含义：第一层含义就是人能够分工合作，构建起一个组织体系；第二层含义就是人能够对因分工合作而产生的权力、责任、义务、收益进行分割与分配，这是群体存在的关键之所在，没有这一点，协作就不可持续，群体（组织）就不可能存在；第三层含义就是根据权力、地位、责任、义务、贡献、实力、年龄、收益等因素在群体内形成一个有序的等级结构，没有这个等级结构的群体是不稳定的，也是没有力量的。而所有这些都必须通过群体成员之间的长期的反复的协商，即沟通，才能得以实现。

这里所谓的义，是儒家思想的核心理念。仁、义、礼、智、信，义居第二位。义者，宜也，即适宜、合适、应该。适宜、合适、应该的依据是什么？是仁，是爱。仁、爱，有大仁、大爱，有小仁、小爱。对于一个企业来说，适宜、合适、应该的依据是大仁、大爱。大仁、大爱是一种超越于小仁、小爱的心理情感能量。大仁、大爱是礼、智、信的前提与依据。以大仁、大爱为依据建立起来的组织体系、权力与收益的分配体系以及企业的等级结构可以维护企业的正常运行，而且可以使企业和谐统一、强大有力、战无不胜。

企业组织结构的维持力主要表现在：①不同规模的企业需要不同的组织结构，企业规模发生变化，就必须对企业的组织结构进行变革，以维持企业心理情感能量场的稳定性与完整性，保持企业心理情感能量场正常运行；②企业的组织结构在本质上是一个角色结构，角色规范、角色扮演、角色承担者的更替，维持着企业心理情感场的存在与稳定，保持企业心理情感能量场正常运行，促使企业不断向前发展。

(一) 企业的组织结构与企业规模

对于一个小型的企业而言，扁平型组织结构（或称直线组织结构）是一种自然而理想的选择。扁平型组织结构的特点是企业成员从上到下实行垂直领导，企业成员只接受一个上级的指令，一切管理职能基本上都由企业领导者（所有人）自己执行。扁平型组织结构的优点：结构比较简单，责任分明，命令统一；缺点：它要求企业领导者通晓多种知识和技能，亲自处理各种业务。一般而言，这种小型企业专门化与规范化程度较低，协调和控制来自上层，员工几乎没有决定权。这种组织结构适合于组织在初始阶段的发展；适合于动态的环境，它可以迅速地调整，并与更大的、不善适应的企业进行成功的竞争。

从心理情感能量场的角度来考察，扁平型组织结构所构建的是简单的网络形态的心理情感能量场，各种心理情感能量在企业成员之间快速传递。心理情感能量传递的载体主要是语言与肢体动作，还有极少量的成文文件。一般而言，这种心理情感能量场的凝聚力与士气都比较高。

但是，如果企业不断发展壮大，业务不断扩张，人员不断增加，扁平型组织结构（或称直线组织结构）就会失去效用，不能维持企业心理情感能量场的正常运转，无法为企业的存在与发展提供动力。

根据心理情感能量场成长与分裂的原理与机制，企业不断发展壮大，业务不断扩张，人员不断增加，企业心理情感能量场就会在成长与扩张的过程中发生分裂。

第一，企业不断发展壮大，业务不断扩张，人员不断增加，就会出现同一专业背景、同一技术背景人或同一工作类型的人经常聚集在一起工作、交流、聚餐、出差的情况，自然而然形成一个个相对独立的心理情感能量场，场内的成员有共同的话题、共同的语言、类似的工作、共同的利益诉求，原来统一的简单的网络式的心理情感能量场便逐步发生解体。如果企业领导者不及时进行组织结构变革，用新的组织结构来适应企业心理情感能量扩张与分裂，企业将面临灾难性的后果。

第二，人是一种十分复杂的动物，有追求权力、财富、名望、地位的需求，也有承担责任与义务的需要，因为权力、财富、名望、地位就是通过承担责任与义务而来的，这是永恒不变的定律。随着企业不断发展壮大、业务不断扩张、人员不断增加，企业所创造的权力、财富、名望、地位、责任与义务也在不断地增加，企业需要对权力、财富、名望、地位、责任与义务进行重新分割与分配，原来简单的组织结构无法满足对权力、财富、名望、地位、责任与义务进行重新分割与分配的需要。如果企业不及时对权力、财富、名望、地位、责任与义务进行重新分割与分配，企业内部就会自然形成围绕权力、财富、名望、地位、责任与义务而展开争夺的数个心理情感能量场，这种无序的状态将直接导致企业解体。

因此，部门化（departmentalization）是企业必然的选择，也是企业成长的过程。部门化的方式有许多，企业可以根据生产的产品类型进行部门化，根据地域来进行部门化，根据生产（业务）流程进行部门化，根据顾客的类型来进行部门化等。部门化的过程在本质上就是对权力、财富、名望、地位、责任与义务进行重新分割与分配的过程，就是使企业心理情感能量场由无序变为有序的过程，是维持企业心理情感能量场正常运转的过程。

大型企业进行部门化时，可能综合利用上述各种方法，以取得较好的效果。

事业部制最早是由美国通用汽车公司总裁斯隆于1924年提出的，故有"斯隆模型"之称，也叫"联邦分权化"，是一种高度集权下的分权管理体制。它适用于规模庞大、产品（服务）品种繁多、技术复杂的大型企业，是国外较大的联合公司所采用的一种组织形式，近几年我国一些大型企业集团或公司也引进了这种组织结构形式。

事业部制是分级管理、分级核算、自负盈亏的一种形式，即一个公司按地区或按产品类别分成若干个事业部，从产品的设计、原料采购、成本核算、产品制造，一直到产品销售，均由事业部及所属工厂负责，实行单独核算，独立经营，公司总部只保留人事决策、预算控制和监督大权，并通过利润等指标对事业部进行控制。事业部制所构建的实际就是一个庞大的、复杂的、有序的心理情感能量场，在这个场内，权力、财富、名望、地位、责任与义务得到了比较妥善的分割与分配。

富士康于1988年在深圳地区投资建厂，在中国从珠三角再到长三角到环渤海、从西南到中南再到东北建立了30余个科技工业园区，在亚洲、美洲、欧洲等地拥有200余家子公司和派驻机构，目前在深圳、烟台、佛山、太原、南宁、昆山等30多个地区广泛设立了厂区，拥有120余万员工及全球顶尖客户群。为加强组织有效运作，富士康先后设立 Chimei Innolux、CMMSG、CNSBG、iDPBG、iDSBG、MIPBG、NWInG、PCEBG 事业群、SHZBG、TMSBG、WLBG 事业群、NCBG、GDSBG 等数十个事业群。每个事业群是企业内对具有独立的产品和市场、独立的责任和利益的部门实行分权管理的一种组织结构。其基本组织方式是在总公司领导下设立多个事业部，各事业部实行严格的独立核算，并在内部经营管理上拥有自主性和独立性。事业部之间的经济往来遵循市场交换原则，总部只负责投资管理、资产管理以及对事业部负责人的考核和任用等，其他管理权限全部下放给事业部。这种管理模式旨在加大事业部的反应速度，激活事业部的积极性。

（资料来源：本书作者根据富士康公司官网资料和相关文献整理获得。）

从上述案例来看，富士康是一个庞大的心理情感能量场，在这个庞大的心理情感能量场内同时存在数十个较小的心理情感能量场,这数十个较小的心理情感能量场互相独立,并呈现出网络结构的形式,以市场规则交换各种能量,包括心理情感能量。富士康这种组织结构充分满足了各个事业群及其成员的占有财富、权力、名望、地位的欲望,同时也发挥了企业中各个事业群及其成员的扩张的欲望,责任心、义务感与归属感也得到了安顿。

(二) 企业的组织结构与内部个体角色

从角色理论来看,企业的组织结构本质上就是一个角色结构,企业是由一系列角色构成的。企业是一个戏台,角色是固定的,角色的承担者(扮演者)在不断地发生变化,从而推动企业不断地向前发展。

个体在企业中获得什么角色与他的遗传素质、受教育程度、能力、社会背景、气质、性格、努力程度有着最为密切的关系,机遇只是在这个过程中起了催化作用。个体角色及与角色相关联的地位、期待、规范、心理结构与行为特征是企业行为的重要动力源。

个体角色及与角色相关联的地位、期待、规范、心理结构与行为是个体与个体之间,个体与企业之间进行互动的桥梁与关节点,一个角色行为的启动会立即引起其他相关角色行为的启动。企业中的个体角色规定了个体与个体之间的关系,如上级与下级的关系,同级之间的关系;也规定了个体与企业之间的关系,即规定了个体对企业的影响力和企业对个体的依赖度。因此,企业是由个体角色所形成的角色体系。在这个体系中,依据角色来分割分配权力、财富、地位、影响力、责任与义务。一群本来没有关联、平等、自主的人,有着各自思想观念的人,一旦形成企业,便变成一个有序的、有生命的整体,这个整体就是一个复杂的心理情感能量场,企业成员在这个场中不断地进行各种心理情感能量交换。

角色规范、角色期待、角色心理结构制约并启动着个体行为。企业中存在着各种角色,每个角色都有自己的规范、期待、心理结构模式,这是事先已经决定了的,不论谁承担这个角色,他都得遵守早已确定了的角色规范、期待、心理结构模式。如此一来,承担某一角色的个体,其人性组合形态、心理模式、行为模式、情感模式会随角色而定。这使得企业中的每个人的人性组合形态、心理模式、行为模式、情感模式具有可预知性。例如,对于企业的领导者,因为他承担领导这个角色,企业所有的其他成员都可以预知他的人性组合形态、心理模式、行为模式、情感模式;一个领导者也可以根据角色预知企业其他成员的人性组合形态、心理模式、行为模式、情感模式;企业成员之间也可根据角色互相预知对方的人性组合形态、心理模式、行为模式、情感模式。人性组合形态、心理模式、行为模式、情感模式的可预知性是企业正常运转的重要前提,否则,企业就会陷入混乱。企业中的个体角色就像一台机器的开关,只要触及机器开关,人们就会知道下一步将会发生什么。

与工作相关的心理情感能量是各类各级角色承担者在工作情境中的互动过程中产生的,在这个过程中存在某种相关的"仪式链"。感召力、凝聚力、士气、组织压力、从众行为、忠诚度、组织承诺都由此产生。当员工的工作生活由高度的互动仪式所组成时，员工会体验到较多的心理情感能量。成功的互动仪式会将互动情境中的焦点转换成角色符号。同时，企业中的员工不仅仅是作为一个单独的个体参与到工作情境中，他的社会关系也是心理情感能量的来源。

正是由于通过角色规定了企业中个体之间的关系与秩序，确定了权利、义务与责任，分配了企业中的各种利益，规范了个体人性组合形态、心理模式、行为模式、情感模式，企业具有高度的稳定性与透明性，给予企业成员对现在与未来的信心。没有企业的稳定性和企业成员的信心，企业不可能正常地存在与发展。

角色的转换过程是个体地位演变的过程，也是企业发展的过程。个体角色更替是企业发展的重要推动力。企业中个体所承担的角色并不是一成不变的。追求权力、财富、名望、地位是人的本性，承担责任与义务的欲望、群体性、同情怜悯心、归属感也是人的本性，这两者之间互相作用、互相制约与平衡，共同推动着组织内部角色的更替。在这个过程中，能力是一个十分重要的变量。一个人的能力并不稳定，一般而言，一个人的能力发展经历着这样一个过程：小—中—大—中—小。不同的角色对能力有着不同的要求，角色越重要，地位越高，对能力的要求就越苛刻。从能力与角色的匹配来看，个体所承担的角色必须不断地更换。

企业变革是企业内部个体角色更替的另一个原因。企业内部角色的更替，特别是企业领导者或核心成员的更替，使企业性格与气质发生变化，使企业获得发展所需要的新思想、新观念、新动力。任何一种思想、观念、理论的作用都是有限的，其效用有一定生命周期，需要根据企业不同的发展阶段进行变革，而角色的更替是企业思想、观念、理论变革最快捷、最直接、最有效的途径。由于思想、观念、理论在本质上是心理情感能量的载体，因而它们的变革导致企业心理情感能量组合形态的变革。

三、团体意识与公民行为

团体意识与组织公民行为是企业心理情感能量场重要的维持性动力。

团体意识是随企业的发展逐渐形成的，企业中的每一个成员人性中的归属感、群体性、责任心、义务感、对安全的需要等是团体意识形成的内在动力，企业价值观、宗旨（使命）、目标、制度、组织结构、角色规范则对团体意识的形成起了催化的作用，在团体意识形成之后则对企业价值观、宗旨（使命）、制度、组织结构、角色规范起着维护的作用，对企业目标的实现起推动作用。

团体意识包括三点：第一，团体成员为团体着想，愿意为团体出力并做出贡献。第二，团体成员彼此之间为对方着想，愿意互相合作、互相帮助。第三，团体成员对团体产生强烈的依赖感。

组织团体意识可以外化为组织公民行为。组织公民行为（organizational citizenship behavior）是企业行为重要的动力源泉。任何一个进入企业的人都是一个组织公民，企业中的部门（群体）也是一个完整的组织公民。作为组织公民，有一系列必须遵守的行为规范。

第一，利他主义（altruism）。尽可能地帮助工作伙伴，并与他们进行合作。这种行为发生在个体之间，同时也发生在部门（群体）之间。

第二，责任心（conscientiousness）。有责任心的成员（包括个体与部门或群体）必须遵照下列原则：绝不无故旷工；提前达到工作岗位，做好工作准备；工作时间不打私人电话。

第三，要有公民道德，遵守企业的价值观、制度、风俗与习惯。

第四，参与企业的活动。与企业其他成员打成一片，了解、认识企业其他成员。

第五，待人要有礼貌。不仅仅要礼貌地对待企业内部的人，同样要礼貌地对待企业外部的人。

第六，善待企业中的其他部门与群体，在部门之间、群体之间构建和谐的关系。

第七，组织公民同时也是社会公民，要具有社会公民意识，承担社会公民的责任，在关键与危急时刻为整个社会做出贡献。

2021年7月20日，河南郑州出现暴雨。被困在地铁里的人，每个人都在喊"让晕倒的人先走"，每个人都上去扶一把，把晕倒的人都先救出去；所有的男生说"女生先走"；所有人让老人、孩子先行。面对逐渐窒息的绝望，大家互帮互助，互相鼓励，不急不慌，依次撤离。

在郑州高铁站，整个高铁站候车大厅都在漏雨，列车停运，部分乘客被困在其中。一行少年团为了安定人心，演奏起《我和我的祖国》。

遭遇特大暴雨后，郑州许多酒店都不约而同地降价了。灾害之后，只要有条件的空地都开放了，如超市、健身房、图书馆等。便利店的物品没有涨价，同时还提供免费的热水、方便面。一个包子铺老板把包子放在店外面，放了一块牌子，上面写着："包子不卖，谁饿了就拿。"

（资料来源：本书作者根据网络资料整理。）

四、企业传统与风俗

所谓的传统，指的是相同或类似的事件重复两次而没有受到阻止，或是受到了赞许，该类事件就会重复三次、四次，从而获得足够的惯性，不断地重复下去，成为一种传统。企业的传统亦是如此。可见，企业传统是基于历史的选择、企业成员的认同或忍受或企业成员之间的心灵契约。所有传统都是这样形成的。

企业的传统具有多元性，也就是说，企业不只有一个传统，而是有多个传统。这些众多的传统可以分为积极型（建设型）传统、消极型（破坏型）传统、中性传统。

任何传统都是在一定的历史背景下产生的，因此，随着企业的发展，有些积极型（建设型）传统会变成消极型传统，亦有极少数的消极型传统会变成积极型传统，中性传统则有可能向积极型传统或消极型传统演化。

所谓风俗，指的是同一事件以同样或类似的方式（风格、模式、风气）重复两次而没有受到阻止，或是受到了赞许，该事件就会以同样或类似的方式（风格、模式、风气)重复三次、四次,从而这种行事的方式(风格、模式、风气)就会获得足够的惯性,不断地重复下去,成为一种风俗。企业风俗的形成亦是如此。可见,企业风俗也是基于历史的选择、企业成员的认同或忍受或企业成员之间的心灵契约。

企业的风俗也是多元的,因为风俗(风格、模式、风气)附着在事件之中,处理不同的事件可能有着不同的风俗;同时,企业中不同部门处理相同或类似的事件,其风俗也会存在差异。与传统一样,风俗也可以分为积极型(建设型)风俗、消极型(破坏型)风俗、中性风俗。

正是由于传统与风俗紧密相连,因此,许多学者不将两者作区分,而视为同一。但是,这种做法不利于我们对传统与风俗的认识,也不利于处理两者之间的关系。

例如,每年清明节悼念过世亲人是中国的历史传统,但是,悼念方式(风格、模式、风气)一直在演化。悼念过世亲人这件事是具有积极意义的,然而,有些地方、有些人的悼念方式(风格、模式、风气)则具有消极性(破坏性),有些地方、有些人的悼念方式(风格、模式、风气)是积极的、建设性的,还有些地方、有些人的悼念方式(模式)是中性的;有些过去是积极的、建设性的,现在则变成了消极的、破坏性的。婚礼也是如此,举办婚礼是一个具有建设性的传统,各地举办婚礼的方式不同,有建设性的、有破坏性的、有中性的;婚闹则是极具破坏性的风俗。

又如,某个企业(或企业中部门)有一个传统:每周三下午开会。但是开会的风俗(风格、模式、风气)表现为:会前企业成员不了解会议主题;会中主题不突出,企业成员坐得松松散散,各自看自己的手机或干其他的事情;会议结束时没有总结;会后没有反馈。"每周三下午开会"这个传统没有错,只是问题出在开会的风俗(方式、风格、模式)上。

企业传统、风俗与企业制度形成的机制不同。企业传统、风俗是自然而然形成的,不具有外在强制力,但会对企业成员的心理结构、心理活动、心理感受与行为产生重要的影响。企业制度是企业通过讨论而正式制定、通过的,具有内在与外在强制性,企业所有成员必须执行或遵守。企业制度为企业成员提供行动方向指南。企业传统、风俗为企业成员提供思维与行为模式。企业中个体之间的联系方式、企业中部门之间的联系方式更多地受到企业传统与风俗的影响。企业传统与风俗会增强、维持或削弱企业制度的作用与效果,对企业的执行力产生重要的影响,从而对整个企业心理情感能量场产生重要的影响。

正是因为如此,企业领导必须做好以下五项工作。

第一,对企业传统与风俗进行区分,充分认识两者之间本质的区别与互相作用的关系。同时,认清企业中传统与风俗的组合关系与形态。

第二,对企业中的传统进行区别,认清哪些是积极的、建设性的传统,哪些是中性的传统,哪些是消极的、破坏性的传统。对不同的传统要区别对待。

第三,对企业中的风俗进行区别,认清哪些是积极的、建设性的风俗,哪些是中性的风俗,哪些是消极的、破坏性的风俗。对不同的风俗要区别对待。

第四,定期反思企业中传统与风俗,识别哪些原属积极的传统、风俗已经变成消极的了,需要及时进行改革。

第五，培养、维护企业中积极的传统与风俗，使传统与风俗处于最佳组合状态。

积极的传统与风俗对企业心理情感能量场具有建设性作用，能维持企业心理情感能量场的正常运行。

数据通用公司有一个集团叫爱克利浦斯，该集团有一个奇特的加入仪式，计算机设计小组的每个人都经历过这种仪式，老员工称这种仪式为"签约参加工作仪式"。通过这种"签约"活动，使每个工程人员愿意在必要情况下牺牲个人及家庭的利益。从经理的观点来看，这种加入方式的好处是多方面的，员工不再是强制工作，而是自愿参加工作。一旦他们签约参加了工作，就等于宣誓："我愿意做这项工作，并将全心全意地做好。"

该集团会给年轻的计算机工程人员提供一些非常具有吸引力的项目。一位经理曾这样描述过："工程学校准备培养大型工程项目的人才，但许多年轻人最后却变成变压器的设计者，我认为这件事非常令人遗憾……相反，成为一名新型计算机的制造者，在硬件工程人员的同行中被认为是一件好事……你可以把合同签到任何时候，并得到最好的人选。"

对于申请成为群体成员的人进行口头审查的理想方式可以按以下操作进行。

审查员：这件事很麻烦，如果我们雇用了你，你在工作中会遇到很多难题，你将与一帮难相处的人一起工作。

新成员：这吓不住我。

审查员：这个组有许多出色的人，工作确实很艰苦，而且常常要花时间，我的意思是花费很长时间。

新成员：不，那正是我想要做的，我要在新的组织中取得有利的地位，我要做一件大目的工作，我会付诸行动的。

审查员：我们可能只招收今年最好的毕业生，我们已经招收了一些非常出色的人，我们将让你认识他们。

这些问题谈完以后，项目经理说："这就像招收你去执行一项自杀任务一样，你将要去死，但你将是光荣地死去。"

小组成员被招进来以后，对他们的工作有一种自豪感，感到自己的工作很受数据综合管理部门的重视，因此，小组成员非常勤奋努力，按时完成设计任务，并通宵达旦地工作甚至牺牲周末的休息时间。在这里，群体的凝聚力提高了生产率。

（资料来源：《群体一和群体二》，http://www.docin.com/p-754877431.html。）

在上述案例中，审查新成员是爱克利浦斯集团的传统，审查方式、模式、风格则是附着于审查过程中的风俗。从这个案例来看，审查新成员是一个积极的、建设性的传统，其审查的方式、模式、风格也是积极的、建设性的，两者达到了最佳的组合状态，这种最佳组合形态对爱克利浦斯集团心理情感能量场的高效运行起到了积极的维持性作用。

五、正面人物与反面人物

任何一个企业都存在正面人物、反面人物、中性人物,一般而言,中性人物最多,其次是正面人物,反面人物最少。这三种人物对一个企业起着不同的作用,为心理情感能量场输入不同的心理情感能量,促使心理情感能量场稳定、发展或分裂。在这里,我们主要分析、论述正面人物与反面人物。

(一) 企业正面人物

1. 何谓正面人物

所谓的正面人物是指,给人们带来积极的心理感受的人。这些人遵守普遍的伦理道德规范,遵守合法的法律制度,为社会做出了积极的贡献,是人们学习的标杆。

企业的正面人物是指,给企业成员带来正面的心理感受的人,这些人力行企业的价值观与宗旨,遵守企业制度,为企业的目标、战略、策略付出自己的努力,做出贡献。

虽然不同的行业、不同的角色对正面人物的定义不同,但是,正面人物有一个共同的特征,那就是他们能给人们带来正面的心理感受。正面的心理感受主要有:幸福、快乐、高兴、满意、尊敬、谦让、廉洁、信任、荣幸、慈仁、畅快、敞亮、轻松、自在、舒坦、开心、诚实、上进等。

2. 正面人物的类型及其产生的路径

正面人物的类型主要有先进人物、模范人物、英雄,这三种类型的正面人物有着各自的特征与产生的路径。

(1) 先进人物。

《论语·先进》:"先进于礼乐,野人也;后进于礼乐,君子也。如用之,则吾从先进。"对此,杨伯峻解释道:"先学习礼乐而后做官的是未曾有过爵禄的一般人,先有了官位而后学习礼乐的是卿大夫的子弟。如果要我选用人才,我主张选用先学习礼乐的人。"[1]

《汉书·萧育传》:"始育与陈咸俱以公卿子显名,咸最先进,年十八为左曹,二十馀御史中丞。"这里的"先进",指的是官升得快。

宋王安石《谢王司封启》:"不以先进詈后生,不以上官卑下吏。"这里的"先进"指的是前辈。

可见"先进"中的"先",有提前、快的意思;"进"则有学、做、得、到、入的意思。"先进"指的是在速度上、程序上(顺序上)处于领先或前列。先进人物是在某一或某些方面进步快、成绩好、有贡献的人。

企业先进人物是指企业中在某一或某些方面进步快、成绩好、有贡献的人。他们(她们)力行企业的价值观与宗旨,为企业的目标、战略、策略付出自己的努力,做出贡献,给企业成员带来正面的心理感受。

---

[1] 杨伯峻:《论语译注》,中华书局1980年版,第109页。

先进人物产生的路径主要有：自身努力、与企业目标与战略的契合、与企业热点的契合。

企业先进人物的人性组合形态的特征表现为进取心、创造心、群体性、责任心、义务感、同情心在其人性组合形态中处于重要地位。但这种地位并不稳定，人性其他要素还有可能抢夺其地位。

（2）模范人物。

"模范"中的"模"，指的是模具、模式、模型，用来复制东西的器具。"范"指的是范式、范本，可以供人学习、模仿的东西，如法律、制度、规章、人物。

先进人物强调的是速度、次序上的优胜者，模范人物则强调其为众人学习的标准和标杆，因此，仅仅是速度、次序优胜还不够，还需要在品德上优胜。模范人物是企业中标榜、学习的对象，在一定时期内这个对象是不变的。模范人物是先进人物，但是先进人物不一定是模范人物。也就是说，模范人物是从先进人物中选出的，供人们学习、模仿的标杆。

关于模范人物产生的路径，首先，要形成特定的人性组合形态，在这种人性组合形态中，进取心、创造心、群体性、责任心、义务感、同情心处于主导地位。这种地位比较稳固，人性中的其他要素一般来说没有能力抢夺其地位。其次，以特定的人性组合形态为基础（核心），形成特定的行为模式。最后，企业特别需要这种特定的行为模式，并特意完善、培养与宣传。

（3）英雄人物。

"英雄"中的"英"具有多种含义：花；杰出的；精华；通"瑛"，似玉的美石。英与美、好、杰出的事物相连。"英雄"中的"雄"，一是指与雌相对，属阳、属公、属刚，能产生精子之物；二是指宏大、威武、强而有力。

英雄人物最重要的特征是，在关键的时间、关键的地点，对关键的事物发挥了关键性的作用，如帮助企业渡过难关，使企业避免了重大的损失。

英雄人物与先进人物、模范人物存在区别。英雄人物可能是先进人物、模范人物，也可能不是。英雄可遇不可求。

英雄人物产生的路径有两个：一是必然性的英雄，其人性中的群体性、类性、同情心、责任心、进取心、创新欲等长期处于主导性的地位，遇到关键性的事件，他们便能发挥关键性的作用，从这个角度来看，模范人物最有可能成为英雄人物；二是偶然性的英雄，在遇到关键性的事件时，其人性组合形态发生剧烈的变化，其人性中的群体性、类性、同情心、责任心、进取心、创新欲等瞬间取得主导地位，并付诸行动。

两种英雄具有同等的重要性。我们不能坐等必然英雄的出现。也就是说，从人性组合形态的可能性而言，我们每一个人都是潜在的英雄与天使，也是潜在的枭雄与魔鬼。

3．正面人物的作用

正面人物的作用主要体现在以下三个方面。

（1）价值导向作用。企业正面人物的行为与企业价值观高度一致，对企业其他成员具有价值导向作用。

（2）理想人性组合形态与行为的塑造。企业需要其成员形成理想的人性组合形态，以便其心理活动与行为符合企业的需要，并具有高度的可预期性。企业正面人物对企业其他成员具有暗示、感染的作用，是企业其他成员学习、模仿的对象，对塑造理想的人性组合形态具有重要的作用。一般来说，有什么样的人性组合形态就会有什么样的心理结构与行为模式。

（3）有助于良性心理情感能量场的形成与维持。良性心理情感能量场的特征主要体现为：高士气、高凝聚力、高从众行为、强归属感、强荣誉感、强认同感、强团体意识。正面人物给企业输入的心理情感能量有助于良性心理情感能量场的形成与维持。

（二）组织反面人物

1. 何谓反面人物

反面人物是相对于正面人物而言的，就是指那些违背大多数人的心愿、违背了人们心目中善良的标准、违背了人们心目中的道德准则或者是法律规范的人物，或与社会的正义相背而行的人物角色。

反面人物的人性组合形态特征表现为占有欲、推卸责任与义务的欲望、冷漠心、自体性（自我性）、嫉妒心、虚荣心等在其人性组合形态中处于绝对主导性地位。

一般而言，反面人物的行为特征表现为贪婪、暴戾、凶狠、凶残、怨毒、侵夺、淫乱、污谩、虚荣、胆大妄为、胡作非为、懒惰、奢满、狂傲、枉偏。

正是因为如此，反面人物给人的心理感受是耻、羞、厌、恶、愤、怒、怨、恨、屈、苦、愁、忧、躁、恼、悲、恐、惧、怖、惊、骇、憋、痛、涩、酸、憾、压抑、懊恼、懊悔、惊慌、绝望感、无助感、失望感、罪恶感等。

2. 企业反面人物及其类型

企业反面人物是指违背企业价值观、宗旨，给企业战略目标与策略目标的实现带来障碍；违反企业规范，损害企业形象，给企业与企业其他成员造成伤害的人物。

反面人物可以分为以下三个类型。

（1）不符逻辑的失败者。不符逻辑的失败者是指企业重要任务的承担者，因个人的非正常原因如指挥失当、刚愎自用、贪功冒进、妒贤嫉能等，而导致任务无法完成，给企业带来重大的损失。

（2）违规者。违背企业规范的人，如违背企业价值观、宗旨、制度、政策、程序的人。

（3）背叛者。背叛企业，出卖企业以获取个人利益的人。此种人阻碍企业战略目标与策略目标的实现。在现代社会，个人可以在企业之间自由流动，但必须遵守在企业之间流动的规范：严守原企业的商业与技术秘密。否则，便会成为反面人物。

3. 反面人物出现的原因

反面人物的出现主要有以下几个原因。

（1）个体自身原因。

个体人性失衡与行为失范。当个体人性中的占有欲、推卸责任的欲望、嫉妒心、冷漠心、自体性在其人性组合形态中取得绝对主导性地位时，个体人性就会出现严重的失衡，人性的严重失衡就会导致行为的严重失范，从而成为反面人物。

由于理性作用的有限性，个体一时情感冲动也会造成本来处于相对平衡状态的人性组合形态迅速瓦解，出现严重的人性的失衡，做出违背企业规范的行为。

（2）组织原因。

企业是一个经济型组织，组织的特征与组织的需要使得反面人物的出现具有必然性。

第一，组织是一个生态系统，生态系统的特点是多元性，具体表现为价值观、能力、家庭背景、所面临的问题的多元性。每个人都有自己的世界。组织是一个"世界联盟"。在这个"世界联盟"中，各个成员互相矛盾、互相斗争、互相冲突、互相依赖、互相制约与平衡，在这个过程中，就会产生正面人物、反面人物与中性人物。

第二，组织是一个动态平衡系统，遵循"不平衡—平衡—不平衡—平衡……"的规律，在这个动态平衡的过程中，自然就会产生正面人物、反面人物、中性人物。其中，中性人物占绝大多数。

第三，组织是一个价值系统，组织有自己的是、非、对、错、善、恶、美、丑、高、低、上、下、贫、富、贵、贱、穷、达的标准。它会用这个标准去衡量每一个人的思想与行为以及行为的后果。也就是说，组织会用自己的价值观与价值导向去衡量组织中的每一个人，即衡量企业中的每个"世界"，正面人物、反面人物、中性人物随之产生。

第四，为了维持组织正常运行、推动组织不断向前发展，组织不仅需要正面人物，同时也需要反面人物。

第五，组织内部的斗争是反面人物产生的重要原因，斗争胜利的一方会想尽一切办法将失败的一方面定义为反面人物。

（3）组织外部原因。

导致个体成为反面人物的组织外部原因有许多，而且错综复杂。但我们可以将这些外部原因分为三个层次。

第一，个体层。组织外部是由众多个人构成的，家人、亲戚、朋友、同学、同事、战友、牌友、钓友、麻友、师兄弟、师姐妹、合作者、竞争者、素不相识的人……这些人对"我"产生不同的影响，他们是"我"成功的力量，也是"我"失败的力量；他们可以让"我"成为正面人物，也可以让"我"成为反面人物（例如"坑爹""坑妈"事件）；同时，他们也可让"我"成为中性人物，做一个平常的人。我们绝大多数人都是平常人。

第二，组织层。当今社会是一个高度组织化的社会，组织外部存在着无数个组织。组织之间存在着十分复杂的关系。一个组织要想打败另一个组织，就得对另一个组织的成员下手：阴谋、圈套、欺诈、诱惑、威胁就会层出不穷，环环相扣，防不胜防。当一个组织对另一个组织的个人下手时，这个人基本上在劫难逃，除非他有组织的理解与支持。

第三，国家层。组织外部是由许多国家构成的。国家之间存在十分复杂的关系。国家奉行的原则是：没有永远的敌人与朋友，只有永远的利益。为了利益，一个国家会对另一个国家的公民进行利诱、威逼、感化、设计陷害、逼上梁山等。

第四，整体环境使然。整体环境不良，个体成为反面人物的机会就会增多。整体环境主要指的是整体政治环境、经济环境、法治环境与社会道德环境。

第五，国家某一政策的出台可能会人为地制造出大批反面人物。

（4）偶然因素。

有时，一个人成为反面人物纯粹是由偶然的因素促成的。这些偶然因素可分为个人的偶然因素、组织的偶然因素、外部自然环境的偶然因素、外部人为环境的偶然因素。

4. 反面人物的影响

反面人物有消极的影响，也有积极的影响。

（1）消极影响。企业反面人物对企业的活动造成破坏、对企业的氛围和情绪带来负面能量，甚至会给企业的发展带来灾难性、毁灭性的打击。

（2）积极影响。反面人物的积极影响主要表现在三个方面：提供反面教材、促使企业反思、保持企业活力。企业反面人物的存在对整个企业具有"鲶鱼效应"。

（三）正面人物与反面人物的关系

1. 相生相克关系

企业是一个生态系统，正面人物、反面人物、中性人物同时存在，他们之间互相依存、互相矛盾与斗争，即所谓的相生相克。

2. 互相转化

企业正面人物可以转化为反面人物；反面人物可以转化为正面人物；中性人物可变为正面人物，也可变为反面人物。用中国哲学的术语来说，任何事物都由阴、阳、和三股力量构成。阴中有阳、阳中有阴，和中有阴阳。正因为如此，阴可阳化，阳可以阴化，和则可阴可阳可和。正面人物与反面人物互相转化的原因主要有个人因素、组织因素、环境因素与偶然事件。例如，在企业内部政治斗争中，失败的一方会被定义为反面人物；但是，企业内部的斗争还在继续，当曾经胜利的一方被打败后，过去被其定义为反面人物的一方可能被重新定义为正义人物，而曾经胜利的一方则会被新的胜利者定义为反面人物。又如，国家某一政策的出台人为地制造出了大批反面人物，但随着时间的推移，新的决策者认识到该政策错误的严重性，废除了该政策，原来因该政策被定义为反面人物的人则变成了中性人物或正面人物，而该政策的制定者则会成反面人物。

六、企业历史与传奇

（一）企业历史

1. 历史

许慎在所著的《说文解字》中说："历，过也，传也。""过"是指空间上的移动，"传"则便是时间上的移动。而许慎对于史的解释是"史，记事者也，从又持中。中，正也"，即用中正的态度记述事实。由此可见，"历史"是人们对发生在时空中的事件以中正的态度进行如实的记述。

在我国,"历史"这个词的合并来自日本,用于指一门学科。从历史学科的角度来看,历史的分类有:人类史、地球史、气象史、宇宙史、动物史等,其中每一大类又可以细分。例如,人类历史可以分为:经济史、政治史、军事史、外交史等,同时,人类经济史等又可以细分。企业历史只是其中一小部分。

2. 企业历史的定义

企业历史是企业及其成员在企业生命周期内的一切行为及其结果。了解一个企业的历史,可以了解企业的发展历程,把握企业从创建开始的发展和演变过程。通过研究一个企业的过去,认识企业的发展轨迹,对企业的运行意义重大。

3. 企业历史的构成与特点

一个正常发展的企业历史包括:价值观、宗旨、目标演变史,战略与策略演变史,企业规范(包括成文的制度与不成文的风俗传统)演变史,企业组织结构演变史,技术、产品(服务)发展史,销售(营销)史,领导更替史,正面人物与反面人物史,企业传奇史,企业形象史,企业心理情感能量场演变史。

企业历史的特点包括:事实陈述性、阶段性、发展性与继承性、突变性、必然性与偶尔性、可诠释性。

4. 企业历史的影响

对企业心理情感能量场来说,企业历史具有积极的影响,在维持企业心理情感能量正常运行的过程中起着十分重要的作用;同时,企业历史对企业心理情感能量也具有消极的作用。

企业历史积极的影响主要体现在以下几个方面。

第一,企业历史的成功部分带来的积极影响。企业从建立到发展,会留下一些成功的经验、成功的制度、成功的事件以及优秀的传统等,这些能使企业成员产生自豪感,提升企业成员的归属感、士气与凝聚力。

第二,企业历史的失败部分带来的积极影响。企业在发展过程中的失败教训、错误的制度等,也是企业引以为鉴的资源,使企业与企业成员对人、对事始终保持敬畏之心,使敬畏这种心理情感能量在企业心理情感能量场始终占有重要的位置,保持企业心理情感能量场各种能量之间的平衡。

第三,企业历史上的正面人物与反面人物对企业发展具有积极作用。企业历史上的正面人物具有暗示、感染作用,反面人物则具有暗示与警示作用,向企业成员展示什么行为会受到鼓励、赞扬与奖励,什么行为会受到禁止、批评与惩罚,从而达到塑造企业成员理想的人性组合形态、心理情感能量组合形态与行为模式的目的。

企业历史的消极影响主要体现为,企业历史会成为企业改革与创新的障碍,历史包袱与历史惯性会使改革与创新异常艰难。同时,企业可能还存在靠历史获利的阶层,这种利益阶层会对企业的生存与发展构成威胁。

某一家民营企业里有一批老员工是跟随老板一起创业并走到现在的,薪资高,资历辈分高,但能力水平还停留在20年前。现在,公司准备进行变革,走上正规化发展之路,但他们身居要位却不作为,而且抵触公司的种种创新举措,还煽动不明所以的员工们抗议变革。老板希望通过人力资源部门来处理，人力资源部门之前准备用绩效来解决，但他们反应强烈，闹过几次之后，绩效现在也变成形式了。现在，这些元老的问题已经影响到了公司的继续发展。

（资料来源：https://www.hrloo.com/dk/70832。）

（二）企业传奇

1. 传奇

"传"者，"志"也，就是记录、传述；"传"亦指时间上的移动或传递。"奇"者，"异"也，就是奇闻、异事。传奇作为一种文体体裁，作品内容本身就必须具备"奇"的特点，多是一些人们意料之外的故事情节。苏联作家法捷耶夫认为，传奇指的是英雄故事、伟大的历史事件，在描写这类故事与事件时，作者所着重渲染的不是人物，而是着重使事迹理想化、传奇化。

2. 企业传奇的含义

美国学者萨缪尔·塞尔托和特里维斯·塞尔托把组织（企业）传奇定义为：组织（企业）传奇是描述与组织（企业）的过去或现在有着重大关系的英雄人物或家族的冒险故事。

美国学者伯顿·克拉克教授认为，组织（企业）传奇是正式组织（企业）对其独特的历史成就所形成的集体记忆，它确定了组织（企业）内部以及组织（企业）之间的规范性关系。相信组织（企业）传奇的人们忠于组织（企业），并引以为荣。

综合法捷耶夫、萨缪尔·塞尔托和特里维斯·塞尔托及伯顿·克拉克的观点，我们可以得出以下概念：传奇是对企业重要（关键）的人物或重大历史事件，诸如企业早期的开创者、开创性产品、重大的成功事件、重大的失败事件、重大的转危为安事件、使企业成功转型的领导者等的理想化、神化的陈述，通过这种陈述，使企业成员在不觉间接受企业的价值观、宗旨与制度规范，提升企业的形象，增强企业的凝聚力与士气。可见，企业传奇是企业心理情感能量场重要的维持性动力。

3. 企业传奇的类型

从传奇产生的方式来看，企业传奇可以分为自然出现的传奇与人为制造的传奇。这两种传奇有着不同的特征。

（1）自然出现的传奇。

自然出现的传奇是指在企业发展过程中，自然而然出现的传奇式的人物或事件。

就传奇式的人物而言，他们可能是企业的开创者、改革者、关键技术的发明者、关键产品的创造者、关键市场的开拓者、重大危机的解决者。总之，他们在关键的时间、关键的地点、关键的事件发挥了关键性的作用，因而被传奇化、理想化、榜样化。他（她）们给企业与企业成员带来"惊喜"与信心。

企业自然出现的传奇式事件可能与传奇式人物有关，也可能无关。企业传奇事件是指企业中意料之外的发明、发现、创造、销售等，或者帮助企业奇迹般渡过难关、奇迹般取得某种成功的事件，也包括奇迹般受到挫折的事件。

(2) 人为制造的传奇。

有时，企业为了达到目的会人为地制造传奇。相比于自然出现的传奇，企业更注重人为制造的传奇的效果。企业制造传奇的目的有以下三方面。

一是企业在创建初期，为了打响企业名号，推广企业，扩大群众基础，通过企业传奇吸引更多人关注企业，了解企业，从而扩大企业的影响力。

二是为了解决企业危机。当企业的发展处于下坡期时，或者企业成员满足于现状而不思进取时，企业会通过制造传奇来度过危机，解决企业出现的问题。当企业发展受阻时，如果企业树立一个传奇人物，就有可能有效地改变企业的困局。还有一种情况是当企业的形象急需得到改变时，企业会通过制造传奇来转移人们关注企业的焦点，提高企业的形象，传播企业的正面力量。

三是为了激励企业成员。企业制造的传奇人物是企业的英雄，也是企业成员的模范，可以为企业成员树立学习榜样，企业成员通过学习榜样改变自己的行为，使企业发展壮大。同时，成员有一个统一的榜样，在企业行为中有统一的标准要求，即传奇人物的行为规范可以增强成员对企业的向心力，提高企业的团体意识、凝聚力与士气。

4. 传奇的作用

(1) 传奇的建设性作用。

作为企业的资源，企业传奇人物为企业成员树立了榜样，对企业成员起着规范、暗示、感染和带动作用，促使企业成员改变心理结构与行为模式。

企业的传奇代表着企业，有时人们认识一个企业，是从企业的传奇开始的。企业的传奇可以提高企业的形象，扩大企业的影响力，使企业在对外竞争上能得到更多肯定与支持。在同一领域、同一行业中，企业传奇可以帮助企业脱颖而出，成为行业佳话，提高企业的地位。企业的传奇在提高组织影响力的同时，也提高了企业的吸引力与感召力，使得大批优秀的人才加入企业中，扩充企业成员的队伍，夯实企业发展的基础。

(2) 传奇的破坏性作用。

企业传奇的破坏性作用表现在四个方面：一是影响新事物的产生；二是影响新事物的宣传和被接受；三是人为制造的传奇可能会被夸张化，扭曲了企业的本质形象；四是一旦人为传奇被揭穿，企业的可信度与形象将受到重大创伤，在很长时间内难以恢复。

七、企业维持性动力模型

根据上述分析与论述，我们构建了一个企业心理情感能量场维持性动力模型，如图9-1所示。

图9-1中的"1"代表企业制度，"2"代表企业的组织结构，"3"代表团体意识与组织公民行为，"4"代表企业传统与风俗，"5"代表正面人物与反面人物，"6"代表企业的历史与传奇。这六大要素足以形成一个稳定性的结构，为企业心理情感能量场提供维持性力量。

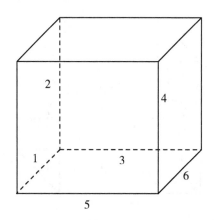

图 9-1　企业心理情感能量场维持性动力模型

根据图 9-1 与前文的分析论述，我们可以看出如下五点内容。

第一，企业制度与企业的组织结构互相依存，企业制度规定了企业的组织结构，组织结构是企业制度的载体与支撑。企业制度发生重大变化，必然会导致企业组织结构发生变化；企业组织结构发生重大的变化，也会导致企业制度的修正。

第二，团体意识与组织公民行为是企业制度与企业组织结构的产物，失去团体意识与组织公民行为，企业制度与企业组织结构就会瓦解。由于企业制度内含了企业价值观、宗旨与目标，因此，企业制度不仅具有外在的强制力，而且具有内在的聚合力、感召力。外在的强制力与内在的聚合力、感召力是团体意识与组织公民行为形成的基础。企业组织结构则为企业中每一个成员提供了具体的安身立命之所，使企业成员的归属感与群体性有了具体的着落。归属感与群体性是团体意识的重要内容，也是组织公民行为支撑性力量。

第三，企业正面人物与反面人物是企业制度的产物。在企业中，只要违背企业制度，就会被判定为反面人物，不管他（她）的能力有多强，贡献有多大。判定一个人是否是正面人物的前提是他（她）是否遵守了企业制度。企业制度的本源与本体是企业的价值观、宗旨与目标。违背企业制度在本质就是违背企业的价值观、宗旨与目标；遵守企业制度在本质就是认可并遵守企业的价值观、宗旨与目标。

第四，企业历史与传奇是团体意识、组织公民行为、正面人物、反面人物共同作用的结果，离开这些，企业就不会有历史，更不会有传奇。企业历史与传奇有助于增强组织团体意识，强化组织公民行为，促使新的正面人物的产生。

第五，企业传统与风俗，是企业在发展过程中逐步形成的，是历史的产物。企业正面人物、反面人物与传奇，规定了传统的内涵，确定了风俗的特征。企业正面人物、反面人物与传奇中任何一个因素发生重大的变化，都会引起企业传统与风俗的变化。

我们将图 9-1 与图 8-4 合并，便可以得出图 9-2，即企业心理情感能量场内部动力模型。

图 9-2 显示，企业心理情感能量场内部动力包括两个部分：原动力与维持性动力。原动力是维持性动力本源与本体，维持性动力是原动力的延伸与具体化；原动力为"道"，维持性动力为"术"。

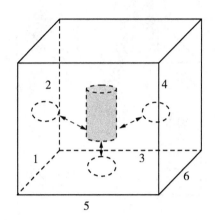

图9-2　企业心理情感能量场内部动力模型

企业精神是在企业心理情感能量原动力与维持性动力互相作用的过程中产生的，是企业发展历史的产物。企业正面人物是企业精神的充分体现者。

思考题

1. 为什么说企业内部角色结构是企业维持性动力？
2. 为什么说企业反面人物的出现具有必然性？
3. 深入思考图9-2所表达的意义及对管理者的启示。

第十章　企业心理情感能量场的外部推动力

▶▶ **本章学习的目标：**

1. 认识企业外部环境是由哪几部分构成的。
2. 理解外部利益相关者与企业心理情感能量场之间的关系。

企业心理情感能量场运行的原动力与维持性动力来自企业内部，而企业心理情感能量场运行的推动力则来自企业外部，是企业所处的外部环境、外部利益相关者与重大的外部事件对企业的要求，企业必须把这种外部的要求内化成企业自己的要求，变成自己行为的动力。

一、企业外部环境

企业心理情感能量场的外部环境由三个部分组成：国际环境、国内宏观与中观环境、社区环境，三者互相关联、互相影响，形成一个层次分明的、庞大的心理情感能量场。任何一个企业都处这个庞大的心理情感能量场之中，并与之进行心理情感能量交换。

（一）国际环境

国际环境本质上就是一个错综复杂的、庞大的、网络状的心理情感能量场，其中存在无数的不同规模、不同特性的心理情感能量场，这些心理情感能量场互相依赖、互相矛盾与斗争、互相制约与平衡，最终，呈现在人们面前的便是经过人们类型化的国际政治环境、国际经济环境、国际军事环境、国际科技环境、全球生态环境。不同类型的环境对企业心理情感能量场产生不同的影响，为企业提供不同的行为动力。

国际政治环境指的是国家之间的关系。国家之间的关系，特别是大国之间的关系，对企业心理情感能量场产生至关重要的影响。例如，如果大国之间关系平稳，企业，特别是国际化程度较高的企业就会充满乐观与安全的心理情感能量，并推动企业实施积极的发展战略；如果大国之间关系动荡，相关企业心理情感能量场就会充满悲观、恐惧、焦虑等心理情感能量，这些心理情感能量是导致企业衰败甚至死亡的重要力量。

国际经济环境包括国际经济发展的周期、国际资本流动的周期、各国经济的开放度、各国经济发展的状态、国家之间与地区之间的经济关系等。任何一种国际经济环境都充满了机遇、挑战与危险。同样的国际经济环境，对一些企业来说是机遇，给这些企业的心理情感能量场注入希望、兴奋、扩张欲等心理情感能量，并促使企业制定相关的战略，采取相应的行为；对另一些企业来说可能是挑战，甚至危险，给这些企业注入不安、焦虑、失望（甚至绝望）等心理情感能量，并促使企业制定相关的战略，采取相应的行为。国际军事环境、国际科技环境、全球生态环境对企业心理情感能量场的影响亦是如此。

国际政治环境、经济环境、军事环境、科技环境、生态环境是一个有机的整体，它们互相影响、互相渗透，企业想要发展壮大并立于不败之地，对国际环境必须有整体观、系统观。中国与美国之间的关系便充分说明了这一点。

2008年9月，美国哈佛大学著名经济史学教授弗格森（Niall Ferguson）和柏林自由大学石里克教授共同创造出的新词"Chimerica"（把China和America合并出Chimerica这个英语新词），称中美已走入共生时代。

近40年，尤其是在过去20多年里，美国是中国最大的出口国，消费了中国这个世界工厂大量的制造品，对中国GDP的高速成长做出了贡献，而中国则因大量贸易顺差，积累了巨额美元，使中国成为世界外汇储备最大的国家，也成了美国的最大债权国。最大消费国（美国）和最大储蓄国（中国）构成了利益共同体，这是中美竞合（coopetition）的结果。

中美关系大致分为六个阶段。

第一个阶段是1949年到1972年，这个阶段是对抗与冲突阶段。

第二个阶段是1972年到1979年，这个阶段是对话与关系恢复阶段。

第三个阶段是1979年到1989年，这个阶段是战略合作阶段。在这个阶段，中美关系的发展比较顺利，主要是彼此都在战略安全利益上需要对方的支持。这期间，两国关系经历了一段"蜜月期"，经贸、教育、文化、人员方面的交流逐步发展起来，在国防领域也开展了一些实质性的合作。

第四阶段是1989年到2001年，这个阶段是摩擦与发展并存的阶段。东欧剧变和苏联解体之后，中美两国在社会制度上存在的巨大差异充分展现了出来，双边关系开始呈现出起伏不定的局面。也正是经过这几次波折的考验，双方也都认识到彼此的重要性，中美关系才逐步走上正轨。

第五个阶段是2001年到2017年，这个阶段可以称为相对稳定发展的阶段，双方有竞争也有合作，因此，亦可称为竞合阶段。在这个阶段，一方面，打击恐怖主义和防止大规模杀伤性武器扩散成为美国对外战略的重点，为两国在众多全球和地区问题上的合作提供了相当大的空间；另一方面，中美关系日益机制化，两国政府之间建立了比较顺畅的工作关系。同时，这期间中美在两国关系最重要也最敏感的台湾问题上达成了虽然有限但十分重要的共识——维持台海地区局势的稳定符合双方的共同利益。

第六个阶段是2017年到目前，在这个阶段中美对抗加剧，有可能由竞合转向对抗与冲突。如何避免中美双方对抗与冲突进一步升级，并努力重新回到竞合状态，是一个重大的战略性课题。

（资料来源：本书作者根据网络资料整理。）

由于中国与美国的关系在很大程度主导着国际关系，对国际政治环境、国际经济环境、国际军事环境、国际科技环境、全球生态环境产生重大影响，对具体的相关企业心理情感能量场影响十分深刻。例如，2017年至今，中美关系给全球一些相关的企业注入失望、不安、焦虑等心理情感能量（例如中国的华为、中兴、阿里巴巴等），并推动这些企业采取相应的战略行为，使企业心理情感能量场恢复平衡；同时，则给全球另外一些相关的企业注入希望、兴奋、扩张等心理情感能量。针对中美关系的不确定性，中国推进"一带一路"倡议与双循环战略，这两个策略的实施对全球相关企业产生了十分深远的影响。

（二）国内环境

一个国家就是一个庞大的心理情感能量场，这个庞大的心理情感能量场由无数个不同规模、不同性质的心理情感能量场构成，这些心理情感能量场之间呈现出网络结构与层次结构，互相关联，互相影响。任何一个企业都处于这个庞大的网络结构之中，被这个网络中的心理情感能量推动着：被推动着不断地向前发展，不断地成长、壮大；或被推动着走向衰败与死亡。总的来看，这个巨大的网络结构可以分为三个层次：国内宏观环境、国内中观环境、微观环境。

1. 国内宏观环境

国内宏观环境包括国内宏观的政治环境、经济环境、社会环境、文化教育与科技环境、交通运输环境、生态环境等。

政治环境包括政治态势、法律、政治制度、政治政策的稳定性与可持续性等。

经济环境包括经济制度与经济政策、经济发展状况、人们的收入水平与消费水平、宏观的经济发展周期等。

社会环境包括社会的稳定性、社会道德水平、社会的风俗与传统、人口结构与分布、人们的宗教信仰等。

某企业向某阿拉伯国家出口塑料底鞋，由于忽视了研究当地人的宗教信仰和文字，设计的鞋底花纹酷似当地文字中的"真主"一词，结果被当地政府出动大批军警查禁销毁，导致了很大的经济损失和政治损失。

（资料来源：http://www.shangxueba.cn/7042。）

文化教育与科技环境包括文化教育与科技的制度和政策、发展的水平、人才的数量与质量及分布等。科技环境还包括发明和工业创新状态。

交通运输环境包括交通运输的制度与政策、交通运输发展状况等。

生态环境包括自然生态制度与政策、人们对自然生态的认知、自然生态的现状等。

国内宏观环境对全国所有的企业具有影响，但影响的类型、性质、大小等因企业的规模、性质、类型、所处的区域等因素的不同，可能会存在差异，有时差异可能会很大。

2. 国内中观环境

就中国而言，国内的中观环境包括省（自治区、直辖市）、市（地级市及以上）区域环境、行业发展周期及行业生态环境。

由于各种原因，各个省（自治区、直辖市）、市（地级市及以上）区域环境存在差异，这种差异会对企业产生不同程度的影响。例如，广东的环境与山东的环境存在差异，合肥与沈阳环境的差异，深圳的环境与西安、上海的环境存在差异。这种差异使得不同区域的企业心理情感能量场存在差异，并产生不同的行为动力与行为模式。

> 深圳的经验就是构建市场化、法治化、国际化的营商环境，把这"三化"从口号变成政府施政标准、官员行为准则，打造一个服务型政府、可问责的政府，在现有政治架构下实现了法治的市场经济
>
> 深圳政府不一样的地方在于，政府认识到自己掌握的市场信息不可能比华为多，所以不会乱指挥企业。
>
> 深圳经常被拿来跟另一个东部沿海大城市做比较。确实两个城市都是改革开放的排头兵。两地政府最大的不同：一边说我就要管事，因为我的干部素质高，道德水准也高；一边说我的干部素质高，但我不觉得他们能经受得了诱惑，所以，管事越少越好。
>
> 这些年两地都办了很多创业孵化器，差别在于深圳的孵化器大部分都是私营公司，本身就是要赚钱的，政府的作用是引导鼓励；另一个城市的孵化器是政府派"保姆"办的"幼儿园"，"幼儿园"办得很好，职业水准很高，但赚不赚钱"保姆"不考虑。在深圳，一般政府做一件事，马上就会想我今天给你一个东西，你能不能发展起来？我后续还有没有负担？深圳的政府思维就是创投思维，创造环境让企业降低创业风险。
>
> 深圳政府很早就认识到权力集中就有套利空间，所以，深圳政府处理政企关系时尽量市场化。
>
> （资料来源：本书作者根据网络资料整理。）

从上述案例来看，深圳之所以成为深圳，就是因为深圳这个环境给当地企业注入与其他地区不同的心理情感能量，使得深圳的企业充满了活力，使企业家充满了自主、自立与创新精神。全国其他地区可以学习、模仿深圳，但是，由于各种原因，不可能复制深圳。各个区域、城市之间的竞争，从本质来说，就是心理情感能量场之间的竞争。

3. 微观环境

微观环境是指地级市以下的区域环境，包括区（县）、镇（街道）、村（社区）。微观环境中的风土人情、传统文化、人们思维方式与行为模式、价值观等都会对企业心理情感能量场产生重大而深刻的影响。微观环境本身就是一个复杂的、由多个（也许是无数个）心理情感能量场构成的网络结构型的心理情感能量场，企业心理情感能量场就是

这个网络结构型的心理情感能量场的组成部分，需要不断地与其中的其他场进行心理情感能量交换。

二、企业外部利益相关者

企业外部利益相关者主要有中央政府、各级地方政府、社区、供应商、销售商、终端客户、竞争者、合作者、跟随者、补缺者、间接投资者，这些利益相关者可能分布在世界各个角落。这些利益相关者本身就是一个个独立又开放的心理情感能量场，企业与这些利益相关者构成一个网络式的、更大的、更为复杂的心理情感能量场。

企业与这些利益相关者存在着十分复杂的关系。瑞典学者古姆松从关系营销学的角度把企业与这些利益相关者的关系类型化为：①市场关系，即企业与供应商、销售商、终端顾客等的关系；②特殊市场关系，即把顾客当作企业的一员时企业与顾客之间的关系，这是关系营销的核心所在；③宏观关系，包括企业与政府、公众等的关系。

从互动的角度来看，企业与这些利益相关者的关系可以类型化为合作关系、竞争关系、对抗或冲突关系、竞合关系。每一类型的关系产生特定的心理情感能量，营造特定类型的心理情感能量场，推动企业采取相应的行为。

（一）合作（cooperation）

合作是指相关的各方之间齐心协力，相互配合，以求共同达成目的心理状态与行为，是企业发展的重要推动力。合作行为与关系的产生是由于共同的利益或目标对单独某一方来说不能达成，需要与合作对象相互配合行动。

企业的合作的对象包括组织与个体，可能分布在国内与国外。组织包括中央政府、各级地方政府、社区、供应商、销售商、集团性终端客户。个体包括个体终端用户、行业权威人士、大学或研究机构专业人员、政府官员、社会名流等。

根据合作的动力，可分为：①自发合作，即在某一特定的情景下，企业与合作对象之间因共同的目的自发、自愿进行的合作，事件或情景结束，合作自动结束；②传统合作，即基于企业与合作对象之间过去合作传统的合作，是合作的历史延续性；③权威合作，即企业与合作对象之间基于更高权威为了某种目的而安排的合作；④契约合作，契约是一种规范，能够约束合作双方或多方的行为，正是这种约束力推动企业与合作对象之间展开合作。契约可分为心灵契约与成文契约，它们有着各自发挥效力的领域。

根据合作的形式，可分为战略联盟、互相投资、协调合作、补缺、辅助、服务委托、委托授权等。

> 联想公司的领导层用两个字，形容了联想和代理之间的关系——船队。既然是一支船队，一支荣辱与共的船队，就得有统一的部署，就得有一定的纪律，否则你不想散也得散。兄弟舰船沉没了，你迟早也逃不过同样的命运。这个部署就是所有的代理商从"大联想"原则出发，按照商用、家用等产品类别，按照分销、行业代理以及（面对中小客户的）经销商，按照地域，几维象限地来划分代理类别，

分工协作，减少竞争，严格控制批发，缩短销售渠道。待这样的分工明确了，并有效地执行了一段时间，并因此而扩大了一些专业市场之后，联想就会要求产品部门彻底按照联想主要的客户群来订制产品，这样就会进一步减少冲突，保持市场秩序，使联想走上良性循环轨道。

在这方面，联想狠抓对"大联想"战略部署的管理，他们强调代理制必须在一定的游戏规则下行事，对于违反游戏规则的不严格处理，就是对严格遵守规则的那些公司的不公平。对此，联想坚定不移，严格信守诺言，目的是建立起联想坚实的、完整的代理机制和国内代理体系。杨元庆说："联想有信心做到这一点。既然已经到了生死存亡的时候，联想还怕什么？为了保证联想这支船队不沉没，联想只有同心协力地抗敌、堵漏洞。"

在全国代理商工作会议上，杨元庆对代理商公开承诺："对于联想做得不好的地方，要坚决改，不合理的政策要立即修正，为谋私利而丧失公正的联想员工，联想一定给予最严厉的处罚。但这需要代理伙伴配合联想——经常从公正角度为联想提合理化建议，提你们对政策的看法。对于联想员工的腐败行为，有两点希望：一是不主动提供所谓'好处'；二是有问题及时通报联想。联想希望大家率直，不鼓励匿名。联想也将加大力度培训联想的业务人员，提高他们的业务能力和素质。尽管联想目前面临着很大的挑战，甚至是危机，但我相信：只要联想能互相信任，互相协作，统一部署，严格管理，联想就将是一支永不沉没船队。"

（资料来源：根据 https://view.inews.qq.com/a/20210130A02RUH00 资料整理获得。）

联想本身是个巨大的心理情感能量场，分布在国内外的各种类型、各种规模的代理商也是一个个独立的心理情感能量场，联想与这些代理商以网络形态联结成更大的、更复杂的心理情感能量场。联结的基础就是它们之间的合作。从合作的动力来看，联想与代理商的合作有传统合作、权威合作、契约合作。从合作形式来看，联想与代理商的合作有战略联盟、协调合作、补缺、辅助、服务委托、委托授权等。

在以联想为中心的巨大的网络式心理情感能量场中，同时存在各种心理情感能量，既存在生存欲、占有欲、责任心、义务感、同情怜悯心、关怀、温柔、慷慨、进取、支持、爱护、赞扬、高兴、宽容、信任等，也存在死亡欲、放弃欲、推卸责任与义务的欲望、冷漠、仇恨、嫉妒、反对、指责、悲伤、愤世嫉俗、谩骂、怀疑、贪婪等。这些心理情感能量在不同的情景与事件下，会形成不同的组合形态。

作为合作型的心理情感能量场，信任、责任心、义务感、关怀、支持、爱护、和睦等应在心理情感能量组合形态中处于主导性地位，这是公司领导层的使命。否则，以联想为中心的网络式心理情感能量场就会解体，合作就会瓦解，联想就会走向衰败。与代理商维持良好的合作可以为联想提供强大的生存与发展的动力，这种动力源自联想与各类代理商之间的信任、责任心、义务感、关怀、支持、爱护等心理情感能量的交换。

（二）竞争（competition）

企业之间的竞争源自企业的生存欲、占有欲、扩张欲、虚荣心、嫉妒心等，是相关企业之间对于同一目标的争夺，为了达到各自的目标，力求超过对方而取得优势地位的心理状态与行为。企业之间竞争是企业发展的重要推动力。企业的竞争对象可能分布于国内与国外。

企业之间竞争的发生必须具备以下条件：第一，对于同一个目标的争夺；第二，追求的目标是比较稀少和难得的；第三，竞争者之间互相排斥，但不互相敌对；第四，竞争是有理性的，是按照一定的社会规范进行的。因此，企业之间竞争对社会的发展具有建设性。

企业在与竞争者互动的过程中，形成一个竞争型的心理情感能量场，在这种场中，生存欲、占有欲、扩张与发展的欲望、怀疑、好斗心、紧张、不安、焦虑等心理情感能量会处于主导性地位，正是这些心理情感能量促使企业采取应对竞争的战略与策略，为企业提供行为动力。战略与策略得当，在竞争取得优势，企业获得发展；战略与策略失当，企业遭受挫折、失败，甚至走向衰败与死亡。因此，正当、合法的竞争是一个优胜劣汰的过程。

根据波特五力模型[①]，企业面临来自五个方面的竞争。

1. 供应商（suppliers）

供应商是企业创造财富的合作者，也是利润竞争者。供应商主要通过其提高投入要素价格与降低单位价值质量的能力来影响行业中现有企业的盈利能力与产品竞争力。企业的供应商可能不止一个，而是多个。供应商所形成的竞争压力极有可能转化为企业制定并推行后向一体化战略的动力。

2. 购买者（buyer）

购买者主要通过其压价与要求提供较高质量的产品或服务的能力，以影响行业中现有企业的盈利能力。企业的购买者可分为中间商（分销商）与终端消费者。中间商（分销商）竞争所形成的压力在一定条件下转化为企业制定并推行前向一体化战略的动力。终端消费者竞争所形成的压力在一定条件下转化为企业制定并推行低成本战略、差异化战略和创新战略的动力。

3. 新进入者（potential new entrants）

新进入者在给行业带来新生产能力、新资源的同时，希望在已被现有企业瓜分完毕的市场中赢得一席之地，这就势必与现有企业发生在原材料与市场份额等方面的竞争，最终导致行业中现有企业盈利水平降低，严重的话还有可能危及这些企业的生存。新进入者竞争威胁会迫使行业中相关企业采取一系列战略与策略，提高进入门槛，设置进入障碍。

---

① 波特五力模型是迈克尔·波特（Michael Porter）于20世纪80年代提出。他认为行业中存在着决定竞争规模和程度的五种力量，这五种力量综合起来影响着产业的吸引力以及现有企业的竞争战略决策。五种力量分别为同行业内现有竞争者的竞争能力、潜在竞争者进入的能力、替代品的替代能力、供应量的讨价还价能力与购买者的议价能力。

4. 替代品（substitute product）

处于不同行业中的企业或同一行业中不同领域的企业，可能会由于所生产的产品或服务是互为替代品，从而在它们之间产生相互竞争行为。例如，公路、铁路、航空、水运同属于交通运输行业但属于不同的领域（次分行业），公路运输公司、铁路运输公司、航空运输公司、水运运输公司所提供的服务可以互相替代，存在互相竞争。这种源自替代品的竞争会以各种形式影响行业中现有企业的行为。首先，现有企业产品售价以及获利潜力的提高，将由于存在着能被用户方便接受的替代品而受到限制；其次，替代品价格越低、质量越好、用户转换成本越低，其所能产生的竞争压力就越强。而这种来自替代品生产者的竞争压力使得现有企业必须提高产品质量或者通过降低成本来降低售价或者使其产品具有特色，否则其销量与利润增长的目标就有可能受挫。

5. 行业竞争者的竞争（the rivalry among competing seller）

同行业中企业之间常常在价格、广告、产品介绍、售后服务等方面互相竞争，其目标在于使得自己的企业获得相对于竞争对手的优势。

一般来说，出现下述情况意味着行业中现有企业之间竞争的加剧：①行业进入障碍较低，势均力敌竞争对手较多，竞争参与者范围广泛。②市场趋于成熟，产品需求增长缓慢。③竞争者企图采用降价等手段促销。④竞争者提供几乎相同的产品或服务，用户转换成本很低。⑤行业外部实力强大的公司在接收了行业中实力薄弱企业后，发起进攻性行动，结果使得刚被接收的企业成为市场的主要竞争者。⑥退出障碍较高，即退出竞争要比继续参与竞争代价更高。退出障碍主要受经济、战略、感情以及社会政治关系等方面的影响，具体包括：资产的专用性、退出的固定费用、战略上的相互牵制、情绪上的难以接受、政府和社会的各种限制等。

同行业竞争者剧烈竞争的压力，迫使企业认真进行战略分析，仔细制定并实施相应的战略与策略。

（三）对抗（combat）或冲突（conflict）

对抗或冲突是合作的对立面，是竞争过度的产物，是企业之间激烈对立的社会互动方式和过程，反映了互动者之间的一种直接的反对关系。对抗或冲突与竞争存在很大的区别。从英文来看，competition 的意思是互相竞赛，互相比赛；combat 的意思是互相打斗，互相厮杀；conflict 的意思是冲突。任何竞争都有可能发展为对抗或冲突。

对抗（冲突）的主要特征为：①对抗（冲突）的直接目的是打败对方，胜出的一方得到想要的一切；②对抗（冲突）双方或多方必须有直接的交锋；③对抗（冲突）各方的所追求的目标既可能相同，也可能不同；④对抗（冲突）在形式上比竞争激烈得多，它往往突破了规则甚至法律的限制，带有明显的破坏性。

对抗（冲突）对企业与社会具有两面性：破坏性与建设性。在多数情况下，对抗（冲突）的破坏性大于建设性。

在由对抗（冲突）所形成的心理情感能量场中，仇恨、愤怒、报复的欲望、好斗心、紧张、不安、焦虑等心理情感能量处于主导性地位，这种情况有可能导致企业失去理性，从而导致企业本性严重失衡。企业本性严重失衡必定导致企业解体与死亡。

2014年10月18日清晨，位于沈阳南塔"中国鞋城"的沈阳市A货物运输有限公司的4名员工正在卸货，突然，10多个蒙面男子直冲过来，对方手持刀、棍棒，不容分说便砍砸。3分钟后，行凶者迅速撤离。经检查，被打员工均受轻伤。法院经审理查明，沈阳中国鞋城恶性案件与沈阳B运输有限公司法定代表人冯某有直接关系，系不满同行竞争而进行打击报复。案发前一日，沈阳B运输有限公司与沈阳市A货物运输有限公司发生纠纷，双方人员互相殴打，派出所出警处理。冯某纠集人员密谋报复，次日，其雇佣的10多人携带凶器，将沈阳市A货物运输有限公司的4名员工打伤。

2014年10月22日，冯某投案自首，其余人员也相继落网。之后，冯某等积极赔偿了伤者损失，取得了伤者谅解。

法院认为，被告人冯某等12人出于不满同行竞争以暴力进行打击报复，随意殴打他人，情节恶劣，其行为侵犯了社会公共秩序和公民的人身健康权利，均已构成寻衅滋事罪，并分别判处有期徒刑11个月至1年2个月不等的刑罚。

（资料来源：新华社报道。）

（四）竞合

合作与竞争在企业之间同时存在，因为它们都来源于组织的本性。合作与竞争共同推动着企业向前发展。

但是，任何竞争都有可能发展为对抗或冲突，因为竞争本身就内含了对抗与冲突的潜质，内含了某种程度的冲突。保持竞争、避免对抗或冲突就成了企业界与理论界所追求的目标，竞合理论便应运而生。

由于企业本性与人性的驱使，企业之间必定会进行竞争，但同时也存在合作。竞合理论的战略目标，是建立和保持与所有参与者的一种动态合作竞争关系，最终实现共赢局面。竞合理论提出了互补者的新概念，认为商业博弈的参与者除了竞争者、供应商、顾客外，还有互补者；强调了博弈的参与者之间的相互依存、互惠互利的关系，要创造价值，就要与顾客、供应商、雇员、竞争者及其他人密切合作。

任正非认为："客户的利益就是我们的利益。通过使客户的利益实现，进行客户、企业、供应商在利益链条上的合理分解，各得其所，形成利益共同体。"

毫无疑问，在华为的发展过程中，国内许多地方政府尤其是电信、邮电管理部门起了很大的作用，因为他们是华为的客户，他们的巨大需求产生了巨大的市场空间，当然，其中不乏出于对民族产品支持的心态。但是，更主要的是华为推行的利益均沾发展模式。

近年来，在开拓国际市场的过程中，任正非也积极采取这种合纵联横的策略，使西门子、SUN等众多竞争对手成为华为的合作者。这种在顾客、竞争对手、合作者之间结成利益共同体的尝试可谓屡试不爽。这也应了那句老话——商场没有永远的朋友，更没有永远的敌人。任正非是以哲学的角度看待这个问题的："将矛盾的对立关系转化为合作协调关系，使各种矛盾关系结成利益共同体，变矛盾为动力。"

当然，在这个过程中，华为有时不得不牺牲一点自己的利益。在河北华为和山东华为筹建过程中，合资方主管领导提出，他们有200多名员工没有地方安排，华为能否解决？一般情况下，华为是不会接受这种要求的，但是，为了不影响大局，使合资公司顺利组建，华为接收了那200多名合资方的员工。

舍弃一些眼前利益，宁愿自己吃点亏或冒点风险，而要照顾合作对象；不单纯追求利益最大化，而是把市场做大，让合作对象有合理的回报是华为的一贯做法，这也是华为能够挣到"大钱"的秘诀。

（资料来源：程东升、刘丽丽《华为经营管理智慧》，当代中国出版社2005年版，第163-165页。）

合作竞争是一种高层次的竞争，合作竞争并不是意味着消灭了竞争，它只是从企业自身发展的角度和社会资源优化配置的角度出发，促使企业间的关系发生新的调整，从单纯的对抗竞争走向了一定程度的合作。

企业之间竞合是否成功取决于三大要素：贡献（impact）、亲密（intimacy）和远景（vision）。

（1）贡献。贡献是指建立合作竞争关系后能够创造的具体有效的成果，即能够增加的实际生产力和价值。贡献是合作竞争成功要素中最根本的要素，是成功的合作竞争关系可以存在的原因。贡献主要来源于三个方面：一是减少重复与浪费；二是借助彼此的核心能力，并从中受益；三是创造新机会。

（2）亲密。成功的合作竞争关系超越了一般的交易伙伴，具有一定的亲密程度，这种亲密是在传统的交易模式下不存在的。要建立这种亲密的关系，企业必须做到三点：一是相互信任，相互信任是建立合作竞争关系的核心；二是信息共享，促使信息和知识的快速流动，降低信息收集和交易成本；三是建立有效的合作团队。

在上述三点中，互相信任是最重要的。信任与怀疑是人性的构成要素，也是企业本性的构成要素，两者互相矛盾、互相依存、互相制约。要做到互相信任，竞合各方必须学会妥协、和解与容忍。所谓的妥协是指互动各方在利益上互相让步，各方都关注他方的核心利益。所谓的和解是指竞合各方互相原谅对方的错误，超越过去互相仇视的历史，共同面对、建设共同的未来，让历史成为历史。所谓的容忍是指竞合各方要在一定程度上容忍其他方为了其长远与核心利益而对己方非长远、非核心利益的损害。企业有时需要主动放弃自己短期的、非核心的利益，帮助竞合联盟中的其他组织（企业）渡过难关。否则，竞合联盟就有可能解体。同时，在建立信任关系的过程中，竞合联盟各方互相监督、互相制约与平衡也十分重要。

1994年，空调市场竞争激烈，商家普遍亏本，同样艰难的格力依然决定拿出一亿元返还给经销商，增强了经销商的信心。后来，"淡季返利"和"年终返利"策略被董明珠运用到股份制区域销售公司中，并为很多业内厂商所模仿。1995年，41岁的董明珠升为销售经理，随后格力空调产销量、销售收入、市场占有率连续

11年均居全国首位。

1996年,格力在湖北的4个业绩很好的空调批发大户为抢占地盘开始恶性竞争,商家和厂家利益都受到严重损害。1997年底,在董明珠的倡导下,中国第一家由厂商联合组成的区域性品牌销售公司——"湖北格力空调销售公司"正式诞生。

(资料来源:根据https://www.doc88.com/p-9909658712807.html资料整理获得。)

在上述案例中,格力与经销商的关系是一种竞合关系,经销商之间的关系也是一种竞合关系。竞合关系的建立与维护需要各方互相体谅、互相帮助、互相让步、互相容忍。

(3)远景。远景是建立合作竞争的导向系统,它描绘了合作竞争企业所要共同达到的目标和如何达到目标的方法,激发员工的工作热情和创造性。

中国-阿拉伯化肥有限公司于1985年在秦皇岛由中国、科威特和突尼斯三方合资成立,主营高浓度氮磷钾复合肥。为了用户满意,为了三方利益,公司力图建成亚洲最大的氮磷钾复合肥生产基地。用丰富的语言来描绘公司的远景即为集成三方资源,满足顾客需求,建立推动良好的运行环境和先进的技术体系,将公司建成国内领先、亚洲地区具有影响力的复合肥生产企业。在上述远景的感召下,管理者同舟共济,彼此信任,不仅为员工创造出一个信息共享的工作环境,还为员工建立了和谐、相互学习的跨职能团队,激发员工的工作热情和创造力。三方精诚团结,在人员配置、生产和管理方案等方面,各方通过多次协商并达成一致。几十年来,三方精诚合作,共享人才、技术和管理经验,不断创新,赢得社会的广泛认可,被邓小平誉为"南南合作典范";产品相继荣获"中国名牌产品"和"全国用户满意产品"等称号;获得化肥行业"中国品牌年度大奖"等。

(资料来源:秦迎林编著《人力资源案例集》,清华大学出版社2014年版,第37页。)

从上述案例来看,目前中国、科威特和突尼斯三方从以往的单纯竞争走向了成功的合作,这与三方具有激励性的远景、相互信任、互相让步以及资源共享分不开。

竞合是企业的长期发展战略,它从企业的长远发展角度,通过企业自身资源、核心竞争力的整合,通过企业之间的合作和相互学习,进行产品、服务、技术、经营管理等各方面的创新,从而使企业形成持久的竞争优势。

1962年,沃尔玛第一家折扣店开张,随后40年里,沃尔玛凭借"天天低价"的价格策略迅速扩张,成为世界第一大连锁店。在发展初期,沃尔玛在激烈的竞争环境中,为了获得自身利益最大化和立足的筹码,不断压低进货折扣,致力于通过采购及人力成本的降低,最大限度地挖掘利润,使利润节节上升。从1970年至

1980 年，利润由 160 万美元攀升至 4120 万美元，增长了 24 倍之多。

早在 1962 年成立之初，全球最大的日化用品制造商宝洁被沃尔玛选为供应商，并与之开始合作，但双方仅仅是纯粹的买卖关系，各自以自身利益最大化为目标，导致不愉快乃至冲突不断发生。沃尔玛为了实现自己的低价策略，试图通过大订单和不平等的送货条件等方式降低进货价，延长货款支付周期，甚至将宝洁产品摆在角落里威胁宝洁降价。但宝洁公司不但不妥协，还要求沃尔玛提高销售价格并将宝洁的产品摆放在位置更好的货架。

1962 年至 1978 年期间，宝洁和沃尔玛都试图主导供应链，实现自身利益最大化。沃尔玛采用强势的价格策略，竭尽所能压低进货价格，并声称，任何一个企业都必须接受它的价格政策。宝洁也不能例外，其态度更是强硬，一直凭借强大的营销实力，企图严格控制下游的经销商和零售商，包括沃尔玛，迫使他们贯彻宝洁制定的营销战略和规定。沃尔玛和宝洁自身长期的优越感导致了双方之间的交流障碍和关系恶化，沃尔玛以清退下架的做法威胁宝洁，宝洁也以停止供货的做法进行反击，双方口水战以及笔墨官司更使得他们的争斗进入白热化阶段。然而，在交战中，导致双方关系和利益受到了重创。一方面，宝洁产品的销售在国内受到了很大影响；另一方面，沃尔玛经常被曝出"压榨供应商""恶性竞争"的丑闻。1987 年 7 月，宝洁公司副总经理 Lou Pritchett 决定改变双方尴尬境地，于是通过朋友的关系以旅游的形式与沃尔玛的老板山姆·沃尔顿（Sam Walton）进行会晤。双方在彼此心存好感的基础上基本达成了意向性的合作框架，形成了一致的企业未来发展的设想，并明确了下一步双方管理人员进行具体磋商的方案。这次会晤为宝洁和沃尔玛缓解旧的恶劣关系、开创新的合作关系揭开了序幕。

1987 年下半年，宝洁和沃尔玛开始了新合作关系的历程。双方组成由财务、流通、生产和其他各职能部门组成的约 70 人的专门合作团队，沃尔玛公司借助先进的信息技术实行信息共享，对整个业务活动进行全方位的协作管理。

1989 年，沃尔玛针对宝洁公司的纸尿裤产品构筑了 JIT（just in time，及时）型的自动订发货系统，双方企业通过 EDI（electronic data interchange，电子数据交换）和卫星通信、MMI（manufacture management inventory，制造商管理库存）系统、EFT（electronic funds transfer，电子资金结算）系统等信息手段做到了连续自动补货、电子结算，大大缩短了商品流通的时间和传统财物结算的烦琐程序，取得了合作关系的实质性突破。沃尔玛与宝洁公司的第一次深入合作，对双方都产生了显著的绩效。沃尔玛店铺中宝洁公司的纸尿裤商品周转率提高了 70%；宝洁公司的纸尿裤销售额也提高了 50%，达到了 30 亿美元。宝洁公司在国内市场销售中的 11% 都是通过沃尔玛实现的，第二年这个数据上升到了 20%（即 156 亿美元中的 20%）。这次合作巨大的成功为沃尔玛和宝洁全面控制成本、推进深层合作打下了良好的基础。

20 世纪 80 年代后，沃尔玛全面改善与供应商的关系，从"一味地压价"转变为"帮助供应商降低成本"，凭借先进的管理和技术，帮助供应商降低成本并提高质量，实现了真正的合作共赢。沃尔玛通过改善与供应商的关系，也取得了质的飞跃，销售额从 1987 年初的 160 亿美元提高到 1992 年的 438 亿美元，利润从 62800 万美元增加到将近 20 亿美元。1992 年，沃尔玛创始人山姆·沃尔顿被《财富》杂志评为美国第一富豪；1993 年，沃尔玛销售额达到 673.4 亿美元，成为美国第一大零售商。

1995 年，宝洁和沃尔玛合力启动了协同式供应链库存管理 CPFR（collaborative planning, forecasting and replenishment，协同计划、预测与补货）流程，构成了一个持续提高的循环。流程实施的结果是双方的经营成本和库存水平都大大降低，沃尔玛订单满足率从 87% 提高到 98%，新增销售收入 800 万美元。沃尔玛分店中的宝洁产品的利润增长了 48%，存货接近于零。

1996 年后，宝洁和沃尔玛将合作领域从单纯的物流层面进行了扩展，涉及信息管理系统、客户关系管理、供应链预测与合作体系、零售商联系平台以及人员培训等多个方面，他们的密切合作大大降低了整条供应链的运营成本，提高了对顾客需求的反应速度，更好地保持了顾客的忠诚度，为双方带来了丰厚的回报。2001 年至 2003 年，沃尔玛连续 3 年在《财富》杂志公布的世界 500 强企业排名中位居榜首。根据贝恩公司（Bain & Co.）的一项研究，2003 年，宝洁 514 亿美元的销售额中的 8% 来自沃尔玛；沃尔玛 2560 亿美元的销售额，有 3.5% 归功于宝洁。

（资料来源：http://ishare.iask.sina.com.cn/f/IRY397PIjf.html。）

沃尔玛与宝洁初期合作，双方只强调"我赢"，宝洁只是借助沃尔玛的人气，加速自己产品的销售；沃尔玛也只是借助宝洁的品牌增加店铺中的人气，最终走向双输的结果。实行竞合战略合作后，双方都开始考虑为对方留足利润空间，确保合作关系的持久深化，因此，他们后期建立的合作关系共赢，绩效斐然，都实现了利益最大化并实现了可持续发展。这说明供应链企业间合作共赢的目的是参与各方都可以从合作中获得利益最大化。这包含供应商、制造商、零售商，甚至是顾客和员工在内的整体利益最大化，中国企业要参与全球供应链，就必须先摒弃掉"我赢你输""你赢我输"，甚至是"双输"的传统博弈。企业要做大做强，首先要让合作伙伴先获得利益，让顾客买到物美价廉的商品，让员工乐意为公司发展出谋划策，这样就可以形成你赢我赢、大家都赢的互利局面。只有让你的合作伙伴、利益相关方活得更好，自己的企业才有可能活得更好。

三、重大的外部事件

上述分析论述了企业所处的国内外环境及在各个环境中的利益相关者给企业所提供的行为动力，构成一个庞大的、网络式的心理情感能量场。这个庞大网络中任何具体的重大事件都会对企业心理情感能量场产生影响，并促使企业采取相应的行为。

企业外部重大事件包括重大的政治事件、军事事件、外交事件、经济事件、科学技术事件、自然灾害、社会性事件等。重大的政治事件包括政治改革、政变、换届选举、重大政策的出台或退出等。重大的军事事件包括全球性或区域性军事冲突、战争、军备竞赛等。重大的外交事件包括外交战略的调整、建交、断交等。重大的经济事件包括重大的经济改革、重要经济政策的出台或退出、重要供应商或销售商的破产、重要客户的流失或破产、竞争对手在某方面的重大进展或失败等。重大的科技事件包括重大的理论突破、重大的科技发明与发现、重大科技政策的出台或退出等。重大的自然灾害包括严重的地震、水灾、火灾、旱灾、虫灾、海啸、流行疾病（如新冠肺炎）等。重大社会性事件包括大型的罢工、游行示威、集体自杀、恐怖袭击、集体中毒、重大的交通事故、重大的生产安全事故等。每一个重大的事件都是心理情感能量的载体，对企业心理情感能量场产生不同类型、不同程度的影响。

  2020 年，新冠肺炎疫情在全球暴发，A 公司遇到了前所未有的危机，国外的几个大的原料供应商因为疫情，有的停产，有的减产；几个产品代理商因债务无法偿还而倒闭。A 公司内部自上而下对前景充满了焦虑、不安与恐慌。
  随着时间的推移与中国对疫情的有效控制，A 公司领导层开始恢复了信心。在当地政府部门与社区的支持下，A 公司着手调整发展战略，拓宽原料来源渠道，拓展新的国内外市场。经过不懈努力，目前 A 公司各项业务开始走向正轨，公司上下对未来充满了希望与信心。
  （资料来源：本书作者根据网络资料整理。）

从上述案例我们可以得出以下两个结论：
第一，全球是一个庞大的、网络式的心理情感能量场，A 公司及其原料供应商、产品代理商是其中的组成部分。
第二，新冠肺炎疫情本身是一个心理情感能量的载体，它的大流行给全球输入了巨大的恐慌、焦虑、不安等心理情感能量，这种巨大的能量冲击了全球几乎所有企业，迫使企业采取各种应对战略与策略。

四、企业外部推动力模型

上述对企业外部推动力进行比较详细的分析与论述，为了更加形象、生动地说明问题，笔者构建了企业心理情感能量场外部推动力模型，如图 10-1 所示。
在此，有必要对图 10-1 做一些说明。
第一，假设图 10-1 最中心的正方体为上述案例中的 A 公司，A 公司则处于微观环境、国内宏观与中观环境、国际环境的包围中，A 公司必须将这三个层次环境的需求内化为自己前进的推动力，否则，A 公司就无法与环境进行各种能量交换，就会走向死亡。
第二，A 公司有许多利益相关者，这些利益相关者分布在微观环境、国内宏观与中观环境、国际环境之中。A 公司必须与众多的利益相关者进行各种能量交换。
第三，A 公司的每一个利益相关者都有自己的微观环境、国内宏观与中观环境、国际环境。这些利益相关者亦有着自己的利益相关者。

第十章 企业心理情感能量场的外部推动力

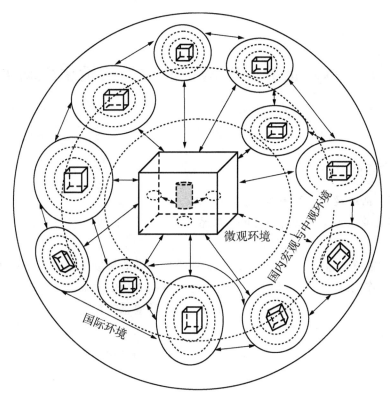

图 10-1 企业心理情感能量场外部推动力模型

第四，图 10-1 显示的是一个庞大的、复杂的、网络化的心理情感能量场，在这个场内存在着无数的、各种类型与性质的、各种规模的次级心理情感能量场，各种心理情感能量在场与场之间流动，引起场内发生各种变化。当重大的事件在场发生时，会在场内产生巨大的冲击波。一些企业就会被冲击波所毁灭，另一些企业则会因此而获得发展。

思考题

1. 企业之间竞合的前提是什么？
2. 企业之间竞合会对企业心理情感能量场产生什么影响？

第十一章　企业心理情感能量场的衍生性动力

▶ **本章学习的目标：**

1. 理解企业凝聚力的影响因素。
2. 理解企业压力与从众行为之间的联系与区别。

企业心理情感能量场的衍生性动力是企业心理情感能量场原动力、维持性动力、外部推动力互相作用结果。在本质上，它是由这三种动力衍生出来的；衍生后，它便对企业心理情感能量场发挥出独特的作用，推动企业心理情感能量场的运行。企业心理情感能量场的衍生性动力包括凝聚力、士气、组织压力、从众行为、暗示、模仿、感染、社会助长、社会抑制、社会惰化等。关于暗示、模仿、感染在第七章已经进行了分析与论述，这里不再重复。

一、凝聚力

（一）企业凝聚力的含义及特点

企业凝聚力（cohesiveness）是企业对其成员的吸引力，包括企业对成员的吸引程度和企业成员之间相互吸引的程度。

从人性的角度来看，企业凝聚力的人性依据是人性中的归属感、群体性、爱、同情怜悯心、责任心、嫉妒心等。归属感、群体性是"我们的""自己人"等感觉的基础。爱、同情怜悯心、责任心、嫉妒心则是将个体结合在一起的黏合剂。

凝聚力强的企业特点一般表现为：成员之间的信息交流通畅，气氛民主，关系和谐；成员有较强的归属感，成员参加企业活动的积极性高；成员愿意更多地承担推动企业发展的责任与义务，关心企业，维护企业的权益。从人性的角度来考察，在企业成员的人性组合形态中，群体性、归属感、责任心、义务感、信任、为企业的奉献精神取得了主导性地位。整个企业心理情感能量场充满了与此相应的心理情感能量。

凝聚力弱的企业特点一般表现为：成员之间钩心斗角，互不信任，信息交流不通畅，气氛不民主，关系不和谐，存在某种离心力。从人性的角度来考察，在企业成员的人性组合形态中，自体性（自我性）、占有欲、嫉妒心、报复心、推卸责任的欲望、冷漠心等取得了主导地位。整个企业心理情感能量场充满了与此相应的心理情感能量。

凝聚力与组织压力、从众不同。组织压力是外在的强迫力量，它引起人们心理矛盾、紧张和焦虑。凝聚力是一种内在附着力或聚合力，它引起人们心理上的欢快、幸福和促使人们做出乐意付出的行为。从众是一种心理结构及由此产生的行为，从众产生的缘由可能是组织压力，也可能是凝聚力，当然，也有可能是暗示、模仿或感染。

（二）影响企业凝聚力的主要因素

影响企业凝聚力的因素有很多，我们可以从企业内部与企业外部两个方面进行分析与论述。

1. 企业内部因素

第一，企业规模。研究证明，群体（部门）规模在7～8人时，群体（部门）凝聚力最强。以此为基点，群体（部门）凝聚力会随着人数的增加而变弱，也会随着人数的减少而变弱。群体（部门）人数增加，群体（部门）成员之间互相接触、了解的机会减少，互相之间的刺激量不足，难以形成互相吸引的力量；群体（部门）人数减少，群体（部门）所能掌握的资源与能量减少，不能满足群体（部门）成员的需要，群体（部门）凝聚力变弱。

企业的凝聚力是建立在企业中群体（部门）的凝聚力之上的。从规模而言，一个企业的群体（部门）数量以7～8个为宜，因为一个管理者或领导者能有效控制的下属是7～8人。那么，从人数规模上来看，当一个企业拥有50～60个员工时，其可能具有较强的凝聚力。从理论上来说，一个企业少于50人，其凝聚力会随着人数的减少而减弱；一个企业多于60人，其凝聚力会随着人数的增加而减弱。当然，规模只是影响企业凝聚力的因素之一。这个因素有时会起很大的作用，有时则起很小的作用，有时则不起作用。但是，这个理论提醒企业的领导者，当企业规模不断扩大、人数不断增多时，就必须进行部门化，实行层级控制。每个层级的领导者或管理者所控制的人数必须适当，否则，就会严重影响各个部门的凝聚力，进而影响企业的凝聚力。

第二，企业的目标设置。企业的目标有三个层次：企业规定的目标、部门成员共同的目标、个人的目标。如果这三个层次的目标能统一和谐，呈现出正相关，企业的凝聚力就强；如果这三个层次的目标互相矛盾，呈现出负相关，企业的凝聚力就弱。

第三，奖励方式。研究表明，同时进行奖励个人与奖励集体有利于企业凝聚力的培养。如果只奖励个人，则会影响企业其他成员的积极性，增加成员之间的矛盾；如果只奖励集体，则会挫伤核心成员的积极性，有能力的个体不愿意为企业多做贡献，影响企业的发展，最终削弱企业的凝聚力。

第四，领导方式。管理者的领导方式主要有四种：民主式、专制式、放任式与混合式。专制领导方式如果运用得当，在危机的时期能将企业成员聚合在一起，动员一切可以动员的资源来达到企业的目的。但是，专制领导方式太依赖某个人的智慧和理性，而任何一个人的智慧都是有限的，任何一个人都有情感，因此，专制领导方式十分不可靠。同时，这种方式刻意压制不同的意见，随着时间的推移，其凝聚力就会消耗殆尽。放任式的领导方式在时间与空间上的适应性极差，它会导致企业低效率和少成果，低效率和少成果的企业是不可能有什么凝聚力的。心理学家勒温曾对这四种领导方式做了比较，结果发现，民主领导方式下的企业凝聚力一般来说较强。民主领导方式介于专制与放任之间，它吸取了两者的长处，同时避免了两者的短处。民主领导方式下所做出的决策更为理性，它不依赖个人的智慧，将个人的情感因素降到最低程度。民主领导方式以少数服从多数为基础，将个人意志与企业意志统一起来。在民主领导方式之下，企业及企业领导者可以不断地发现和修正自己的错误，企业领导更替公开、公正、公平而顺畅。一般来说，民主领导方式下的企业不会出现绝对的权威，从而不会导致集体催眠与集体弱智。混合领导方式适用于大中型企业，在大中型企业中存在不同性的部门，对于不同性的部门需要采取不同的领导方式。例如，对于前沿性创新型的研究开发部门，放任的领导方式往往最有效；对于具体的生产部门，专制式的领导方式最有效。

第五，企业成员的相容性。相容性表现在两个方面：同质的程度与心理开放的程度。同质程度是指企业成员文化教育、思维方式、价值观相同或类似的程度。一般来说，相同或类似的程度越高，企业在遇到问题时或在工作的过程中就越容易达成一致，矛盾就越少，凝聚力就越强；反之，凝聚力就越弱。但是，任何一个企业都是某种意义上的生态性结构，企业成员有着互不相同的价值观、思维方式和社会文化背景，因此，企业成员特别是企业的领导与核心成员的心理开放程度十分重要。所谓的心理开放程度是指对他人各种不同的价值观、思维方式和社会文化背景的接纳度与包容度。一般来说，企业成员心理开放程度越高，企业的凝聚力就越强；反之，企业的凝聚力就越弱。

第六，企业成员的可信任度。所谓的可信任度是指相信某人遵守规则与承诺，其心理活动与行为具有规律性和可预期性。一般来说，企业成员可信任度越高，企业凝聚力就越强；反之，企业的凝聚力就越弱。对于企业的凝聚力而言，企业领导者的可信任度尤其重要。

提高可信任度有以下几种简单的方法。

（1）按时完成任务。总是不能按时完成任务的人是不可信的。

（2）一贯遵守承诺。要做到这一点必须少承诺。一般而言，承诺得越多，食言得就越多，古人言，"多诺而寡信"。

（3）与企业成员分享自己的价值观与目标（spend time sharing personal values and goals）。这样做的目的是让企业、企业成员了解自己的心理结构与行为模式，让企业成员相信自己的心理活动与行为是有规律的，是可以预期的。一般来说，如果一个人的心理活动与行为没有规律，不可预期，这个人的可信度就会很低。

（4）严格遵守国家的法律、制度与政策，严格遵守企业的制度、政策与程序。

第七，企业准入严格度（severity of initiation）。一般来说，企业准入严格度越高，企业的凝聚力就越强；反之，企业的凝聚力就越弱。这是因为企业准入严格度越高，企业同质化程度就越高，企业成员的心理结构、价值观、行为模式就越近，出现根本性矛盾的机会就越少。

第八，正面人物。企业需要有数量合理的先进人物、模范人物与英雄人物，这些正面人物的出现会大大提高企业的凝聚力。

第九，企业成功的历史（history of success）。成功具有无比的力量，每一个人都喜欢胜利者。拥有充满传奇与成功历史的企业，其凝聚力会十分强大。相反，一个总是遭受失败与屈辱的企业是没有什么凝聚力的。因此，企业需要成功的历史与故事。但是，这种需要会导致企业有意扭曲历史，隐瞒历史事实，对企业成员与社会大众进行欺骗、愚弄。一般而言，一个企业到了发展的后期，其成功的故事会越来越少，失败的事实越来越多，其凝聚力被消耗殆尽。

2. 企业外部因素

第一，企业面临的外部压力与威胁。这里存在两种情况：一种情况是，企业有一定的凝聚力，当面临外部压力与威胁时，企业凝聚力会增强，特别是当取得一定的胜利之后，企业凝聚力会迅猛增长。另一种情况是，企业本来就四分五裂，当面临外部压力与威胁时，会出现两种不同的趋势。一是为个体的生存与发展，企业成员会团结起来，一致对外，企业凝聚力增强。二是企业凝聚力进一步减弱，产生一股强大的离心力，使企业最终瓦解。

第二，企业的地位。一般来说，企业的地位越高，其凝聚力就越强。例如，在地位极高的企业，企业成员有强烈的自豪感，在人性的组合形态中，群体性、责任心、归属感取得主导或支配性地位，企业成员愿意为企业付出，因为付出与得到的成正比。

（三）提高企业凝聚力的策略

企业凝聚力是企业心理情感能量场运行的重要动力。企业凝聚力越强，企业的行为就越有力，就越能有效地达成企业的目标。管理者可以采取以下策略与方法来增强企业与企业中部门的凝聚力。

1. 坚持"企业成长，个人成长；个人成长，企业成长"的原则

在设置企业、部门、个人目标时要坚持"企业成长—部门成长—成员成长"的原则。在引进人才的同时，坚持让员工有成长的机会，从内部选拔、提升管理人员。

2. 完善并坚守企业规范

在规范面前，企业成员人人平等，没有例外。企业规范包括企业制度、政策、程序，这是企业强制性规范。企业传统与风俗则是企业非强制性规范。从第九章图9-1"企业心理情感能量场维持性动力模型"来看，企业规范是企业心理情感能量场的维持性动力。如果有人能超越企业规范（特别是强制性规范）之上，不受企业规范的约束，就是对企业规范的破坏这会削弱规范的作用，导致企业心理情感能量场解体。

3. 奖励个人与奖励集体相结合

任何一个企业中都有核心成员，核心成员是"领头羊"，充当"领头羊"的人在不断地变换，因为个体的能力在不断地发生变化。"领头羊"的更替是企业发展强大的动力。奖励个人与奖励集体相结合机制有助于维持企业"领头羊"的有效、合理更替，并不断地培养出新的"领头羊"。

4. 提高、强化领导者的可信度

企业领导者要公开自己的价值观、理想，让企业成员了解其的心理结构、思维模式和行为模式，使其心理活动与行为具有高度的可预知性，从而使企业成员知道，什么

行为一定会受到领导的嘉奖,什么行为一定会受到领导的批评与惩罚,进而引导企业成员的行为与价值观。

5. 进行正向诱导,提高组织中部门的工作效率

根据沙赫特的实验,企业中部门(群体)的工作效率不仅与凝聚力有关,而且与诱导有关。诱导可分为正向诱导与负向诱导。正向诱导是努力使企业中部门(群体)成员产生积极的行为,高效地完成工作;负向诱导是努力使企业中部门(群体)成员产生消极行为,将注意力转移到企业目标之外的活动上去。沙赫特的实验表明,无论凝聚力高低,正向诱导都能产生高效率。如果进行负向诱导,凝聚力越强,工作效率就越低。因此,凝聚力是一把双刃剑。例如,当一个高凝聚力企业中部门(群体)的目标与企业的目标相矛盾时,该部门(群体)可能会团结一致,抵制企业的目标与行为,对企业的正常发展构成伤害。这时,在个体的人性组合形态中,部门性会战胜组织性(即小的组织性战胜大的组织性,小的群体性会战胜大的群体性)而取得主导性地位,从而导致企业心理情感能量场出现严重的分裂。

二、企业士气

(一)企业士气的含义及特点

士气是指人们工作时的心理结构状态与精神状态。企业士气则是企业成员工作时的心理结构状态与精神状态。心理结构状态可以还原为人性组合形态,它包括群体性(也可以称为组织性)、归属感、责任心、义务感等在人性结构中的位置。精神状态是由心理结构状态演化而来,它包括成员对企业的满意度、向心力和为企业做出贡献的态度。心理学家史密斯把士气定义为成员对企业感到满意,乐意成为企业的一员,并协助达成企业的目标。工作时的心理状态与精神好,即是所谓的士气高;工作时的心理状态与精神不好,即是所谓的士气低。

心理学家克瑞奇等人认为,一个士气高的企业应具有这些特点:第一,企业内部凝聚力强。这种团结不是源于外部压力,而是来自企业自身。第二,企业内部成员无分裂为相互敌对的小组织的倾向。第三,企业有适应外部变化和处理内部矛盾的能力。第四,企业成员对企业具有强烈的认同感与归属感。第五,企业成员都明确地掌握企业目标。第六,企业成员对企业目标和领导者持肯定与支持的态度。第七,企业成员承认企业存在的价值,并具有维护企业继续存在的意向。

上海是格兰仕微波炉推向市场的第一站,但是进入21世纪后,这里却成了格兰仕的一块"低价洼地"。在"中国市场万里行"中,格兰仕总裁梁庆德提出销售结构要向"343"转型,即特价机占30%,常规机占40%,高档光波炉占30%。整个上海随之投入实战。

打阵地战全看柜台前的功夫,为了拉动光波炉的销售,永乐商场的促销员阿美陪着一位顾客聊了3个多小时。顾客把所有机型的微波炉都试过了,还定不下来买

什么。阿美一咬牙，暗想："大不了提成不要了！"从自己的钱包里拿出 50 元，骗顾客说是返现金。就这样，她终于卖出了第一台光波炉。

乐购商场的促销员阿娟做了 3 年格兰仕的促销员，每天早上 9 时上班，晚上 9 时下班，持续了 1000 多个日日夜夜，从没有休息过一天。转型大战拉开，她更是天天泡在商场，由丈夫帮她向营销中心报数。家人的积极性也给调动起来了，如果有一天没卖好，丈夫就追着问："怎么回事？是不是哪里的工作没做到位？"给丈夫一问，阿娟拼上了，只要有顾客经过微波炉柜台，拉也要把人拉过来为顾客推介格兰仕，甚至还向顾客保证："如果买了我们格兰仕微波炉，发现不如别人的，后悔了，我自己赔！"

（资料来源：邓德海等著《格兰仕商道》，广东经济出版社 2006 年版，第 191 - 192 页。）

从上述案例来看，格兰仕员工具有高昂的士气：他们认同格兰仕的目标，并坚定地支持将企业目标实施到底；他们具有强烈的组织归属感，将自己的前途与格兰仕的前途紧密相连，愿意为格兰仕做出最大的努力与贡献。

一个士气低落的企业则完全相反：内部凝聚力弱，内部四分五裂，派系林立，互相争权夺利；无法适应外部迅速变化的局势，无法处理内部矛盾；成员没有归属感，对企业目标不认同；成员怀疑企业或企业存在的价值。

（二）提升企业士气的措施

企业士气对企业心理情感能量场的正常运行至关重要，企业可以采取以下措施来提升企业的士气。

1. 选择优秀的管理者

优秀的管理者特点：有能力、有魄力、有包容的心态、有担当的精神、有帮助企业成员成长的愿望。企业的管理者有了这些特点，企业的士气就高涨。

2. 提供合理的经济报酬

人是一种经济性动物，经济的需要是人最根本的本性之一。经济需要的满足往往导致其他需要的满足。当人来到一个企业工作时，满足经济上的需要是其首要的考虑。经济报酬的合理与否会严重影响到企业的士气。

3. 建设良好的工作环境

生存欲、延续生命的欲望形成了人们对安全、清洁卫生的渴望，也导致了对过量声音、过度冷热的抗拒。人们在不安全、不卫生、不舒适的环境下工作，是不可能有良好的士气的。

4. 营造企业成员之间和睦的关系

人不仅是一种经济性动物，也是社会性动物。人需要别人的关爱、问候，同时，人也需要关爱别人、问候别人。人们希望自己能工作、生活在一个成员关系和睦的企业之中，只有如此，人们的社会性情感才能得到满足。

5. 制定企业成员赞同的目标

人也是一种政治性动物。多数生活在企业中的个体希望参与企业目标的制定，对企业发展的方向拥有某种发言权；同时，也希望企业的目标能与个人发展的目标呈现出正相关。人们对自己参与制定的企业目标有心理上的承诺，对目标的意义与价值有更深的理解；对有助于实现个体目标的企业目标热情支持。

6. 构建结构合理的奖励体系

员工们有各种各样的需要与追求，同一个员工在不同的成长期需要与追求也不一样。一个企业是由众多员工构成的，是一个生态性结构，管理者要与员工进行全方位的沟通，了解员工的需要与追求，并对这些需要与追求进行分类整理，根据不同类型的需要与追求采取不同类型的激励措施，以达到提高企业士气的目的。如果不能针对员工的需要与追求来采取激励措施，企业士气是不可能得到提高的。

三、组织压力

当一个人发觉自己的行为意见与企业中多数人不一致时，一般会感到一种心理紧张，心理上产生一种压力。这种压力迫使该个体与企业中多数人在言行上保持一致。这就是组织压力。例如，对于某件有争议的事情，90%的人说出了"yes"，让另外10%的人说"no"是一件十分困难的事，因为人们害怕偏离企业带来的不良后果，害怕失去所归属、所依赖的企业。

组织压力与权威命令都是企业心理情感能量场的重要动力，但是，组织压力与权威命令不同，它不是企业正式的、明文的规定，不会强制个体改变自己的行为。对于个体而言，组织压力却是一种难以违抗的力量。从人性组合形态与心理情感能量组合形态的角度来看，组织压力可以使企业成员产生心理紧张，产生新的人性组合形态与心理情感能量组合形态，进而产生企业所希望的行为。一般而言，这个过程充满了焦虑、不安与行为屈从。这是组织压力与凝聚力、士气最重要的区别之一。

究竟会不会产生行为屈从，要看个人的个性、社会经验、受教育的内容与方式。例如，就个性而言，有的人个性容易屈从组织压力，而有的人个性独立性极强，基本上不受组织压力的影响。就社会经验而言，社会经验丰富、经历了大风大浪的人一般来说不容易屈从组织压力；而刚刚进入社会、未经世面的人则容易屈从组织压力。

根据著名心理学家莱维特的研究，组织压力的形成与发展一般要经历四个阶段。

第一，合理辩论阶段。在此阶段每个成员可以自由发表意见，个人对与自己不同的意见会耐心听取。逐渐地意见分成两派：多数派与少数派。当个体发现自己属于少数派时，便会感到多数派所形成的组织压力的存在。但此时的气氛还允许个体据理力争，组织处于开放、民主阶段。

第二，劝解说服阶段。在此阶段多数派成员对少数派成员进行劝解说服工作，劝其放弃自己的主张，接受多数人意见，组织压力增大。经过反复劝解与说服，少数派中有人放弃自己的看法与立场，顺从多数派的看法与立场。但也会有个别人不听劝说，坚持自己的看法与立场。

第三，攻击阶段。对那些不听劝告的少数人继续施加压力，并开始进行攻击。"执迷不悟""不团结""搞分裂"等语言在此阶段开始被使用。坚持自己看法的个体开始产生强烈逆反心理。组织的攻击越猛烈，少数派成员的逆反心理越强且有可能进行反击。在这个阶段，多数派成员与少数派成员的人性都开始失去平衡，心理情感能量场正式分裂。

第四，心理上的隔离阶段。对于那些在强烈攻击面前仍坚持自己看法的人，大家会断绝与其沟通，使其完全孤立。坚持己见的个体会感到孤独、无助、痛苦，最终有可能顺从组织压力。

对企业来说，组织压力的作用可以分为积极与消极两个方面。

就积极作用而言：第一，组织压力有助于企业目标的实现和企业的生存与发展。组织压力使企业成员在心理与行为上保持一致，有利于企业集中人力、物力、意志达成企业的重大目标。在许多情景下，企业压力在这方面的作用比权威命令有更大的作用，能为企业心理情感能量场的运行提供更强大的动力。第二，组织压力有助于纠正企业成员不良行为。在这方面，组织压力比企业规范更有力，因为虽然企业规范是心理情感能量的载体，对企业成员具有约束力，但组织压力形成机制更为复杂，所产生的心理情感能量更为强大，更具有渗透力。第三，组织压力所产生的企业一致性行为可以增加个人的安全感。人们对四分五裂的企业不信任，也不会有安全感。因为人类对安全有着天然的诉求。

就消极作用而言：第一，会压制企业中不同的观点，阻碍企业的创新。新观念、新事物一开始总是属于少数派，在与旧观念、旧事物的对抗中一开始总是处在十分不利的地位。组织压力会使新观念、新事物处境艰难。一般来说，任何一种观念、思想都会经历由新到旧的过程。任何企业主导性观念、思想都处于不断变革之中。第二，会阻碍企业的自我反省、监督和自我改进。企业自我反省、监督和自我改进是在对抗与争论的过程中进行的，而组织压力最终会消除企业内部的对抗与争论。第三，可能会产生集体催眠与集体弱智。组织压力很容易造成集体催眠与集体弱智，特别是当企业存在一个绝对的权威而产生的高度一致时，这种现象就特别容易产生。集体催眠必然导致集体弱智，集体弱智必然导致集体失败。不少企业因此破产，不少的公共组织因此而给人民造成苦难。但是，有时集体催眠是企业行为的重要动力，能为企业克服困难、走出绝境、取得突破性胜利创造条件。然而，如果一个企业长期处于催眠状态，其死亡的机制就会启动，企业心理情感能量场长期失衡必然导致企业失败与瓦解。

四、从众行为

（一）从众行为的含义与类型

与组织压力密切相关的是从众行为（conformity）。当某一个体与多数人的意见不一致，面临组织的引导或压力，他会自愿或不自愿地放弃自己的观点，采取与多数人一致的行为。这就是从众行为，也称社会从众行为（social conformity）。从众行为是企业的重要动力源，缺少它，企业就会出现行为动力不足的现象：意志与行为不统一；行动迟缓；没有统一目标；即使有目标，目标也迟迟不能实现。

从众行为可分为真从众与权宜从众。

1. 真从众

真从众是言行与内心都与大多数保持一致。例如，少数派的一些人在劝说和诱导下，放弃了原有的观点与立场，相信了多数派的观点，并在行为上与多数派保持一致。

2. 权宜从众

权宜从众也被称为顺从（屈从）行为。顺从行为的产生有四个原因。

第一，为了获得别人的赞许。人性中的虚荣心使得人们需要他人的赞许。他人的赞许使人的虚荣心得到满足，并在心理上与生理上产生快感。

第二，为了实现企业的目标。当企业目标十分重要，并与个体目标呈现出正相关或无矛盾，个体会为了实现企业的目标而采取从众行为。也存在另一种情况，即虽然企业目标与个体目标相矛盾，人性中的群体性（或称组织性）与归属感也会迫使个体放弃自己的观点、立场与利益，采取与企业一致的行为。此时，人性中的群体性（或称组织性）、责任心与归属感在人性的组合形态中取得了主导性地位。

第三，为了保持原有的良好的人际关系。任何一个人都生活在个体自己的世界里，同时也生活在公共世界里。人的生存与发展离不开公共世界。人际关系既是两个世界的自由通畅的桥梁，也是公共世界的核心要素之一。没有良好的人际关系，个体会十分孤独。而良好的人际关系需要花很长时间才能建立起来。因此，一旦某一事件危及已经建立起来的人际关系时，人们会自觉或不自觉加以维护，而放弃在人们看来较为次要的"东西"。

第四，权力服从是顺从的一种典型的表现。权力与权威意味着资源、奖励、惩罚，因此，人们对权力与权威既有天然的渴望，又有天然的恐惧。在服从权力的过程中，权力与权威的符号起了关键性作用。

（二）影响从众行为的因素

影响个体从众行为的因素有很多，下面我们从个体、企业、文化差异三个方面进行分析。

1. 个体因素

第一，获得行为参照。所谓行为参照就是行为引导。在很多情境中，人们由于缺少做出适当行为的指示，必须从其他途径获得行为的引导。根据社会比较理论，在情境不确定的情况下，其他人的行为最具有参照价值。例如，当你到一个陌生的地方时，一般的情况下，你会选择一家看起来人气比较旺的饭店吃饭。这一点被企业用来造势。企业用一批忠实的成员做造势的"引燃物"，这种"引燃物"俗称"托"，势在很大程度上都是"托"出来的。小到小商小贩，大到银行、商场、房地产商都在利用"托"造势。值得特别注意的是，利用"托"造势与利用"托"造假存在着什么关系？如果不将两者区分开来并进行严格界定，可能会给普通大众带来严重的经济损失。

第二，对企业的信任度。一般来说，个体对企业的信任度越高，就越容易从众；个体对企业的信任度越低，就越不容易从众。例如，如果一个企业诚实如一，一诺千金，政策制度具有相对的稳定性，在政策制度面前人人平等，没有例外，这个企业可信任度就高，企业成员从众行为就越容易发生。

第三，对偏离的恐惧。企业对保持一致者会表示赞许，并给予某种好处；对偏离者会表示不满，并给予某种惩罚。实践证明，偏离者一般都会受到不公正的待遇。趋利避害是人的本性之一，一般的情况下，人们会采取给自己带来利益与快乐的行为，会避免那些给自己带来痛苦、不快或灾难的行为。

第四，个性特征。所谓的个性就是个体的心理结构与行为的特性。我们每个人都有自己的心理结构与行为特性，也就是说，我们每个人都有自己的个性特征。有些人的个性特征容易产生从众行为，而另一些人的个性特征则不容易产生从众行为。

第五，责任感。这里的责任感是指个体对企业整体利益与前途的关心度与倾注度。一般来说，责任感越强的人，越不容易产生从众行为，因为强烈的责任感迫使他（们）冷静地分析问题的性质和可能带来的后果；责任感越弱的人，越容易产生从众行为，因为他们不太关心企业的整体与长远利益。

第六，问题、事件对个体的意义。一般来说，问题、事件对个体的意义越大，个体就越不容易产生从众行为，个体会认真考虑，从多个角度来权衡利弊得失；问题、事件对个体的意义越小，个体就越容易产生从众行为。个体会将个人的利益与企业的利益进行比较，其人性中的自体性（自我性）与群体性（组织性）会进行十分激烈的冲突与较量，当其人性中的自体性（自我性）取得优势时，他（们）会采取有利于个体的行为，而将企业的整体利益放到一边；当其人性中的群体性（组织性）取得优势时，他（们）会采取有利于企业的行为，而将个体利益放到一边。

第七，个体在企业中的地位和成就。人们的地位与成就不同，其人性组合形态、心理结构与行为特征也就不同。一般来说，个体在企业中的地位越高、成就越大，他（她）就越拥有自己的见解，不容易产生从众行为；反之，地位越低、成就越小，他（她）就越容易产生从众行为。

2. 企业因素

第一，企业内部的一致性。企业内部是否团结影响到成员的从众行为与程度。企业内部越团结，从众行为就越容易发生，否则，从众行为就越不容易出现。

第二，企业的宽容度。企业的宽容度高，允许个体拥有不同的见解与行为，从众行为就越不容易发生，企业就越具有创新精神与活力；企业的宽容度低，不允许个体拥有不同的见解与行为，从众行为就越容易发生，企业的创新精神与活力不足。

第三，企业规模。企业规模越大，从众行为越容易发生；企业规模越小，从众行为越不容易发生。这是因为企业规模越大，不可知和不可控制的因素就越多，人们的自主性就越小；而企业规模越小，不可知和不可控制的因素就越少，人们的自主性就越大。人们对不可知和不可控制的因素有一种天然的恐惧，其中也夹杂着好奇，而从众行为即顺从大多数人的行为而行动，可以减轻恐惧，减缓焦虑。

3. 文化差异

受东方文化影响的个体容易产生从众行为，因为在东方文化中有一个重要的特质，那就是将个体的成功与失败主要地归因于外部原因，从而弱化个体在事物发展中作用与地位；相反，在西方文化环境下成长起来的个体则不容易产生从众行为，因为西方文化将个体的成败主要归因个体自身，强调个人的作用、地位，强调个人的担当精神。这是两种文化的特质决定的。同时，在中国文化中，"外圆内方"是一种做人做事的信条，"外圆内方"的结果就是在行为上权宜从众。

（三）从众行为对企业的影响

从众行为是企业行为的重要动力源。离开从众行为，企业无法进行有效的管理。例如，服从命令、遵守纪律、听从安排等都需要人们的从众行为。然而，对于企业的管理者来说，从众行为是一把双刃剑，因为从众行为可能造成集体催眠与集体弱智；同时，负面性的从众行为对企业的生存与发展也是一种巨大的破坏力量。例如，集体性怠工、集体性离职等可能就是由从众心理产生的从众行为，它们对企业的影响有着极大破坏性。因此，如何管理、经营从众心理与从众行为是企业的一个重要课题。

五、社会助长、社会抑制与社会惰化

（一）社会助长与社会抑制

社会助长作用是指，在企业活动中个体的活动效率因为企业中其他成员在场的影响而出现提高的现象。

产生社会助长的原因有如下四种。

第一，个体希望从企业中得到尊重、赞赏。他人的尊重与赞赏对个体具有激励作用。

第二，个体自我实现的需要，即发挥自己最大的能力，实现自己最大价值的需要。这就要求个体不断地为自己设定目标，并为实现目标而不断地努力。

第三，个体从企业中可以得到其他成员工作上或心理上的帮助。例如，在一个项目小组的成员由于工作上或心理的互相帮助，成员个体的工作效率会大大提高。

第四，个体可以从企业的反馈中了解自己的工作状态，不断改进自己的工作方法，调整自己的工作状态。例如，在一个项目小组工作的个体可以通过其他个体的反馈了解自己的工作状态、工作方法，并不断地向其他成员学习，从而提高自己的工作效率。

与社会助长相反，社会抑制是指，在企业活动中个体的活动效率因为企业中其他成员在场的影响而出现降低的现象。

社会抑制产生的原因有如下三种。

第一，工作的复杂度与难度。当工作任务复杂而且具有较高的难度时，其他人在场时会出社会抑制的现象。

第二，个体对工作的熟练程度。当个体对工作不是很熟练时，其他人在场时会出现社会抑制的现象。

第三，个体的性格特征和心理成熟度。个体性格内向，心理不够成熟，其他人在场时会出现社会抑制的现象。

从图11-1我们可更清楚地了解他人在场产生社会助长或社会抑制与其他变量的关系。

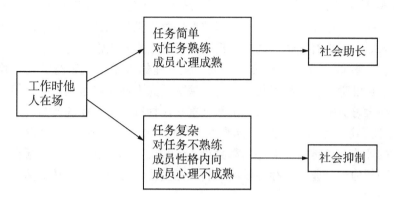

图11-1 社会助长、社会抑制及其变量

(二) 社会惰化

社会惰化行为（social loafing）是指，在企业工作中，个体减少自己的努力与付出的行为。社会惰化行为也被称为"搭便车行为"（free riding）。例如，三个和尚没水喝、滥竽充数就是典型的搭便车现象。

社会惰化行为产生的原因有如下三个。

第一，个人对企业没有责任心，工作时"行到心不到"。

第二，分配上的平均主义。

第三，人们的公平思想。在公平思想的作用下，人们总不愿意多付出而少得到；而且，人们往往会有意或无意地高估自己对工作的贡献与付出。

第四，职责不清。在工作分工和责任很不明确的企业中，成员的行动缺少方向感，企业出了问题也不好追究，因此，谁都不愿意负责。

(三) 企业的对策

针对社会助长、社会抑制与社会惰化，企业可以采取以下对策来提高企业的工作效率。

第一，激活社会助长。当工作任务简单时，企业成员对工作比较熟练，为了提高工作效率，可以采取激活社会助长的手段，如举办各类比赛。

第二，减少社会抑制。当工作任务比较复杂，或企业成员对工作不是很熟悉时，就尽可能少地干扰成员的工作与思考。例如，科学研究工作、教师备课、学生学习就必须有一个安静的环境。

第三，利用社会抑制。社会抑制的原理可用于防止越轨行为的发生，例如，通过群体关注阻止相关个体进行禁止性行为，让其心理与行为归于正常。

第四，消除社会惰化。克服社会惰化的方法有如下四种。

(1) 尽可能使每个人的贡献都可以被衡量与被辨认。这样做可以使员工感觉到"那一部分是我的,是我做的"。这可以满足人的占有欲,也可以明确员工的责任与义务,同时,可以根据"我的""你的""他的"进行奖励与惩罚。

(2) 使员工感到工作任务更重要、更有趣。员工感到自己工作任务重要,就会感到自己在企业中地位重要,从而会有更多的责任感、义务感,随之而来的是更多的精力与意志的投入。工作具有趣味性同样会提高员工的工作积极性。

(3) 奖励那些对企业业绩有贡献的人。奖励能给人带来快感与满足,并进一步激发人们重复给自己带来快感与满足的行为。某种行为不断地被重复就有可能成为人们行为的定式,在没有奖励的情况下人们依然会重复这种有利于企业的行为。

(4) 利用惩罚。趋利避害是人的本性,人们对惩罚天生恐惧,因为无论是物质的惩罚或精神的惩罚,还是肉体的惩罚都会给人带来或大或小的痛苦。对某种行为进行惩罚意味着这种行为对企业的生存与发展不利,是企业明确禁止的,从而防止、减少类似或相同行为的发生。

思考题

1. 组织压力对企业心理情感能量场的影响有哪些?
2. 从众行为对企业心理情感能量场的影响有哪些?

第四编

企业心理情感能量场的生命周期

　　任何一个心理情感能量场都有生命周期，即都要经历从诞生到死亡的过程。有些心理情感能量场的生命周期很完整，而且很长，经历了诞生、成长、成熟、衰败、死亡的全过程；有些心理情感能量场的生命周期不完整，例如，有诞生便死亡的，有诞生、成长便走向死亡的，还有诞生、成长、成熟后走向死亡的。

　　据统计研究，各类组织心理情感能量场的平均寿命一般来说大约是30年。前5～7年是组织生命的前期或初期，亦称为成长期；最后5～7年是组织生命的后期，亦称为衰败期；中间这段时间为组织生命的中期，亦称为成熟期或强盛期。因此，企业心理情感能量场的平均寿命低于各类组织心理情感能量场的平均寿命。

第十二章　企业心理情感能量场的成长期

>> **本章学习的目标：**

1. 理解企业婴儿期与学步期的特征。
2. 理解企业青春期的特征。

根据美国管理学家伊查克·爱迪思的观点，企业成长期可分为孕育期、婴儿期、学步期与青春期。每个时期都是一个独特的心理情感能量场，心理情感能量场的特征决定了企业相应时期的特征。

一、孕育期

孕育期是创业者的梦想时期。在这个时期，企业的创始人有创业的计划与梦想，但并没有付诸行动，企业还处于梦想与规划之中。

创业者之所以想创办一个企业，其根源性动力是其人性中占有财富、地位与名望的欲望在其人性组合形态中取得相对主导性地位。但是，如果仅仅是占有财富、地位与名望的欲望的扩张，而人性中的责任心、义务感、同情心、群体性没有得到相应的扩张，或者甚至受到压抑而被边缘化，创业者的人性就会失去平衡，创业者失去感召力，创业者的动力出现严重不足。因此，创业者占有欲的扩张必须伴随着责任心、义务感、同情心、群体性的相应扩张，这样一方面可以保持创业者的人性平衡，另一方面可以形成感召力。一个创业计划如果没有感召力，它就永远只是计划。

在这个时期，存在以下几个问题：第一，规划不详细、不具体，对可能性与可行性分析不足，创业者的控制地位不稳固等，梦想随时会消失；第二，只有梦想、规划，没有其他资源；第三，创业者承诺的责任、义务与能力不对等。

为了使计划、梦想变成现实，创业者必须认真、详细、科学地回答六个问题：做什么？为什么做？什么时候做？在哪里做？与谁一起做？如何做？

关于做什么（what），创业者需要根据自身的特征与资源及外部环境对进入什么行业进行认真、详细、科学的分析，包括对所需要的技术、资金、人际资源等进行认真、详细、科学的分析。在分析时可运用SWOT分析工具，详细分析自己进入该行业所具有的优势（strengths）、劣势（weaknesses）、分析外部的机遇（opportunities）与挑战（threats）。

在确定进入什么行业后（或同时），要确定做所在行业具体的产品或服务，并锁定顾客群。同一个行业存在许多产品（服务），每一个产品（服务）存在不同的档次与顾客群。作为初创企业，只能选择一个或两个产品（服务），并确定合适的顾客群。

在分析"做什么"的同时，创业者需要从可能性与可行性两个方面回答"为什么"（why）：①可能性。我能为社会提供什么样的价值？社会（市场）缺什么？未满足的需求是什么？创造需求的可能性？②可行性。我的能力与合作者的能力是否可行？法律与政策是否允许？

确定"做什么"与回答"为什么"的过程，实际就是形成企业价值观、宗旨与目标的过程。价值观、宗旨与目标是企业心理情感能量场的原动力。

好的价值观能让自己的员工、客户、合作伙伴都能感受到好处。好的价值观往往能从"企业自身利益"扩展到"企业生态利益"，即把员工、客户和合作伙伴视为利益共同体，并做恰当的排序，以便在发生极端性冲突时做出明确选择。

阿里巴巴网络技术有限公司（以下简称"阿里巴巴"）由曾担任过英语教师的马云，以及以其为首的18人于1999年在中国杭州创立。从一开始，所有的创始人就深信互联网能够创造公平的竞争环境，让小企业通过创新与科技扩展业务，并在参与国内与全球市场竞争时处于更有利的位置。自推出让中国小型出口商、制造商及创业者接触全球买家的首个网站以来，阿里巴巴不断成长，成为网上及移动商务的全球领导者。

阿里巴巴在创办之初，就明确了自己的市场定位：不只是做一家电子商务公司，而是做一家帮助别人成为电子商务公司的公司。在马云看来，考量阿里巴巴成功的重要准则，不是有没有成功，而是客户有没有因为他们而成功。如果阿里巴巴过早地成功了，客户就不会成功。当然，如果能够做到一起成功最好。但如果要做到一起成功，那就要放弃自己的利益，让别人先成功。马云认为，这不仅是阿里巴巴独特的商业模式，而且是21世纪企业的普遍原则。

（资料来源：阿里巴巴集团官网。）

从上述案例来看，马云创办阿里巴巴时所秉持的核心价值观是公平；其宗旨（使命）是"让小企业通过创新与科技扩展业务，并在参与国内与全球市场竞争时处于更有利的位置"，帮助客户成功；其目标是"不是做一家电子商务公司，而是做一家帮助别人成为电子商务公司的公司"。阿里巴巴的价值观、宗旨与目标渗透到了阿里巴巴所有成员的心里，阿里巴巴心理情感能量场原动力得以形成。

关于"什么时候做"（when），创业者需要详细分析宏观经济周期、行业发展周期、产品与技术市场生命周期、风尚时尚周期、政策周期，以确定最佳或合适的时间切入点，即所谓的"天时"。

关于"在什么地方做"（where），创业者需要对候选创业具体地点进行详细、科学的调查与分析。调查分析的内容包括人流量，交通，离原料的远近，离市场的远近，当地人的消费习惯与水平，当地的法律、制度、政策、宗教、风俗，社区的治安，社区的业态，以确定最佳或合适的地域（区）切入点，即所谓的"地利"。

关于"与谁一起做"（who），创业者需要认真、科学地挑选合作伙伴。创业者需要思考并回答以下问题：①合作伙伴的性格能互补吗？②合作伙伴的才能、技能可以互补吗？③合作伙伴的资源能互补吗？④合作伙伴的知识能互补吗？回答这些问题的目的是选择最佳或最合适的合作成员，创造"人和"的组织环境。

选择合作伙伴的过程实际上就是企业心理情感能量场的构建过程。企业成员与企业的价值观、宗旨、目标共同构成组织根源性动力。

所谓的"如何做"（how），就是与合作伙伴一起围绕企业目标（目的），共同制订详细的行动计划，使梦想、规划落地，变得可以操作。合作伙伴参与计划的制订可以提高、强化合作伙伴对创业计划的心理承诺与行为承诺，构建良好的心理情感能量场，为企业的诞生创造良好的环境。

二、婴儿期

如果孕育的企业没有胎死腹中，无论孕育期有多长，最终都会进入婴儿期。

（一）婴儿期企业的特征

婴儿期的企业有以下五个特征。

第一，犹如襁褓里的婴儿，婴儿期的企业抵抗力很弱，随时都有可能夭折，需要创业者及其合作伙伴细心、努力经营。政府的适度、适时、适当的支持对婴儿期的企业的生存与发展具有十分重要的作用。任何一个婴儿期的企业都有可能发展成利税大户。

第二，各种资源极度有限，包括人力资源、财务资源、物质资源，也包括企业政策、制度、程序、模范、标杆、产品、服务、顾客、供应商、人际关系等。

第三，根据危机进行管理。如同婴儿一样，饥饿了就哭，哭的时候远远多于笑的时候。

第四，正是因为根据危机进行管理，创业者事必躬亲。离开了创业者，婴儿期的企业就有可能死亡。

第五，创业者虽然拥有主控权，但常常觉得自己的收获和付出不成正比，很容易失去对企业的热忱和专注，导致放弃的欲望在创业者的人性组合形态中取得主导性地位。这是许多婴儿期企业死亡的重要原因之一。

（二）婴儿期企业心理情感能量场的特征

正是因为上述特征，在婴儿期企业本性中，生存欲与死亡欲斗争激烈，互相纠缠；占有欲与放弃欲斗争激烈，互相纠缠；承担责任、义务的欲望与推卸责任、义务的欲望斗争激烈，互相纠缠；进取心与惰性斗争激烈，互相纠缠。企业心理情感能量场充满了危机感、焦虑、恐慌等心理情感能量。企业随时都想找一个可以依赖的对象。

（三）婴儿期企业的病态

婴儿期企业很容易出现的病态主要有以下八个方面。

第一，承担义务、责任的欲望与冲动消耗殆尽。承担义务、责任的欲望与冲动作为心理情感能量，在死亡、失败、恐慌、焦虑、危险的不断冲击之下，可能会消耗殆尽，从而使企业本性出现严重失衡。企业本性严重失衡会导致企业损害利益相关者的利益，甚至进行非法的活动。

第二，现金支出长期大于收入，产生负现金流；投入多，产出少，随时面临资金短缺，企业无以为继。

第三，创业者过早把权力授予下属，丧失企业的控制地位。

第四，过早地制定完善而系统的规章制度和程序，使企业失去灵活性。婴儿期企业的制度需要简单、明了、可操作。

第五，创业者刚愎自用、独断专行，不愿意听取不同的意见；无法容忍失败、失误与错误。前者会削弱合作伙伴对企业的心理承诺与行为承诺；后者则会严重挫伤企业成员工作的积极性，打击企业成员探索与创新精神。一般来说，做得越多，失败、失误、错误就越多。

第六，缺乏家庭的支持。企业心理情感能量场与企业成员家庭心理情感能量场存在着某程度的交叉与重合，两个场的心理情感能量会双向流动，互相影响。就创业者而言，两个心理情感能量场存在大面积的交叉与重合。如果创业者得不到家庭的支持，企业将无法发展，无法存活。

第七，由于外部干预导致创业者对企业产生疏远感，放弃企业的欲望会加强，推卸责任与义务的欲望也会加强。

第八，婴儿期过长。婴儿期过长会使企业掉入婴儿期过长的陷阱。

（四）对策

根据婴儿期企业的特征与病态，可以采取以下对策。

第一，找准价值切入点，积累各种资源。

20世纪初，年仅30岁的陈嘉庚到新加坡开始他的创业生涯，开始经营的是罐头厂。

陈嘉庚初营菠萝罐头时，比起新加坡的其他十几家同行业，实力相对较弱。他没有硬碰硬地展开竞争，而是进行市场摸底，寻找缺口。他独具慧眼地发现，这些厂家的产品，都是把菠萝切割成方形、圆形或菱形的小块，称为方庄、圆庄或旗庄，而切成各种花形小块的杂庄罐头却没人愿意生产。因为在新加坡收购菠萝罐头的欧洲、美国和加拿大等洋行，对方庄、圆庄和旗庄的订货约占收购总量的80%，而杂装的收购总量只占20%，所以各厂家都争做方庄、圆庄、旗庄的大路货，对制作难、费时多、销路少的杂庄罐头都不屑一顾。陈嘉庚反其道而行之，集中力量专做杂庄活。他弟弟和他的助手都感到不理解，担心这样做会造成亏本，并加以劝阻。陈嘉庚毫不动摇，坚持在杂庄上下功夫。每天上午9点与助手分别跑遍新加坡的各洋行，探询商情，凡遇到杂庄订货，就承揽下来。杂庄虽费工，但收购价格高，两者相抵，利润稍高一些。其收购量虽少，只因是独家制作，销量非但不少，反而比别的厂更多。结果，陈嘉庚的罐头厂异军突起，在与其他厂家的竞争中居于领先地位。许多人深感惊奇和佩服，向他请教秘诀，他回答道："人弃我取，人争我避。"

（资料来源：王行健编著《中国商道——从胡雪岩到李嘉诚》，新世界出版社 2006 年版，第 74 页。）

第二，虚心纳才。人才是企业的根本，是企业成功的前提与基础。创业者必须持有人才生态观，才有可能做到虚心纳才。所谓的人才生态观主要包括四个方面的含义：①企业需要各种类型的人才，各种类型的人才互相整合、取长补短，企业才会成功；②企业需要各个层次的人才，各个层次的人才互相协作，企业才会成功；③世界上没有全才，每个人都有自己的长处，也有自己的短处；④个体成长有一个过程，一个人成为什么样的人才与学习、培训、实践、机会存在密切的关系。

第三，掌握控制权力。企业的创始者需要牢牢掌握对企业的控制权，在特定的情景下需要集权，但不能刚愎自用，要善于听取不同的意见与建议，容忍企业成员的失败、失误与错误。

第四，用好每一分钱。婴儿期的企业各类资源十分有限，资金是企业的血液，十分珍贵。创业者及合作伙伴必须用好每一分钱。

第五，灵活管理。婴儿期企业的管理是危机管理，这种特征就要求灵活管理，不能有太多的条条框框。

第六，酝酿制度、政策、程序与标准。虽然婴儿期的管理需要灵活，但是，创业者需要酝酿制度、政策、程序与标准，为企业进一步发展做好准备。

第七，争取家庭支持。家庭的支持对企业的成长与成功至关重要，张瑛对马云的支持就是一个十分典型的案例。

> 如果说，没有孙正义就没有马云，那么，没有张瑛，就不可能有阿里巴巴。
> 张瑛是浙江嵊州市人，到杭州师范学院读书时结识师兄马云，毕业后，随即与马云结婚。年轻时的马云靠着一份微薄的教师薪水过着十分简朴的生活。
> 稳定安逸的工作无法阻挡充满抱负的马云，于是他辞职了，在杭州开了一家叫海博的翻译社。翻译社一个月的利润 200 元，但房租就得 700 元。
> 为了维持下去，马云背着麻袋去义乌、广州进货，贩卖鲜花、礼品、服装，做了 3 年的小商小贩，养了翻译社 3 年，这才撑了下来。
> 1995 年，马云创业，做了中国黄页，到处推销但都被拒绝了，大家以为他是个骗子。同年他召集 23 位朋友在自家毛坯房里讲了 3 个小时，说要干一番大事业，最后投票只得了一票，那一票就是张瑛投的。
> 这种情况下，马云忽然想凑 50 万元做电子商务网站。马云很快就找了 16 个人抱成了团，其中有他的同事、学生、朋友。
> 马云劝张瑛，说他们如果是一支军队，张瑛就是政委，有张瑛在，大家才会觉得稳妥。就这么着，张瑛也辞职了，18 个人踏上了一条船———阿里巴巴。

没钱，没背景，没人脉，这可怎么创业？马云苦恼极了。就在这时候，张瑛站了出来，她拿出自己6000元积蓄，又向亲戚借了钱，凑了8万块钱交给马云，让他放心去创业。

创业期间，张瑛一直负责公司内勤，除了给员工做饭，她还要负责给客户发电邮。草创时期的工作不分日夜，马云有了什么点子，一通电话，10分钟后就在家开会。

马云开会，张瑛很忙。马云白天开会，张瑛在厨房做饭；马云半夜开会，张瑛在厨房做夜宵。张瑛顶着政委的虚职，干着勤杂工的事。在没有盈利前，每人每月500元薪水，这点钱买菜都不够，家里"食堂"要保证开伙，加班开会的夜宵品质必须保证。张瑛本来当老师当得好好的，就这样成了一个倒贴伙食费的老妈子了。

后来，在阿里巴巴即将成功的时候，在马云的劝说下，为了营造有助于孩子成长的良好家庭环境，解除马云的后顾之忧，张瑛选择了退出。当时她的职务是阿里巴巴中国事业部总经理。

（资料来源：本书作者根据网络资料整理。）

从上述案例来看，张瑛对马云创业行为一直持支持的态度。如果张瑛事事反对，可能就没有今天的马云与阿里巴巴了。

三、学步期

如果企业度过了婴儿期，就会进入学步期。学步期的企业与婴儿期的企业有很大的区别。

（一）学步期企业的特征

根据美国学者伊查克·爱迪思的总结，学步期的企业有以下几个特征。

第一，获得了企业发展所需要的各项基本能力。犹如小孩学会了表达、行走、自我进食一样，在这一时期，企业拥有了基本的市场开拓能力、研究开发能力、生产能力、管理能力、公共关系能力等。

第二，由于企业发展不错，创业者开始变得自负，认为自己无所不能。创业者无所不能的心理状态导致了无所不能的行为。对企业来说，这是非常危险的，许多学步期的企业就是死于这种心态与行为。

第三，这个时期的企业如同小孩一样，精力充沛而注意力分散，认为一切都是机会，从而涉足过多的领域，导致企业的力量过度分散，使企业陷入麻烦中。

第四，为了获取发展所需要的资金，销售成为第一或第二的要务，企业管理、生产、服务变得马虎起来，缺乏明确和严谨的规划，只是一厢情愿地期待想要的结果出现。最终，企业将会为此付出代价。

(二) 学步期企业心理情感能量场的特征

在度过婴儿期之后,企业的危机感、焦虑、恐慌等心理情感能量开始消退,占有欲、扩张欲、好奇心、学习的欲望、创新的欲望、冲动、感性开始逐步取得主导地位。初步的成功使创业者与企业成员感到兴奋、骄傲和自以为是。好奇心、占有欲、好胜心、投机欲的膨胀导致企业本性失去平衡,并在行为上变得疯狂。

(三) 学步期企业存在的问题

根据美国学者伊查克·爱迪思的观察,学步期的企业可能存在以下几个问题,这些问题在本质上是一种病态,会直接导致企业死亡。

第一,失去方向。在学步期,企业容易被眼前的利益所驱使,缺乏战略眼光,特别是初步成功的企业往往会被成功冲昏头脑,觉得自己无所不能,容易导致企业做出一些不明智的决策,涉足太多未知的领域。

> S公司是一家品牌包装设计公司。2007年,公司租用100平方米的商住房,用于公司开张,2008年公司搬入300平方米的写字楼艰苦经营,拥有员工25人以及各种先进的办公设备。创业初始,S公司实行聚焦战略,专注于产品包装设计,并小有成就。在成就的鼓舞下,S公司全然忘记自己是个创立不久的企业,扩张欲、占有欲和投机欲迅速膨胀,急速进入品牌形象设计、整合推广设计和品牌终端设计等细分市场。一味求全导致资金、设计人员及业务人员不足,最终造成了各个细分市场的捉襟见肘、顾此失彼,置自身于关门边缘。
>
> (资料来源:根据 https://wenku.baidu.com/view/211171b0dc36a32d7375a417866fb84ae55cc311 资料整理获得。)

从上述案例来看,艰苦创业后初步的成功使S公司好高骛远,远忘了初心,以微薄之力图谋宏伟之略,追求不切实际的盈利模式。好奇心、占有欲、好胜心、投机欲的加剧导致S公司的本性失去平衡,豪赌个性和急功近利暴露无遗。

第二,企业缺乏一种系统化的管理制度。刚建立的企业往往都没有明确的行动方针、系统的规章制度和健全的预算、评估体系。缺乏系统的规章制度和健全的预算、评估体系,在婴儿期可以说得过去,但对于学步期来说,这就可能成为病态。也正是企业缺乏一种系统化的管理制度,企业的团体意识不强,组织公民行为缺失,从而导致企业维持(结构)性动力不足。

第三,企业缺乏科学化的授权体系。在学步期的企业规模逐渐扩大,授权就成为企业创业者的需要。

第四,领导偏执。经验、知识的不足会导致取得初步成功的创业者变得偏执,思维无法拓展。

第五,依赖奇迹。企业初创期所取得成功,一部分原因是创业者与企业成员的智慧与努力,另一部分原因是偶然的机遇。有时,偶然的机遇可能起了更大的作用,这就造成了企业总存在着依赖奇迹的心理，甚至开始沉迷于风水与命理。这种心理与行为会导致创业者与企业成员减少或放弃努力。

第六，缺乏责任。在婴儿期，企业的生存欲处于主导性地位，责任心与义务感受到压制，由于惯性，这种心理结构与行为会延续到学步期。在婴儿期，这种心理结构与行为是合理的。但是，到了学步期，这种心理结构与行为就成了一种病态。

（四）对策

学步期的企业属于小微企业。小微企业的死亡率特别高，存活5年以上的企业不到7%，10年以上的企业不到2%。以上特征与问题是导致小微企业死亡的根本原因。为了度过学步期，企业必须采取以下对策。

第一，坚守自己的阵地，防止扩张的欲望与好奇心过度膨胀，集中注意力与精力认真做好本行的每一件事。

第二，强化承受成功的能力。成功容易使人得意忘形，这对处于学步期的企业来说是致命的。

第三，强化责任心与义务感。强化责任心与义务有助于使企业本性在总体上保持平衡，妥善处理与利益相关者的关系，为企业进一步发展创造条件，打好基础。

第四，制度化。就像小孩一样，需要有制度规范约束，这是学步期与婴儿期的重大区别。制度化的过程也是组织团体意识与组织公民行为形成、完善的过程。同时，制度化也有助于防止企业创始人变得狂妄自大，独断专行。

从"失控"到"把控"，从集中到均衡

腾讯给了员工更加宽松的工作环境，它允许员工犯错，甚至鼓励员工犯错，接受"捅娄子"，拒绝"不作为"。"试错"是一条被腾讯亲身证实的"明路"。但同时腾讯有着独有的一套完备的管理体系。

腾讯公司内部有一个比较特立独行的机构，就是腾讯最高指挥部"总办"（总经理办公室），其成员包括马化腾、刘炽平、任宇昕、张小龙等。作为腾讯的最高指挥部门，腾讯的所有决策都围绕"总办"这个团队展开。在总办的会议中，成员需要决定腾讯的战略方向、转型方向、重大架构调整以及开放战略、连接策略等对腾讯至关重要的问题。腾讯的总办会议每两周召开一次，马化腾规定，总办成员无论工作多么繁忙，都必须参加会议。总办会议往往一开就是一整天，持续到凌晨两三点是常有的事。在总办会议上，每一个人都要发表自己的看法，最后综合起来达成共识。在这里，马化腾并没有决定权，他也只是总办的其中一员，只能发表自己的意见。如果一项决议获得了大多数成员的认同，那这项决议就自动获得了"批准"。所以，腾讯每一次关键节点上的成功，或者说腾讯每一次行之有效的决策，都不是某一个人的"独断专行"，而是依靠总办成员的群策群力达成的。腾讯的员工把总办会议看成是英雄们的聚会。没有总办对企业的全力把控，腾讯不可能走到今天；没有总办每一个成员的努力，腾讯也不可能达到现在的高度。

（资料来源：刘彦君、黎明等《腾讯管理法》，浙江大学出版社2018年版。）

第五，适度授权。随着企业的不断发展与扩张，业务不断增多，人员不断增加，各类事务会成倍增长，创业者已经无法事事亲力亲为，需要适度授权。授权是授予下属一定的权力，使下属能够顺利完成任务。任务完成，没有特殊情况，权力收回。授权不等于授责，出了问题，授权者要承担全部或主要责任。授权与分权不同，分权的基础与前提是企业部门化，分权伴随着分责，部门领导有多大的权力就要承担多大的责任。一般来说，学步期的企业不宜部门化，也无法承受部门化所带来的各种负担与约束。

四、青春期

青春期企业一般会经历两个发展阶段：业务拓展阶段和地区开拓阶段。

第一个阶段是业务拓展阶段。企业的业务增多，人员增加，事务剧增，原有的组织结构已经无法满足企业正常运转的需要，企业开始部门化，企业最高领导者开始将自己手中的权力分给各个部门的管理者。这时，主要的部门有财务部、人事部、生产部、销售部等。如果第一个阶段发展顺利，就会进入第二个阶段，否则，就会在第一个阶段死掉，或者永远地停留在第一个阶段。

第二个阶段为地区开拓阶段，即企业向各地区开拓业务。为了把分布在不同地区的业务有机地组合起来，就产生了协调、标准化和专业化的问题。这就要求建立一种新的组织结构。

（一）青春期企业的特征

伊查克·爱迪思认为，青春期是企业再生并不断走向成熟的时期，在这一阶段，企业得以再生，即企业情感意义上的再生。在这个阶段，企业有以下特征。

第一，这一时期，是企业成长速度最快的时期，技术水平、生产能力等迅速提高，因而规模效益开始出现，市场开拓能力得到加强，市场份额也在不断增大，产品的品牌也在这时被社会广泛知晓。

第二，进入青春期，企业就像一个年轻人，试图摆脱家庭以确立自己的独立性。企业的再生充满了痛苦，而且时间较为长久。

第三，青春期的企业由年轻人控制，容易感性用事，这是企业遭受挫折与失败的主要原因，也是企业成功的重要动力。

（二）青春期企业心理情感能量场的特征

此时，企业心理情感能量场的结构发生了重大的变化。在婴儿期与学步期，企业人员少、业务少、对外联系少，所以组织结构简单，企业成员的关系简单，企业心理情感能量场呈现出简单的网络式结构，心理情感能量在网络中快速传递。

但是，到了青春期，企业业务多、产品（服务）多、人员多，企业实现了部门化和跨区域化。每个部门、每个区域都是一个独立的心理情感能量场，整体企业变成了由多个独立的心理情感能量场构成的庞大的心理情感能量场，其中各个独立的心理情感能量场呈现出网络式结构。作为个体的人，在庞大的企业内显得十分渺小。

在这个时期，占有欲、扩张欲、好奇心、学习欲、探索欲、冒险欲等心理情感能量处于主导地位，因此，整个心理情感能量场充满了活力，推动企业不断向前发展。由于变得强大，企业承担责任与义务的欲望也开始变强，开始参与一些社会公益事业，为社区提供一些力所能及的帮助。

（三）青春期企业存在的问题

青春期企业主要面临以下几个方面的问题。

第一，企业内部各类冲突严重。①价值观相冲突。由于企业发生了巨大的变化，企业已经不是过去的企业，企业需要新的价值观，要进行价值观的变革。但是，旧的价值观还在并继续发挥作用，新的价值观开始萌芽并开始走向成熟。新旧价值观之间的冲突使企业及其成员感到十分迷惘。②目标冲突。由于企业发展得太快，企业目标呈现出多元性、多层次性与多部门性：其一是多元目标之间存在冲突，其二是多层次目标之间存在冲突，其三是部门目标之间存在冲突。③制度冲突。在这个时期，由于新价值观还没有确立，原来的制度没有得到清理，新的制度又不断地出台，从而出现了严重的新旧制度之间的冲突。这种冲突使企业成员不知所措，或者使得一些企业成员与部门利用制度的真空，谋取个人的利益与部门利益，从而损害企业整体的利益。④部门之间冲突。在这个时期，企业新的部门成批出现，部门之间的权力与责任不够明确，导致部门之间围绕权力、利益、责任、义务不断地进行争夺，冲突不断。⑤个体之间冲突。由于企业发展很快，新的成员不断地进入企业，新旧成员在许多方面存在冲突。同时，老成员之间也会围绕新产生的权力、利益、责任、义务而进行冲突。在自我服务归因的作用下，个人之间冲突激烈。

第二，由于价值观冲突、目标冲突、制度冲突，企业在许多方面缺乏连续性，这种局面时时困扰企业中各个部门与个人，使人们失去方向感。特别是当企业受到重大挫折时，这种情况就成了致命的病态。

第三，企业发展得太快，人才、经验、知识等方面的储备严重不足，无法满足企业扩张的需要，新开拓的业务、新建立的工厂经营马马虎虎，管理混乱。

第四，角色转换、授权与领导风格困惑。到了青春期，企业变大了，已经不是原来的那个企业了。面对变大了的企业，创业者需要进行角色转换，需要授权，需要改变领导风格。但是，由于惯性的作用，以及企业成功给创业者带来的自信与骄傲，角色转换、授权、领导风格变革都十分困难。

第五，由于企业发展很快，企业创始者变得狂妄自大，心智迷失，失去理性，独断专行，对持不同意见的人进行打压。由于组织压力与从众行为的作用，企业可能会进入集体催眠与集体弱智的状态。集体催眠与集体弱智会导致决策失误，最终导致企业失败。

无人便利店是无人零售的衍生品。2016年12月5日，西雅图的AmazonGo作为无人零售的先例，颠覆了传统便利店和超市的营运模式，将计算机视觉、互联网大数据、传感器技术和零售融为一体，吸引了世界的眼球，它的出现随即刮起全球无人零售的东风。国内外涌现出大量的无人货架、自动贩卖机与无人值守零售店，如美国亚马逊的AmazonGo、韩国乐天集团的7-Eleven Signature、缤果盒子与阿里的TakeGo等。

在中国便利店市场中，除了7-11、全家等大型连锁便利店具有24小时营业的能力外，更多的依旧是家庭小店、松散小型连锁便利店，但它们不具备全天候24小时服务的能力。另外，大型连锁便利店只能布局在人流量大的区域，难以涉及小区住宅区域，这些24小时大型连锁品牌没涉及区域就存在了巨大的市场。缤果盒子正是嗅到无人便利店的商机，借助互联网科技，定位住宅小区，大力打造无人便利店，一时成为资本的宠儿。

最初缤果盒子并不是发展无人便利店的企业，而是跟随当时风口运营O2O的水果电商。然而，水果电商并没有初期规划的那么一帆风顺，在营运过程中不断遇到致命的难题。由于保鲜、碰撞等问题，水果在运输过程中出现大量损耗，使得缤果盒子生存困难，领导者不得不转变发展思路。缤果盒子从降低成本开始着手，建立一个货物提取点，让用户自行提取商品，这样一来，就降低了最后环节的运输风险成本与人工成本，通过这个策略大大提高了企业效益。

依据这个减低末端成本的思维，缤果盒子的运营策略慢慢开始丰富起来，闲置的提取点功能不断被丰富与改善。随着无人技术的运用，从一个单纯的提货点演变成提货柜，再从功能简单的提取货物柜演变成既可提取货物又可以顺便购买所需货物的场所。年轻消费者群体在这种新鲜的消费模式下纷纷尝鲜，缤果盒子团队看到无人零售的发展前景，大举构建无人帝国的发展蓝图。2015年7月从盈信资本获得1000万元融资后，2016年8月，"缤果盒子"正式在广东中山成立第一个规模化可复制的无人值守便利店。随后各种无人便利店开始模仿缤果盒子，纷纷在北上广深等各大城市陆续登陆。

为了在无人便利店行业占得头筹，缤果盒子领导团队继续选择扩张规模，打造品牌效应。2017年，缤果盒子继续获得GGV纪源资本、启明创投等几家一线基金的融资注入。根据缤果盒子官方公布的数据，2017年5月，缤果盒子获得了1亿元人民币的A轮融资，半年后又拿了5.1亿元人民币的B轮融资。在获得大量资本的支持后，创始人陈子林信誓旦旦地表示，一年内在中国城市开5000家缤果盒子无人便利店。同年，缤果盒子携手欧尚超市登陆上海，打响了5000家无人超市布局中国市场的第一枪。猎云网的榜单显示，缤果盒子被评为"2017最佳新零售创新公司TOP10"。

2018年，缤果盒子开始了加盟的扩张模式，各大城市的代理商疯狂争抢并且与政府签订了合作协议，随后迅速在小区商场等区域布局400间缤果盒子。但是那一年也是缤果盒子不幸的一年，缤果盒子从无人店变成"无人惦"。年中，东莞地区的一些个人加盟商发现，已经投资的盒子并未交付。据广东电视台公共频道报道，有加盟商在七、八月份以70多万元投资了3间缤果盒子，但3个月后，在合同约定日并未落地。另外有加盟商发现，已落地的盒子内部货物被清空多时。在总部推脱多次后，个人加盟商发现东莞的城市代理总部已经停止运营了。这种状况不止发生在东莞，没得到无人便利店铺的案例遍布全国各大城市。在加盟商维权会议中,多达70个加盟商参与其中。媒体也陆续报道缤果盒子为"骗子公司"。这一切都是缤果盒子不断扩张的恶果。管理层宣传的低人工成本和低租金成本的模式并没有给缤果盒子带来实际上的收益。另一方面,日销售额远远没有计划中的理想,而运营成本也没有得到妥善控制,入不敷出最终导致了财务崩塌,身处困境的缤果盒子只能选择裁员以求存。2019年后,陷入困境的缤果盒子只能苦苦挣扎。

(资料来源:该案例由本书作者根据网络资料整理。)

从上述案例来看,缤果盒子的失败主要有3点:①企业发展得太快,人才、经验、知识等方面的储备严重不足,无法满足企业扩张的需要,对新开拓的业务经营马马虎虎,管理混乱;②决策失误,在一年之内布局400间缤果盒子,前期调查研究存在严重的问题,决策信息不足,分析论证草率,导致决策不断失误;③自创始者狂妄自大,心智迷失,失去理性。

(四)对策

企业成长是一个艰难的、充满矛盾的过程,需要不断地否定过去,抛弃自己习以为常但已经过时的东西,其中就包括价值观、目标、组织结构等。就好像一个人的成长历程一样,需要不断地更换衣服、裤子、鞋子、被子、床、车子、房子……抛弃自己用过东西可能会使自己充满矛盾与不安,甚至痛苦。但成长的理性逻辑必须战胜感性,否则,一个人很难成长,即使生理成长了,其心理与灵魂依然没有成长。

正是青春期的特征与问题导致不少企业在青春期就走向了死亡,没有进入下一个生命阶段。为了能使企业顺利进入下一个生命阶段,企业必须采取以下措施。

第一,反思企业的价值体系与目标体系,确立自己主导性的价值观与根本性目标,围绕主导性价值观与根本性目标,重建价值体系与目标体系。这是企业心理情感能量场正常运行的基础。在这个过程中,要尽可能避免部门价值观与主导性价值观之间的冲突,避免非主导性价值观与主导性价值观之间的冲突。同时也要避免部门目标与根本性目标之间的冲突,近期目标、中期目标与根本性目标的冲突。只有如此,企业及其成员才不会迷茫,才会有方向感,企业的凝聚力与士气才会得到提高。

第二,对企业进行部门化与团队化,明确分工,明确并规范权力与责任的分割与分配,防止权力、责任的真空与重叠。权力、责任的真空与重叠是企业矛盾与冲突的重要根源之一。企业领导者必须进行分权与授权,这是一个充满矛盾与痛苦的过程。

第三,重构企业的制度体系。对企业的制度进行梳理,围绕企业主导价值观与根本性目标,重构企业的制度体系。在这个过程中,要防止企业制度规范之间的矛盾与冲突,同时要对权力进行制约、监督与平衡,防止权力滥用。重构企业的制度体系根本性的目的是逐步使企业由依靠领导者运行变为依靠制度运行。

第四,理性化。在这个时期,企业的占有欲、扩张欲、好奇心、学习欲、探索欲、冒险欲等在心理情感能量组合形态中处于主导地位,而理性则常常处于次要地位,这种情况非常容易导致企业的非理性行为。理性化是指企业有意识、有目的地进行理性化训练,提升理性在企业本性组合形态中的地位,对占有欲、扩张欲、好奇心、学习欲、探索欲、冒险欲形成制约的态势，从而使企业本性在总体与总趋势上保持平衡。

第五，不要盲目求大求全。盲目求大求全是企业本性中占有欲、扩张欲、好奇心、学习欲、探索欲、冒险欲过度扩张的结果。历史与现实证明，企业并非越大越全就越好越强，只要做到专、精、细，就能赢得市场与效率，就能生存并不断发展。

一家公司包括老板在内有员工13人，订货基本通过传真和电话，没有质检部门。但在创业37年中，经历了石油危机、汇率震荡、泡沫破灭等逆境打击，每年依然能保持超过35%的毛利率，并且上市。这家企业就是"A-one精密"，创建于1970年，主要生产超硬弹簧夹头，市场占有率高达60%，拥有国外用户1.3万家，2003年在大阪证券交易所上市。A-one效率惊人。因为人少，所以A-one一年开会的时间加在一起不超过30分钟。A-one的产品质量好，但是，它最强的优势是交货速度快。大企业一周或两周的生产时间，在A-one只需要1～3天。梅原说："事实上，当天下午3点前所接收的订货，70%都可以在当天内完成并配送。A-one从接受订单，到工厂开始作业，中间间隔不到5分钟，而且中间过程不是依赖于IT系统和网络，而是仅仅依靠手写的传真。因为人员少，品类少，所以生产过程不必经过大企业必需的生产排期、物料管理、交货期管理等诸多流程（这些都被梅原称为"制造业多余的管理"），几个人打个电话，或者拿着传真跑一圈，只需短短几分钟就可以开工生产。为了缩短交货周期，A-one甚至省略了质检的步骤。按照梅原的理论——只要认真经过每道工序，产出的就只会是高质量的产品。

（资料来源：本书作者根据http://www.iheima.com/article-147413.html 资料整理获得。）

上述案例表明，"A-one精密"虽然只有13人，但是它把业务做到了专、精、细。同时，由于人员少、机构少、会议少而简，因而沟通顺畅，生产效率极高。这些特点帮助它度过了各种危机，并获得了发展。"A-one精密"证明，企业规模合适就能做强。

思考题

1. 企业孕育期、婴儿期及学步期的特征与问题对创业者有哪些启示？
2. 企业是否越大越好？为什么？

第十三章　企业心理情感能量场的成熟期

▶ **本章学习的目标：**

1. 理解企业盛年期的特征。
2. 理解企业稳定期的特征。

成熟期是企业发展的第二阶段。在这个时期，企业有可能走向产品多样化、纵向联合、横向联合。所谓的产品多样化是指，企业为了在原产品的主要市场开始衰落的时候，更好地利用企业现有的资源、设备和技术，而转向相近或类似的新行业、新产品和新服务。这种同心化战略要求对新产品、新服务进行评价与考核，要求对原有的组织结构进行改革。所谓的纵向联合是指，企业集原材料、生产、销售于一体，实现前后向一体化。这种战略要求建立与此相适应的职能结构。所谓的横向联合是指企业跨行业发展，例如，企业由电器行业扩张到地产、金融、交通运输、能源等行业。

当然，企业也有可能一直在原有行业发展，维持原有的规模与组织结构，成为一个高度专业化的企业。

伊查克·爱迪思将这个时期分为两个阶段：盛年期与稳定期。

一、盛年期

伊查克·爱迪思将盛年期分为前期与后期。前期与后期的特征相同或类似。

（一）盛年期前期的特征

企业盛年期的前期有以下特征。

第一，企业具有明确的目的意识和价值观，清楚自己该做什么不该做什么。企业进入了"不惑"与"知天命"的时期。

第二，企业治理过程制度化，制定了完善的制度、政策与程序，明确企业的决策程序；企业主要依靠制度运行，而不是靠某个人。

第三，在发展的过程中，企业的创造能力得到了控制和培养，使新产品的开发与生产和企业的能力匹配。

第四，企业能满足顾客的需求，也能够维护自己复杂而多变的目标体系，使自己的目标与顾客的需求相融合。

第五，企业能够有意识地对事情选择关注点并且确定它们的优先顺序。

第六，企业的制度和组织结构能够充分发挥作用，并且能够贯彻落实企业的计划与控制制度。

第七，企业进入多产期，销售与利润双增长。

第八，企业内部团结，而且企业外部关系也得到整合。

（二）盛年期后期

企业盛年期后期延续了盛年期前期的特征，但是，此时的企业开始出现一系列问题。这些问题不易被察觉，或者即使被察觉到了，也因为企业处于强盛时期而被企业所忽视（甚至漠视）。正因为如此，不少盛年的企业突然轰然倒下；也有不少企业在此时埋下了死亡的种子，开启了慢性死亡的历程。所以，企业需要高度警觉，仔细观察与思考，发现问题，采取对策。也可请专业团队对企业进行诊断，发现问题并提出治疗方案。下面是企业盛年后期常见的问题及解决的对策。

1. 企业盛年后期常见的问题

第一，自满。此时的企业成就大，经验足，各种才能达到最佳水平，在自己所处的行业中地位牢固。这种状态导致了自满情绪在企业心理情感能量场中不断蔓延。

第二，灵活性下降，流动性减少。此时，企业中各种关系形成并定格；各种制度、规章、程序已经建立并不断完善，企业风俗形成；企业各种机构已经建立并不断完善；权力、利益、责任的分割与分配已经完毕并定格。所有这些导致了企业灵活性下降，流动性降低。所谓的灵活性下降指的是，企业已经不能像学步期与青春期，对外界的变化做出迅速的反应；所谓的流动性降低指的是，企业成员在职位方面流动的机会减少。职位流动性与财富、地位、名望流动性相关联。这种情况促使企业心理情感能量场发生了微妙的变化：惰性的地位悄然上升，进取心的地位悄然下降。

第三，依赖惯性。此时的企业一方面非常强大，另一方面靠制度运行，因此，未来的可知性极高，企业可以依赖惯性运行。这是与成长期的重大区别。这种依赖惯性的心理与行为会导致惰性在企业心理情感能量场逐步取得主导性地位。

第四，没有紧迫感。此时的企业各种积累丰厚，有了本钱；在行业数一数二；拥有产品、技术、人才、管理技能与水平等方面的优势。也正是在这个时候，"温水煮青蛙"效应开始出现。整个企业没有紧迫感，而企业内外环境却在悄悄地发生变化。由于自信与自满，管理者与员工对环境变化没有疼痛的感觉，最后就会像温水里的青蛙一样，被慢慢煮熟仍不知觉。

第五，企业领导特别喜欢听赞歌。这种现象出现的时间应该在企业青春期的后期，此时，情况则变得十分严重。由于企业领导者特别喜欢听赞歌，于是，他身边便聚集了一批善于唱赞歌的人。因此，那些提出不同意见的人也就被边缘化了。

第六，创始者过于强势。创始者过于强势会产生三个方面的不良后果。①决策的任意性与独断性。虽然此时的企业可以依靠制度运行，但是如果领导者过于强势，决策任意与独断，则会给企业的制度与组织结构造成破坏性震荡，中断企业的发展，改变企业发展的方向，严重者会导致企业的死亡。②对过去成功的经验高度自信，拒绝创新与改变，结果企业错失发展的良机。③导致企业集体催眠与集体弱智。

第七，激情衰退，创新精神衰退。由于自满、灵活性下降、流动性减少、依赖惯性，此时的企业激情衰退，创新精神衰退，人们工作的积极性开始下降。

2. 对策

第一，针对自满问题，企业需要反思自己的目标体系，不断设立新的目标，寻找新的目标领域。"青蛙效应"告诉人们，企业竞争环境的改变大多是渐热式的，如果管理者与员工对环境之变化没有疼痛的感觉，最后就会像这只青蛙一样，被煮熟、淘汰了仍不知道。如果一个企业满足于眼前的既得利益，沉湎于过去的胜利和美好愿望之中，就会感觉不到危机的逐渐形成，也看不到失败一步步地逼近，最后像温水里的青蛙一般在安逸中死去。企业应居安思危，适时宣扬危机，适度加压，使处危境而不知危境的企业成员猛醒，认清危机，不断超越自己，超越过去。

第二，针对灵活性下降、流动性减少的问题，企业可以采取"授权－多中心化"策略。"授权－多中心化"策略可以提高企业灵活性，同时，也可以在一定程度上创造流动性，为企业中有才能、有抱负、有德行的年轻人提供上升的空间，激发员工的激情与工作积极性。

第三，引进异质成员。企业经过婴儿期、学步期、青春期，此时企业中的成员，特别是一起创业的核心与中坚成员已经在许多方面高度同质化：价值观、思想、思维模式、心理结构、行为模式等高度同质或类似。同时，一起创业的成员智慧已经耗尽，观念开始过时。引进异质成员，特别是引进高层次、高级别的核心异质成员，能给企业带来新的价值观、思想、理论、思维模式、心理结构、行为模式，从而激发企业的活力与创新精神。

和许多珠江三角洲民营企业一样，那时格兰仕的股东都是中高层管理人员，而且是按股份多少来排座位的。基层管理人员有些不是股东，却是创业期老臣，这批人的人数还不少，牵涉面广。从别的企业来看，将管理层和股东分离后，顺利转成国际化企业运作模式的极少，绝大部分矛盾重重，聘来的管理层抱着"职业军官"态度，拿多少钱办多少事，不考虑企业的长远发展；反过来股东们对管理层也不信任，干涉很多，严重影响企业的正常运作。

在本企业无有效监控制度、大环境又不完善的情况下，不想重蹈覆辙的格兰仕没考虑用"空降兵"。但是自己培养骨干，也存在管理层与股东分离的问题。高层有人提出了实行"骨干股"制。总裁梁庆德认为可行且势在必行，于是他在1995年的年终总结大会上作"再接再厉，再创辉煌"的讲话，为迎接大学生们的到来进行思想准备工作。

梁庆德的话很朴实："作为股东，你是希望你的股份升值还是贬值？当然是希望升值。那好，如果你不行的话，为什么不将位置让出来给新进的有能力的人坐？也只有这样才能让人家看出格兰仕骨子里的诚意——迎新人，迎进来就是自己人，不是只拿人家当干活的。"

梁庆德的话在情在理，再则格兰仕的企业文化一直是重责任轻权力，况且长期以来企业就像绷紧了弦的箭，现在有机会安享股份，何乐而不为呢？当然也有人不乐意，梁庆德温和地说："不如这样吧，公司出 10 万元为你注册一个企业，你当董事长。辛苦了这么多年，也是应该得到的。"一番话反倒令对方不好意思，发展了这么些年，10 万元对股东来讲已不是什么难事，何需公司出资呢？

股东们表现得这么大度，老臣们自然也是按能力上下。一场可能引发地震的大改革，在格兰仕就这样以一种和风细雨的方式很顺利地解决了。

发展到今天，格兰仕已有 200 多个股东。而管理职位全部按能力安排，某位门口扫地的阿姨，说不定就是格兰仕的股东之一，大家都习以为常了。现在格兰仕的中高层来自五湖四海，高层有 98% 是外地人，中层的比例是 90%。

（资料来源：邓德海等《格兰仕商道》，广东经济出版社 2006 年版，第 118－119 页。）

第四，进行组织结构、制度、文化与技术等创新，启动企业二次创业，增强企业的灵活性，激发企业的活力。

从 1997 年下半年开始，美的实行了事业部制改革，推进企业内部市场化。改成事业部制后，每个产品都有自己的开发部、销售部、生产部，总公司将利润下放，各事业部以利润为中心，各事业部下属的工厂以成本为中心。美的独创了《分权手册》，集团总裁何享健归纳为十六字"真言"："集权有道、分权有序、授权有章、用权有序。"目前，美的集团下有空调、家用电器、压缩机、电机、厨具、信息产品六大事业部，每个事业部由多家企业构成，其中既有核心企业，也有其他公司。

美的事业部制的改革遇到了来自集团内外的各种阻力，但美的顶住了来自各方面的压力，破釜沉舟，终于摆脱了中国乡镇企业的制度瓶颈。经过这一番事业部制的改革后，美的集团迎来了裂变和爆炸式的增长。当年空调业就实现销售收入 200% 的增长，重新跻身于行业内前三名；电风扇、电饭煲、电机等其他产品在市场上也一路攻城略地，市场占有率均迅速提高。

为何组织形式的彻底改变能带来这么大的效益？用何享健的话说，因为这一变化解决了中国企业历年来集权与放权难以统一的矛盾。权力下放，各事业部领导可以根据自己的需要，制定人事和奖励方法，带来了人才调配和人力资源充分发挥的好处。利润下放，各事业部可以按销售利润提成。为提高利润，各事业部就必须针对各自的产品找市场，降低成本，实行开发、生产、销售、服务一体化。各事业部的销售部门有一定的任务量，一旦销售部门超额完成任务，除了目标内销量可以提成，超过目标的销售量还可以成倍提成。销售部门还可根据各省份销售的难度决定各省份销售提成倍数，使市场开拓有倾斜，业务员的工作成绩考核更有章可依。

权力、利润下放后，公司总部不是乐得轻闲，而是从琐事管理中解放出来，进行总体战略思考决策，控制各事业部首脑任免的人事权和规模额度、投资额度。以总部的销售部为例，它不参与各个产品的具体销售，只负责美的整体形象推广和全国各地销售网的协调，其派出的专员也只负责协调各省份销售利益间的关系，再也不用埋头于上千种产品的具体推广。总部由此可以摆脱各部门利益平衡的纠缠，从新的高度进行决策。美的集团的总裁们感慨道："以往，什么事情都找总裁，总裁成了大保姆，现在总裁们终于从埋头拉车，转变为抬头看路。"

（资料来源：刘刚编《2001年中国年度最佳管理案例》，中国经济出版社2002年版。）

第五，制造紧迫感。组织员工学习企业的兴衰史，让各级员工了解许多企业正是在强盛时迅速走向衰败的历史事实，让员工随时保持警惕之心，克服自满情绪。同时，与更好更强的企业进行比较，一方面看到差距，产生紧迫感；另一方面，为员工树立新的学习标杆。

第六，建立类似中国古代的谏官制，赋予谏官相应的权力、责任与义务，充分发挥谏官的作用。

二、稳定期

稳定期是企业生命周期中的第一个衰老阶段。在这一阶段，企业的增长达到最高点，这是企业增长停止、走向衰退的转折点，正所谓物极必反。此时的企业依然很强健，但灵活性开始丧失，出现老化的迹象，死亡机制已经悄然启动，这是一种难以观察、易被忽视的微妙变化。所有的问题都是从这个时期开始产生并不断积累的，如果不采取相应的对策，企业衰老的速度将加快，死亡会提前到来。

（一）稳定期的问题

企业生命周期中的稳定期主要存在以下问题。

第一，自满、自大、保守、惰性、消极等心理情感能量持续增长，并开始向主导地位进发。

第二，精致的利己主义者开始大批进入企业，他们善于人际关系技巧，善于吹牛拍马，善于形式，乐于仪式。他们将自己的利益放在首要位置，但他们伪装得很好，巧于为自己的利己行为进行辩解。

第三，丧失创造力，灵活性开始丧失。一方面，一种"只要没有出大问题，就别去碰它"的消极态度困扰着企业，整个企业开始丧失创造力、创新精神以及鼓励变革的氛围，但恰恰是这些因素造就了盛年期的企业；另一方面，企业有一大堆的制度、政策、程序，要办成一件事要经过许多投票、表决，企业丧失灵活性，时间成本成倍增长，失去许多发展机会。

你有没有想过印钞厂也会面临倒闭？是的，没错，今日俄罗斯电视台于2019年12月8日报道，号称世界上最"有钱"的地方、世界最大印钞厂——英国德拉鲁公司，发出了破产的警告。德拉鲁公司，曾经是世界一流的印钞厂，除了中国、英国、美国等少数国家有自己的印钞厂外，很多国家都没有自己的造币厂，都需要在海外寻找合适的工厂为他们的国家印制钞票。甚至在香港回归之前，港币的印刷业务也是由这家公司承担的。据说，德拉鲁公司在鼎盛时期一周印刷的钞票叠加起来，有珠穆朗玛峰顶峰的两倍高，他们商业印钞产业的产量大约占了全世界钞票印刷总产量的11%。在鼎盛时期，德拉鲁公司承包了140多个国家和地区的钞票印制，股价超过1万元。

德拉鲁公司是如何走向倒闭的呢？

首先，是竞争对手的出现。就在今年4月，一直夜郎自大的德拉鲁公司把一项价值4.9亿英镑的英国新版护照的订单输给了法国Gemalto公司。这笔订单的流失，不仅让德拉鲁公司元气大伤，更让它的股价断崖式下跌。

其次，是德拉鲁公司的自身的停止成长。你难以想象，一家承包印钞业务近200年的公司，他们唯一的核心竞争力竟然还是当初做钞票使用的防伪技术。很多印钞公司都开始从事移动支付业务，比如从德拉鲁公司手中抢过4.9亿英镑大单的法国Gemalto公司，早在2013年就宣布与中国银联合作，在中国构建安全的移动生态支付环境，但德拉鲁公司就一直停在原地。随着各个国家移动支付、扫码支付、刷卡支付等业务的普及，全球纸币的市场空间也随之受到影响，德拉鲁公司的现钞业务被大量减少。

（资料来源：本书作者根据网络资料整理。）

从上述案例来看，德拉鲁公司由极盛迅速走向衰败的原因可以归结为自满、自大、保守、惰性，从而丧失了创新精神与灵活性，错失了许多发展机遇。

（二）对策

针对上述问题，企业可以采取以下对策。

第一，大量引进各个层次的异质成员，给企业注入新的活力。此时，企业文化已经高度固化，企业成员思维模式与行为模式高度类似或同一，从企业内部已经很难产生新的思想与理念，即使产生也很难成活，即使成活也很难取得主导地位，对企业产生实质性的影响，因为企业内部个体之间、部门之间已经盘根错节，想打开一个缺口十分困难。大量引进各个层次的异质成员，这些成员与企业过去的历史没有关系，不存在各种类型包袱，他们会将已经成熟的新思想、新观念、新的行为模式带进企业，给企业注入新的活力。如果在此时只是少量引进异质成员，而且所赋予的职位不高，他们将很快被企业的文化同化。

第二，尽可能防止精致的利己主义者进入企业，尽管难度非常大。企业可以请专家团队设计一套问卷，对应聘者进行心理测试，及时发现精致的利己主义者并拒绝其进入企业。

第三，鼓励并支持企业内部与外部新生力量开办新的企业。新建立的企业与老企业在内容与形式上进行彻底分离。如果不彻底分离，老企业的文化与人员会严重阻碍新企业的生存与发展。

据《腾讯传》记载：2001年，正值创业最艰难之时，腾讯四处寻求投资，却四处碰壁。因为前期的IDG、盈科融资所投资金都被"烧"在服务器上，没有投入到产品研发、市场拓展、品牌建设等方面，使得公司的现金流、经营业绩迟迟不见起色，投资人都非常谨慎。

马化腾拜访了搜狐、新浪、金蝶、联想……寻求融资，但结局无不令人唏嘘，无一愿意出钱投资腾讯。

虽然当时腾讯的用户量已经突破1亿人，但没有见到巨大的盈利、现金流。而此时一家名为Naspers（Prosus的母公司）的南非公司改变了这一局面，其坚定投资腾讯的理由非常简单：看见很多中国企业家的名片上面都会印有QICQ的号码，注定这家即时通信的运营商未来一定会有大的发展。

当时Naspers给腾讯的估值也非常慷慨——价值6000万美元，较此前IDG投资时增长了11倍之多。Naspers斥资3200万美元，从李泽楷、IDG资本、腾讯团队手中收购了46%股权。

后来腾飞起来的腾讯却成为了Naspers的"救命稻草"。2017年，Naspers的主营业务出现巨额亏损，单第一季度的主营便亏损金额便高达1.25亿美元。恰在此时，Naspers收到腾讯控股的现金分红，高达1.91亿美元，直接弥补了亏损额，还有些许净利润。

此后，腾讯持续为Naspers提供稳定、巨额的现金流，无疑称得上是一笔最伟大的投资。

在2018年，Naspers以405港元/股出售2%腾讯股份，套现769亿港元，持股量降至31.17%。2021年，Prosus（2019年从南非传媒集团分拆了出来，成为一家控股公司，用来持有南非投资公司Naspers的国际互联网资产）出售1.92亿股腾讯控股股票，持股比例从30.9%下降至28.9%，套现1200多亿港元。

Prosus表示，计划利用出售这些股票所得收益，来提升公司的财务灵活性，从而进一步投资于成长型企业。此外，也将用于一般性企业用途。

（资料来源：本书作者根据网络资料整理。）

企业在这个时期比较富有，拥有大量的闲置现金，这笔钱最好的去处就是支持企业内部与外部创业。Naspers对腾讯的支持就是一个十分典型的案例，这笔投资延长了南非传媒集团的生命，为其后来的改革与战略调整争取到了十分宝贵的时间，并为其后来的改革与战略调整提供了大量现金支持。

思考题

1. 企业盛年期的后期存在哪些问题？该采取哪些对策来克服这些问题？
2. 许多企业在成熟期突然死亡，为什么？

第十四章　企业心理情感能量场的老年期

▶▶ **本章学习的目标：**

1. 理解企业贵族期的特征。
2. 理解企业官僚化早期的特征。

伊查克·爱迪思将企业这个时期分为三个阶段：贵族期、官僚化早期、官僚期。

企业的老年期一般来说是企业走向死亡的时期。"百年老店"极为少见，绝大多数企业都会在30岁左右消亡。在这个时期，企业长期积累的各类问题演变为危机；企业结构僵化，行动缓慢；企业的各层管理者官僚化，办事互相推诿。所有这些都会影响企业领导者的行为。同时，企业领导者（们）经过创业与发展时期，智慧、精力、灵感消耗殆尽，无法摆脱已有的经验，无法摆脱已有的思维模式与行为模式。如果企业不进行改革，引进新成员、新思维，企业死亡就不可避免。新成员、新思维会导致企业在自我否定的基础上进行自我超越。自我否定，对企业的领导者来说是一个十分痛苦的过程；自我否定，归根到底要求企业领导者与领导者集团放弃权力，让位于人。如果改革成功，企业将重新焕发生机，获得发展的新动力，生命周期得以延长；如果改革失败，或不进行改革，则必死无疑。

一、贵族期

（一）贵族期的特征

企业的贵族期有以下特征。

第一，企业鼎盛期已经过去，企业各级成员与外界对于企业继续成长的预期已经降低。这一心理情感能量曾经在企业发展、壮大的过程起了十分重要的激励与暗示作用。

第二，企业比较富有，有大量的现金，但是，钱都用在控制制度、福利措施和一般设备上。企业变得十分奢侈，花钱大手大脚，没有太多的节制。

第三，迷恋已有的市场、技术与领域，对占领新的市场、新技术和新的领域已经缺乏兴趣，也不愿意进行投资。

第四，强调做事的方式，不注重结果，而且拘泥于传统。反对传统被视为大逆不道。

第五，最高管理者已经听不进不同的意见，不能容忍不同的声音，吹牛拍马者开始大行其道。这些人对领导者歌功颂德，报喜不报忧。

第六，精致的利己主义者取得主导性地位，他（她）们专注于形式与仪式，使得整个企业形式主义盛行。在企业内部，出现了一大批靠形式主义得势的人，推出一系列华而不实的仪式，耗费企业的人力与物力，美其名曰"给社会一个好形象"。注重实质、注重内容的人受到排挤与打压。取得主导性地位精致的利己主义者因为业绩的需要，制造大量没有实质意义的事务，使各级管理者与员工疲于奔命。整个企业内的每个人都在忙，但没有人知道自己在忙什么，更不知道其意义是什么。

第七，一大批懒人进入企业。这些懒人信奉懒人主义，有一套完整的懒人主义理论。懒人主义理论正好迎合了贵族期领导者的口味，因为创业者的思想在这个时期也发展到了懒人主义阶段，这是企业生命周期发展的必然结果。所以，企业贵族期的领导周围聚集了一大批精致的利己主义者、吹牛拍马者、懒人主义者，这就为企业走向死亡埋下了祸根。

第八，虽然有时也聘用了关心企业活力的员工，但是却以"别兴风作浪"作为企业经营的信条。在企业心理情感能量场中，惰性、保守等心理情感能量开始逐步取得主导地位。

第九，正是因为惰性、保守等心理情感能量开始逐步取得主导地位，好奇心、创新的欲望、学习的欲望、创业的欲望则进一步下降。企业内部缺乏创新，通过收购其他公司获得新的技术、产品、市场。

第十，企业资金充足，成为其他企业兼并的目标。

（二）贵族期的问题

企业生命周期的贵族期以上特征产生了以下问题，这些问题本质上是一种病态。

第一，由于在面对长期的发展机会时积极性不高，它对短期需求做出反应的能力也随之下降，这导致了企业取得成效的能力下降。

第二，企业虽然仍然在获取利润，但是却缺乏积极向上的风气。明星产品越来越少，现金牛也越来越瘦。

第三，企业心理情感能量场出现阻滞，各种心理情感能量流动不畅。由于精致的利己主义与懒人主义完美结合，官僚主义与形式主义盛行，纵向沟通、横向沟通受阻。小道信息成为各种心理情感能量的重要载体。

（三）对策

针对企业贵族期的特征与问题，企业可以采取以下对策。

第一，反思愿景，激活企业活力。

第二，对于即将进入贵族期的企业来说，一定要防止福利过度。对于已经处于贵族期的企业则要通过改革终止福利过度。历史与现实证明，过度的福利没有激励作用，只能使人懒惰。丰厚的福利也会导致一大批懒人想方设法进入企业，这些懒人将主导企业的思想与行为。

第三，提倡进取与创新，鼓励企业内部与外部创业，新建立的企业与老企业进行彻底分离。

第四，进行非官僚化与非形式化，重新打通企业各种形式的沟通渠道，解决企业心理情感能量场阻滞问题。

> 杨元庆，联想电脑公司总经理，以前大家见面时称他为"杨总"，如今你如果去联想就不会听到有人再叫"杨总"了，员工对他都是直呼其名。
>
> 联想电脑公司有三级总经理，称得上"总"的人数有200多人，以前大家见面时，你会听到一片叫"总"的声音，这一现象引起了总经理室（联想电脑公司最高决策机构）的注意。大家习惯叫"总"，这跟中国对领导长辈尊重的传统有关，员工也反映不叫就会给人一种不尊重的感觉。如果从存在的现实看，叫"总"就是表示一种尊重。但西方国家并没有这种习惯，这只是国人对领导的尊称，而国内公司在同事同级之间往往又不这么叫。这里面其实体现着不平等，只有下级对上级的尊重，而没有上级对下级的尊重。
>
> 联想作为一个科技与创新型企业，提倡的是对所有的人都尊重，尊重是没有差异的，员工既要尊重领导，领导也要尊重员工。如果这个也叫"总"，那个也叫"总"，给人一种充满权力等级的味道，会造成一种僵化企业氛围，影响员工发挥创造力，影响企业的创新与发展。
>
> 联想电脑的称谓问题也是走过了一个过程，一开始大家互称"老师"，这跟联想是个学术味很浓的企业有关；第二阶段由于企业要大发展，必须强调组织性和纪律性，强化对权力的认可，这一阶段叫"总"又成为必然；现在取消叫"总"又是一种回归，是种上升式的回归，这也是社会竞争和企业发展的结果。
>
> （资料来源：刘树、马英《组织行为学》，北京大学出版社2013年版。）

第五，承认兴风作浪者的合法性，启动并鼓励建设性冲突。
第六，审慎进行兼并行为。从历史与现实来看，兼并成功的少，失败的多。
第七，大量引进各个层次的异质成员。

二、官僚化早期

（一）官僚化早期的特征

官僚化早期的企业具有以下三个特征。

第一，强调的是谁造成了问题，该追究谁的责任，而不是关注采取什么补救措施。追究完责任之后，造成问题发生的根本原因依然没有找到，或者不愿意找到，或者即使找到了也不愿意说出，因而也就没有了补救措施。

第二，偏执狂禁锢了企业，使企业衰败加剧，每个人不再承担应负的责任。为了免责，企业中的个人与部门想尽一切办法，走尽一切程序，才能办成一件简单的事情。所有人的心中都充满了失望与无奈。

第三，企业内部各种冲突激烈，注意力都集中在内部的权力斗争上，忽视了顾客的需求，与顾客的关系日渐疏远，与外界进行心理情感能量交换的质与量不断降低。

因此，伊查克·爱迪思说，在这种情况下，如果是大型企业，企业面临的结局或是接受政府补贴，或是被政府收归国有，或成为完全官僚化的企业。如果事情不断循环恶化，企业破产是情理之中的事情。他形象地将此时的企业称之为"一具人为形成的活着的木乃伊"。

（二）官僚化早期的问题

第一，企业对过去的地位与成就沾沾自喜，回顾自己光荣而伟大的历史成了一件很大的事。但企业并不能从中获得动力与活力，因而它只是企业及其成员获得安慰的仪式，在这种仪式中，人们充满了伤感与怀旧。

第二，顾客需求得不到满足，市场份额减少，企业的边界不断收缩。

第三，问题层出不穷，企业无法采取合理的措施进行补救。

第四，管理层相互尊重的社会体系开始土崩瓦解，人们开始互相攻击、相互指责，用伊查克·爱迪思的话说，就是"政治迫害开始了"。因此，官僚化早期被伊查克·爱迪思称作"撒冷城"阶段。

第五，自满、怀旧、伤感、惰性、保守、无奈、焦虑、恐慌、压迫感等心理情感能量在企业心理情感能量场取得了主导性地位。由于企业内部各种冲突激烈，以及相互尊重的社会体系开始土崩瓦解，嫉妒、愤怒、仇恨、失望、绝望等心理情感能量开始泛滥。

（三）对策

面对官僚化早期的特征与问题，可以采取以下对策。

第一，重新确立并强化顾客导向。顾客是企业立身之本，失去顾客，企业就失去了存在的价值、意义与理由。

1996年，一位四川农民投诉海尔洗衣机排水管老是被堵，服务人员上门维修时发现，这位农民用洗衣机洗地瓜（南方又称"红薯"），泥土大，当然容易堵塞。服务人员并不推卸自己的责任，帮顾客加粗了排水管。顾客感激之余，埋怨自己给海尔人添了麻烦，说如果能有洗红薯的洗衣机，就不用烦劳海尔人了。

农民一句话，海尔人记在了心上。经过调查，他们发现原来这位农民生活在一个"红薯之乡"，当年红薯喜获丰收，卖不出去的红薯需要加工成薯条。在加工前要先把红薯洗净，但红薯上沾带的泥土洗起来费时费力，于是农民就动用了洗衣机。更深一步的调查发现，在四川农村，有不少洗衣机用过一段时间后，电机转速减弱、电机壳体发烫。海尔人向农民一打听，才知道他们冬天用洗衣机洗红薯，夏天用它来洗衣服。

这令张瑞敏萌生一个大胆的想法：发明一种洗红薯的洗衣机。1997年，海尔为该洗衣机立项，成立以工程师李崇正为组长的四人课题组，1998年4月投入批量生产。洗衣机型号为 XPB40-DS，不仅具有一般双桶洗衣机的全部功能，还可以洗地瓜、水果甚至蛤蜊，价格仅为 848 元。首次生产了一万台投放农村，立刻被一抢而空。

有技术人员对张瑞敏要求开发能洗地瓜的洗衣机的指令想不通，认为太"土"，也太不合理了！但张瑞敏说，对顾客的要求说不合理是不行的，开发出适应顾客要求的产品，就能创造出一个全新的市场。

张瑞敏说："经营者必须想到所有用户。这个产品可能不赚钱，但你赢得了用户，赢得了市场，最终会赚钱的。"他要求科研人员"以用户的难题为我们开发的课题"，而这样做有两个原则，一是设计的人性化，二是使用的简单化，就是要用最简便的方式，满足每个人、每个时期的不同需求。"设计人性化"原则包含三点：一是以生产者为主体；二是以消费者为主体；三是以生活者为主体，每个企业都要经历这三个阶段。在诠释"使用简单化"原则时，张瑞敏说："用户要的不是复杂的技术，他们要的是使用的便利，我们要把复杂的开发研究工作留给自己，把简单便捷的使用留给消费者。"

（资料来源：颜建军、胡泳《海尔中国造》，海南出版社 2001 年版，第 277-278 页）

第二，防止政治迫害，鼓励建设性冲突，积极面对并化解矛盾，采取措施解决问题。政治迫害导致企业内部混乱，并最终解体。建设性冲突，对事不对人；破坏性冲突，对人不对事。建设性冲突有利于化解矛盾，防止政治迫害，同时也有利于解决问题。

第三，鼓励组织内部与外部创业，新建的企业与老企业分离。

（四）企业变革

从根本上来讲，上述三个对策治标不治本，无法改变企业迅速衰败并走向死亡的命运。企业想改变命运，就必须请专家（团）进入企业做深入调查研究，认清并承认自己所处的发展阶段，了解并承认自己的特征与问题，进行全面、彻底的变革。在这个过程中，需要确定改革的内容，运用合适的改革策略，克服改革的阻力。如果变革成功，则可以使企业获得新生，或延长自己的生命周期。企业变革的过程在本质上就是重构企业心理情感能量场的过程。

1. 企业变革的内容

企业变革的内容要根据企业实际需要来决定，也要根据企业预设的变革深度与广度来决定。总之，企业变革可以从以下一个或几个方面着手。

（1）改革企业原动力。

第一，变革企业价值观与宗旨。企业的价值观与宗旨具有相对的稳定性与长期性，它们决定了企业存在的合法性与合理性，同时也决定了企业的价值取向。有时，企业需要变革自己的价值观与宗旨，以使企业获得超越与重生。

第二，变革企业战略（目标）。企业战略服务于企业宗旨。从时间来考察，企业某种战略存在的时间要比企业宗旨短得多。企业宗旨需要靠一系列战略来实现，当一个战略完成，另一个战略就会出现。

第三，变革企业人员结构。人员变革的内容包括两个方面：①引进异质成员。新的异质成员能给企业带来新观念、新思维、新方式、新技术、新智慧。在企业正常的发展时期，企业主要引进同质成员，但同时也需要引进异质的成员，以增强企业的活力，激发企业的灵感。当企业面临重大的变革时，为了使变革取得成功，企业需要引进一批或一大批异质的成员，特别是最关键的岗位需要引进异质成员，以改变改革派与保守派之间的力量对比，改变企业心理情感能量场的态势。②老成员退出。老成员的退出可以分为自然退休与非自然退休。自然退出就是到了退休年龄时退出；非自然退出是企业为某种需要，通过谈判、操纵等手段，让占据领导职位的老成员退出领导或管理岗位，以达到提拔新人的目的。

  一家换了12任厂长也没摆脱亏损的国有企业，却在一个农民手里起死回生。1994年5月，当王义堂接手河南泌阳县水泥厂时，该厂亏损123万元，到年底，王义堂却使该厂盈利70万元。第2年实现利税525万元。第3年在原材料价格大幅度上涨的情况下，仍实现利税470万元。
  当年水泥厂多年亏损，再任命谁为厂长呢？难！有人说："让王义堂试试吧！"王义堂？这提议让大家一愣：他是水泥厂所在地的农民，他怎么能当国有企业的厂长呢？可再一琢磨，大家都认为王义堂有本事，他和人合伙开办的公司，个个盈利。县里与王义堂签订了委托经营协议。王义堂交10万元抵押金，企业亏损，抵押金没收；企业盈利，退还抵押金本息，还可按30%的比例得到奖励。
  谈起当时厂里的情况，王义堂至今记忆犹新：全厂413名职工，其中行政管理人员113人，厂长一正八副，各自为政。一个科室有五六个人，天天没事干。来三五个客人，是两桌相陪；来一个客人，也是两桌相陪，20个月吃掉30多万元。
  上任后，王义堂把原来的9个正、副厂长全部免职，但对原来的规章制度，没有改变，只是不让原来的制度成为挂在墙上的空口号。他规定，职工犯错误只允许3次，第4次就开除。不过，他到底也没开除一个人，倒是有二三十个光棍汉主动调走了，因为实行计件工资后，这些人再也不能像以前那样光拿钱不干活了。于是，企业每小时水泥的产量从过去的五六吨提高到10多吨。
  起初，有城里人对王义堂的严格不很满意，但王义堂早上5点钟就上班，一天在厂里呆十几个小时，他的责任心，最终让职工认可了。
  （资料来源：王方杰《一国企换12任厂长没救，一农民交抵押金担纲盈利》，载《中国青年报》，1997年4月22日。）

  相对前12任厂长来说，王义堂作为一个彻底的异质成员，取得了水泥厂厂长这个最重要的岗位。他带来了新的观念与新的管理模式，推行计件工资制，调动了员工的工作积极性，迫使二三十个懒惰的光棍汉自动离职，大幅度改善了工厂的人员结构；免去原来9个正、副厂长的职务，为改革清除了障碍，使企业心理情感能量场由原来的四分五裂变成一个统一的整体；强化了企业制度，让制度充分发挥作用。通过这一系变革，企业心理情感能量场发生根本性的变化，由原来懒惰、保守型变成了积极向上型。

（2）改革企业维持（结构）性动力。

第一，企业组织结构变革。企业的组织结构变革包括3个内容：①组织结构重构。当企业进行重大变革，需要对自己的过去进行一次超越以获得重生时，则需要对企业组织结构进行重新设计与重新构造。这种变革是重大的战略性调整。②撤销企业中的某个或某些部门。当企业面临发展困境，需要进行战略收缩，以集中资源应对主要的问题，支撑核心与主要的部门或业务时，就需要撤销企业中的某个或某些部门及其相应的职位，将次要的业务进行外包。有时，企业会卖掉某些部门、业务，甚至品牌。例如，沃尔沃将其轿车的品牌、业务部门先后卖给美国公司与中国公司。这种变革是根据战略的需要进行战术的调整。③增设某个或某些部门。当企业战略扩张或进行战略联合时，就会增设某个或某些部门及相应的职位。扩张欲是企业本性的构成要素，也就是说，任何企业都有扩张的本性。当企业内部条件成熟、遇到外部机会时，就会随时随地进行扩张，以实现企业的发展与壮大，而增设的部门就成了扩张的载体或机器。增设的部门有时具有重大的战略意义，有时则具有战术意义。在企业结构的变革过程中，有时裁撤部门与增设部门会同时进行。

第二，变革企业制度。企业制度与企业的价值观、宗旨、战略有关。与企业价值观、宗旨有关的制度会随着企业价值观与宗旨的改变而改变，与企业战略有关的制度必须随着企业战略的变革而变革。

第三，变革企业传统、风俗、习惯。企业的传统、风俗、习惯是企业制度的次生物，它们生存于企业制度的"空档处"，满足企业与企业成员的某种需要或某些需要。当企业价值观、宗旨、战略、制度发生变革时，企业的传统、风俗、习惯必须进行变革。

第四，变革企业形象。变革企业形象可以从几个方面着手：变革企业的产品（服务）形象，如重新设计产品的外观，提高产品的质量；变革企业的物理环境形象，如改变企业的标识、改变企业建筑物的外观与颜色、改善企业的卫生；变革企业成员的形象，如改善企业成员的衣着、言语、行为等。

（3）技术变革。

任何技术都有市场寿命。技术市场寿命的有限性得出两个结果：第一，旧技术退出；第二，新技术出场。在旧技术退出企业时，企业需要引进或开发新的物化技术，如新的设备、新的工具及相应的操作方法；同时，需要引进新的管理技术，以做到人与机器（物化技术）的协调与和谐。不同的企业所使用的物化技术的特点不同，其市场寿命的长短也存在差异，有时这种差异很大，这就意味着各个企业在技术变革方面的速度各有差异。

2．企业变革的阻力

（1）企业成员的阻力。

企业成员反对变革主要是由以下几个原因造成的。

1）对不确定性的担忧。变革会创造出一种不确定状态，不确定状态实际上就是一种未知状态。人们对未知状态有一种天然的恐惧。企业变革给企业成员带来以下三种不确定状态。

第一，收益的不确定性。企业变革后，自己收益是增加还是减少是一种不确定的状态。尽管自己现在的收益不多，但变革后，自己的收益就会增加吗？

第二，工作安全的不确定性。企业成员担心，变革会使自己失去工作。

第三，发展的不确定性。企业成员担心，变革可能会断送自己发展的前景，或者自己发展的前景暗淡。

2）不习惯。人们习惯生活在自己已经熟悉的世界，这个世界实际上就是由时间、空间、人际关系、价值取向、事件或故事等所构成的心理情感能量场。变革可能意味着要打破一个世界，重构另一个世界，这需要人们付出巨大的努力。不习惯有以下三种情况。

第一，新的工作。人们熟悉并留恋自己已经从事多年的工作。从一份熟悉的工作转向一份新工作是十分困难的，特别对那些已经40多岁的企业成员来说更是如此，而这些人又是企业的中坚力量。

第二，新的工作地点与环境。企业变革可能意味着一些企业成员要去新的工作地点，去适应一个新环境，这意味着他（她）原来工作环境下所有的资源与便利基本上等于无用，他（她）必须寻找新的朋友，构建新的资源与便利，而所有这些都是困难的，需要付出代价的。

第三，新的领导与下属。企业变革意味着一些企业成员有新的领导或下属，意味着新的磨合的开始，一旦磨合不成功，工作就会不顺利，生活就会不顺畅。

第四，新的人际关系。新的工作、新的工作地点与环境、新的领导与下属等，都会产生新的人际关系。

总之，安于现状是人的本性，除非迫不得已。"穷则思变"的"穷"就是不得不、不得已。

3）工作压力。企业变革产生的工作压力有以下三个方面：第一，由新的工作而产生的工作压力；第二，由工作量增加而产生的工作压力，例如，变革前两个人做的工作现在得由一个人来完成；第三，由新的工作环境、新的人际关系、新的工作地点而产生的工作压力。

（2）组织的阻力。

1）企业的组织结构惯性。企业是一个活体，企业的组织结构惯性是由企业生存欲与扩张欲所决定的。首先，企业的组织结构作为一个整体，它有生存与扩张的欲望，它想不断地延续自己的生命，反对、抵制任何改变。其次，企业中的部门也是一个活体，它们也有生存与扩张的欲望，想从企业的组织结构中撤销某个或某些部门会遇到各种程度与各种方式的抵抗。

2）企业文化。企业文化是维持企业生存与发展的力量，但是，当企业需要改革时，现存的企业文化就会成为企业变革的阻力。

3）既得利益者或部门。任何一个企业组织结构与企业文化的建立都伴随着一种利益结构的安排，会创造出一批既得利益的个体与部门。而任何变革都要在不同程度上改变原有的企业组织结构与企业文化，对企业利益进行重新分配，一部分既得利益的个体与部门会失去自己的部分或全部利益，这些人与这些部门会强烈反对变革。

4）企业中的专业技术部门。有些专业部门凭借某种技术在企业中占有重要地位，它们害怕新的技术取代自己的位置。部门的本性促使它强烈反对变革。

3. 企业变革的策略

（1）与员工进行交流与沟通。通过交流与沟通提高员工的心理承受力。心理承受力包括两个方面：对成功的承受力、对失败的承受力。任何变革都充满了不确定性，可能成功，也可能失败。

（2）让员工参与变革方案的设计。这样可以提高员工的认同感，使其成为利益相关者，增强员工对改变的心理承诺与行为承诺。同时，让员工参与变革方案的设计，也有助于构建一个新的利益体系。在这个利益体系中有各个派系、各个层次的代表人物。

（3）利用谈判。企业中的每个人有着自己的利益。各种利益集团也有着各自利益。可以将企业中各种力量归纳为三类：保守力量、改良力量与革命力量。保守力量、改良力量与革命力量三者应保持某种平衡。改良主义者应该成为主导性的力量。改革者可以利用保守者与革命者之间的斗争来达到改革的目的。保守力量与革命力量各具特点。保守力量对变革具有阻碍作用；革命力量对变革具有促进作用，同时也具有破坏作用。

（4）通过操纵或收买。这是企业中普遍存在的政治活动。操纵与收买之所以可能，是因为企业的制度总会存在不完善的地方，总会存在权力与责任的重叠与真空，总会出一个或几个强势人物。这些强势人物在行为上不受制约，而且控制一些关键性的资源。关键性的资源是稀缺的，是人人都极力想得到的。如此，操纵与收买就有了对象。改革在本质上就是对企业的权力、利益、责任、各类关键性的资源进行重新分割与分配，以达到延长企业生命周期的目的，或者使企业获得重生。

（5）通过强制手段推行变革。这种情况的发生有三个前提条件：第一，紧迫与危机的背景；第二，改革正确，而且势在必行；第三，改革者拥有极高的威望，并拥有绝对的权力。

4. 企业变革操作模型

企业变革的操作模型有许多，这里简单介绍约翰·科特的八阶段变革模型。

第一，形成紧迫感。形成紧迫感实际上就是造势，营造有利于改革的心理情感能量场。造势可以从两个方面着手：一是造成心理压力，说明不改革面临的悲惨结局，使企业成员形成有利变革的心理态势与人性组合形态。二是向企业成员展示、阐述改革所带来的美好前景。形成紧迫感或造势，在很大程度上就是制造一种不平衡的状态。不平衡的状态可以为个人和企业提供采取行动的动力。实际上，人类社会的前进需要两种状态：平衡状态与不平衡状态。不平衡状态提供突变的动力，平衡状态提供休养生息的机会与平稳发展的动力。

个人与企业都是在平衡状态与不平衡状态互相交替、互相渗透中演化。正如前文，从本质来说，企业变革就是对企业的人、钱、物、名、位、权、空间、机会、信息等资源进行重新分割与分配。这不仅会导致个体之间的冲突，同样会导致部门之间的冲突。任何一个个体或部门都不想在变革中失去任何资源，而是想得到更多的资源。因此，变革的过程就是一个冲突的过程。或者说，变革就是打破原有平衡、制造暂时或长久失衡的过程。

在变革的过程中，个体人性与企业本性的某些要素处于相对或绝对主导性地位，从而使个体人性或企业本性出现某种失衡的状态，这种失衡的状态为个体与企业行为提供了必要的动力。失衡可以产生巨大的动力，这种动力可能是建设性的，也可能是破坏性的。建设性的动力导致企业发展壮大，破坏性的动力导致企业死亡。因此，个体或群体或企业本性失去平衡不一定是坏事，也不一定是好事。平衡—间断—平衡—间断—平衡……是一个不断循环的过程，这个过程结束，企业的生命终止。同时，这个过程也是企业本性由平衡到失衡，再到平衡的循环过程。企业领导对此必须有深刻的认识。

第二，建立联合变革指导委员会。让各个层次、各个利益集团的代表参加联合变革指导委员会，使各个层次的成员成为改革的参与者与利益相关者，从而使企业成员对改革产生心理承诺与行为承诺。

第三，由变革指导委员会提出变革设想，并制定相应的策略。为了实现改革策略，必须寻找改革的切入点。改革的切入点可以是技术、企业的组织结构、企业文化或企业成员。

第四，宣传。宣传具有洗脑的作用，可以统一企业成员的思想，塑造有利的、理想的人性组合形态。

第五，授权各级员工采取变革行动，调动各级员工的创造性与积极性。

第六，创造变革短期收益或成绩。一般来说，人们只有见到收益之后才会采取进一步的行动。也就是说，改革的进行需要有改革的成果作为支撑与动力。

第七，宣传初步成果，弱化不良后果。利用变革的初步成果，改变不符合变革要求的制度结构和政策，选择、雇用和培养有变革愿望和能力的人。通过变革观念和变革人物给变革过程注入活力。

第八，使变革的观念和措施在企业中制度化。

如果变革成功，企业得到一次飞跃，新的平衡阶段开始。个体人性与企业本性在新的起点上取得平衡，企业的性格与气质也有了新的特质，企业将获得新的生命。

IBM 的变革

一、IBM 的困境

在沃森父子的多年努力下，IBM 名利双收，一直名列世界 500 强前茅，被视为美国科技实力的象征和国家竞争力的堡垒。然而，20 世纪 80 年代后，企业经营每况愈下，到了 1993 年，因为机构臃肿和孤立封闭的企业文化变得步履蹒跚，亏损高达 160 亿美元，面临着被拆分的危险。

IBM 的盛极而衰，固然有其多方面的原因，但文化是其中最重要的一环。因此，郭士纳在《谁说大象不能跳舞》中说："新领导人要解决的难题恐怕得从战略和文化层面上推动改革入手。"

曾几何时，在《一个企业与它的信仰》一书中，小沃森对 IBM 的文化作了详尽的描述，努力工作，体面的工作环境，公平、诚实、尊重，无可挑剔的客户服务以及工作是为了生活等个人理念被总结成"尊重个人、服务至上、追求完美"的"IBM 三原则"。这些曾经令 IBM 功成名就、引以为自豪、至今看起来仍无可挑剔的字眼，为什么成了 IBM 发展的精神枷锁？原因在于文化理念理解与执行中的"老化"和"变味"。

（1）"尊重个人"在 IBM 演化成沃森当初没想到的一些含义，形成了一种理所应当的津贴式文化氛围。在这种文化氛围里，"个人"不必做事就可以获得尊重——仅仅因为是公司员工，就可以想当然地获得丰厚的福利和终生工作职位。

"尊重个人"也意味着人们可以"为所欲为"而不必承担责任，只要不愿意，就可以说"不"。"尊重个人"演化成一种对不合作行为普遍性的制度支持，使"不文化"充斥企业的各个层面。各自为政，争权夺利成为司空见惯的事情，侵蚀着 IBM 肌体。

（2）"服务至上"就是要为顾客提供高品质的服务。在 IBM 对行业具有绝对领导权的时代，"高品质的客户服务"这种公司和客户之间的双边互动关系，却变成了单边的关系。IBM 的客户服务实际上成了"你用我们的机器，我给你最好的服务"。服务是有前提的承诺。仿佛客户的需要公司已经安排好了，你就用我们的机器吧，至于你不用我们的东西或客户自己的意愿，则根本不用去考虑。"服务至上""高品质"成了"自我意识"的代名词，本质上还是自己至上，客户是次要的。距离一个真正的服务型公司的要求还有相当的距离。

（3）"追求完美"演化成了对完美的固执迷恋，导致决策行动迟缓，形成了以行政助理制度为代表的等级森严、程序繁杂的官僚主义文化，求稳怕变，缺乏冒险精神。

IBM 文化理念是特定环境下的正确抉择，但在高枕无忧的乐观氛围中，形成了和当初沃森希望的文化迥异的文化现象。这种文化越来越显出它的守旧性和不合时宜，最终导致了 IBM 步入困境。

二、IBM 的新生文化

尽管 IBM 的一个个文件柜里塞满了五花八门的制胜战略，但公司依然如同冻僵了一样毫无起色。直到新掌门人郭士纳到任，下大手笔才使其起死回生。郭士纳的最大功绩正是成功地领导了 IBM 企业文化的变革。经过多年努力，IBM 新的企业文化已瓜熟蒂落。2001 年年度报告对 IBM 新的文化特点作了如下的描述："规模大但动作敏捷，具有创新精神但又有严格的规范制度，有科学精神和以市场为导向，能够在全世界范围内产生知识资本，并把这些资本转化给消费者。这种新环境会持续不断地孕育学习、变革以及自我更新等。它是务实和专注的——但也是永远地欢迎创新的，它奖励成果，而且，最为重要的是，它表现出对所做的每件事都有天分和激情。"具体分析有以下几点。

（1）绩效导向的评价。郭士纳一改 IBM 旧有的津贴式文化，以成功为导向，以绩效工资改革为基点，建立了绩效导向的企业文化。在这种文化中，各级主管都是真正的领导人和主动做事的人。他们通过原则而不是通过程序来领导和管理。员工愿意献身于追求成功的事业中。产品一流，人人关心质量，事事追求卓越。中庸之道没有藏身之地。

（2）顾客导向的经营。一切以客户为导向，以市场为驱动力，IBM是一家真正的服务型公司。IBM成功的标准就是客户满意和实现股东价值。整合所有资源，承担起在各方面为客户提供信息技术服务的任务，代表客户的利益为客户提供建构系统、确定设备、实地管理电脑以及让电脑为客户服务等全方位的服务模式。市场决定企业的一切行为，以客户的方式行事，为客户提供真正的服务。

（3）团队合作的精神。公司鼓励为客户提供价值的团队合作精神，奉行平等观念，鼓励坦率和直截了当交流，全球共享信息，注重集体主义。新IBM像一个团队一样运转。

（4）快速行动的作风。IBM反对官僚主义，追求速度与行动，允许犯错误，强调学习创新，敢于承担风险，追求成长；创建学习性组织，百花齐放，百家争鸣，不断地自我更新。在新IBM中，成功的人士都是快速而有效做事的人。

（5）力争取胜的激情。所有IBM人都要认识到，做生意是一个具有竞争性的活动，要么成功，要么失败，没有其他的选择。在新IBM中，激情、果敢、善于抓住机会的人得到提升和奖赏。

三、IBM文化是如何变革转型的

郭士纳上任伊始，就深刻地意识到现有企业文化对IBM的阻碍作用，着手从战略和文化上推行改革。他说："改革数十万员工的思想态度和行为模式是一场非常难以完成的任务……但是必须承担这场文化革命的任务。"为此，他进行了不懈的努力。

（1）明确表明观念，袒露心中愿景。上任之初，在IBM高层会议上，他十分明确地公开坦言了自己的管理哲学、信仰和价值观。他把这些概括为8点：原则管理、市场行为、团队合作、绩效工资、公开诚实、行动迅速、平等坦率、学习化组织。此后，他又多次以不同方式强调这些主张。1993年9月，任职5个月后，他又亲自起草了8个原则：市场是我们行动的动力；我们是一家科技公司、一家追求高品质的科技公司；我们最重要的成功标准就是客户满意和实现股东价值；我们是一家具有创新精神的公司，尽量减少官僚习气，并永远关注生产力；绝不忽视我们的战略和远景规划；我们的思想和行动都有一种紧迫感；杰出的、有献身精神的员工无所不能，特别是当他们团结在一起作为一个团队开展工作时更是如此；我们将关注所有员工的需要以及业务所在的社区的需要。这些原则是IBM文化变革的重要起步，也是对整个流程管理理念的一个初步挑战。

（2）打造领导团队，寻求文化英雄。企业文化的变革绝不是一个人完成的，因此，郭士纳需要管理团队与他共同合作。他确定原则后，把提升和奖励拥护新公司文化的高层经理当作最重要的任务来完成。他创建了一系列标准，以便让所有的领导人都拥有"IBM的领导力"。在IBM新领导模式的推进中，一方面，让他们学习提高自身的领导力，另一方面，郭士纳重组了IBM的基本权力机构，撤销了"管理委员会"，整合、重建了一系列的新机构。一批新企业文化的拥护者和促进者成为各个部门的负责人，同时，打破了任职终身制，实行一年一度的优胜劣汰式的改选。经过一段时间的机构再造、领导人的遴选，IBM 逐渐拥有了一个个有力、投入和有效的领导团队，为企业文化的成功转型打造了强有力的推进器。各部门的领导人也成了 IBM 文化变革的英雄人物。

（3）实行"热烈拥抱"计划，转变经营观念。在 IBM 文化变革之前，客户会议一直是 IBM 的例会；但郭士纳还嫌不够，他为推进客户导向文化，隆重推出了"热烈拥抱"计划，要求各级经理都要在 3 个月内，至少拜访 5 个大客户，或者更多，要亲自去聆听客户的问题，强调从外至内地建设公司，以这一行动表明态度，引起轰动，促进行动。

（4）互动沟通，强化危机意识。郭士纳认为，管理并不是让管理者去改变文化，而是去邀请员工自己来改变文化。为此，他上任伊始便频繁与员工沟通，简明扼要地传递信息。同时，他通过电子邮件与员工进行广泛的沟通和交流。在写给员工和管理人员的几百封信中，他不断地强化企业的危机意识；并指出新的战略、新的文化是终止危机的根本措施。很多员工也通过电子邮件和他交流。凡是公司的重要事件、危机、前景和战略，都在这种互动中，成为公司文化变革的重要组成部分。

（5）推行工资制度改革，制度营造文化。变革前的 IBM 工资以薪水为主，辅以少量奖金、股票期权和绩效工资；工资待遇差别很小；过于强调福利。这一特点一方面与沃森父子的个人价值观有关，另一方面是在 IBM 鼎盛时代形成的。但随着企业环境的变化，这一制度举步维艰，因为财务状况的恶化动摇了 IBM 的文化之魂。郭士纳深知文化制度化的重要性，他从推进"绩效工资制度"入手，重建了激励机制，为文化重建搭建了一个有力的制度平台。郭士纳废除了家长式的福利制度，在全集团实行与绩效挂钩的浮动工资制、认购公司股票和期权计划以及建立在绩效基础上的加薪计划。通过工资制度改革，IBM 把平均变成了有差别的分配，把固定奖金变成了活动奖金，把内部标杆变成了外部标杆，把津贴变成了绩效。由此形成和强化了市场导向的考核、绩效导向的分配、团队合作的氛围。

（6）提出具体要求，细化行为指南。在文化建设或变革中，知己知彼，才能对症下药。过于空洞的口号或理念有时很难有效地推动行为改变。郭士纳因此具体描述了 IBM 的行为变革要求：从公司自行推出产品转到根据客户的要求生产产品，从以公司自己的方式行事转向以客户的方式行事，从道德式管理转向成功导向型管理，从决策建立在秘闻和神话的基础上转向将决策建立在事实和数据的基础上，从以关系为导向转向以绩效和标准为导向，从"一言堂"转向"百花齐放，百家争鸣"，从对人不对事转向对事不对人，从良好的愿望甚至比良好的行动更加重要转向职责明确，从美国占主导转向全球共享，从规则导向型转向原则导向型，从只注重我的价值转向注重我们的价值，从追求百分百的完美转向只要有 8 成的希望即可，从缺乏创新转向学习型组织，从平衡式资金投入转向重点型资金投入等。细化的行为指南既让人们认清了现实，又明确了改变的方向，很容易操作，因此，对行为和观念变革起到事半功倍的作用。

（7）实行"个人业务承诺"，强化考核结果。在文化转型中，郭士纳把 IBM 新文化简化为"力争取胜、快速执行和团队精神",通过多种方式在全公司传播,并最终演化成新的绩效考核系统。作为年度考核的重要部分,所有IBM员工每年都要围绕着三个方面制定"个人业务承诺",并列举出在来年中为此采取的行动。"个人业务承诺"计划成为企业强制执行的计划,与此相应的绩效,成为员工的考绩工资和浮动工资的关键性决定因素。

(8) 宣布"登月计划",规划新的远景。文化的成功转型,把IBM从过去的阴影中解救了出来。但文化的持续更新则需要更加伟大的远景。郭士纳找到了"电子商务"作为IBM拥抱未来的伟大使命,并把它宣布为"登月计划"。他相信"电子商务"将影响IBM员工的内心世界,激发起数万IBM员工新的激情。他把"电子商务"融入IBM的所有业务领域中,贯穿到企业交往和运营之中,成为新IBM人勇往直前的精神动力。

(资料来源:https://wenku.baidu.com/view/8777325a1be8b8f67c1cfad6195f312b3069ebf2.html。)

三、官僚期

如果官僚化早期不进行变革,或者变革不彻底、不成功,企业就会进入官僚期,并走向死亡。

(一) 官僚期的特征

企业官僚期有以下七个特征。

第一,制度与政策繁多,但无法有效执行。这是因为在这个时期:①企业根据制度来制定制度,而不是根据企业内部与外部的实际情况与企业战略需要来制定制度与政策;②新的制度不断出台,而老的制度又没有得到及时梳理与消除;③制度、政策利益锚定十分严重,企业为了特定的利益个体或部门制定、修改制度与政策,由于政治斗争激烈,特定的利益个体或部门不断发生变化,利益锚定性制度与政策也就越来越多。企业内部各种制度、政策互相矛盾,利益集团互相斗争与制衡,导致制度与政策无法有效执行。

第二,强迫自己的顾客想出种种微妙的办法去绕开或突破制度障碍。

第三,与外界缺乏联系,只关心自己的利益,企业变得越来越封闭,与外界进行能量交换的频率与量越来越少。

第四,就如一个瘫痪的老人一样,丝毫没有控制意识。

第五,对于一个完全的官僚期企业而言,其健康状况是非常脆弱的。尽管从外观上看它们像可怕的怪兽,但实际上你有可能很轻易地就毁灭它们。许多这样的企业核心已经腐烂,它们正在破产的边缘徘徊。任何突然的变故都会毁了它们。即便是被迅速重组,官僚期的企业往往也难以在作出努力之后生存下来。从历史上看,每个朝代的后期也都是如此。

第六，官僚期的企业主要是依靠法律来保证它们在某些服务上的垄断地位，并从税收中获得划拨资金。一旦法律地位改变，垄断地位消失，拨款也没有了，企业就正式进入死亡了。

第七，此时，在企业心理情感能量场中，自我性（自体性）、惰性、保守、伤感、怀旧、绝望、贪婪、厌恶、愤怒、怨恨、愁苦、冷漠、欺诈、暴戾、狠毒、无助、憋屈、嫉妒等心理情感能量取得支配的地位，而自尊、尊重、恭敬、喜乐、恻隐、畅快、轻松、自在、舒坦、快乐、幸福、谦虚、廉洁、诚信、和善、辞让、荣誉感、自豪感、归属感、群体性等心理情感能量受到压抑，处于十分次要的地位。

（二）官僚期的问题

在企业官僚期，上述特征直接造成了企业的以下问题。

第一，没有能力自理。此时的企业只是在依靠人为的手段支撑着活下来，根本无法自力更生。这时的企业就像瘫痪的老人，只能靠轮椅和药物的作用活下来，已经没有自理的能力了。一旦药物也无法起作用，接下来，等待的就是死亡了。在此期间，企业就像躺在病床上的老人，身上插满了各式各样的管子，身上满是针孔与手术刀的刀痕。

第二，生命力缺失。此时企业已经没有过多的生命力继续经营下去了，剩下的只有大量的行政管理人员，此时的企业变成了一个真正的官僚化机构，唯一得到关注的就是企业曾经制定的规章制度。为了阻挡死亡，证明自己的存在合理性，可以运用的就是政治决策了。

第三，极度腐败。企业的极度腐败源自腐败的制度化。企业进入盛年期前后，腐败制度化就开始了。所谓腐败制度化是指，企业中的当权者通过制定制度，将腐败行为制度化，从而使腐败行为与腐败所得合法化。制度利益锚定是其中的典型形式。腐败制度化必然导致制度腐败化。企业发展到这个阶段，腐败制度化与制度腐败化已经十分严重，无可救药。

第四，老年期的企业文化已经根深蒂固，很难做表面上的修改或完善，修修补补已经成不了气候了，变革无效且无法推行。

第五，企业内部四分五裂，政治斗争十分惨烈。为了在政治斗争中取得胜利，人们黑白颠倒，失去良知。

第六，企业已经没有资源鼓励人们为自己工作了，因为此时的企业除了互相矛盾且无效用的规章制度外，各种资源已经枯竭。

小李刚参加工作的时候，公司制造部门的主要管理人员大多都是四川人，因为是新人，对职场无感，所以觉得很正常。后来没多久，四川籍制造部经理走了，换了一位新经理，随后大量的四川籍主管陆续离去，换了一批新主管，这次倒是五湖四海的都有，好像没有特定是哪个省份的，但私底下，他们比四川籍经理更过分，整个制造部简直是铁板一块，其他人根本就进入不了这个团队。

五六年前，小李去了一家亏损很严重的工厂任职总经理。上任伊始，他就发现，这家公司有一种非常奇怪的文化。就是能干活的人很少，大部分都是不怎么干活的人。而这些不干活的人,也不会坐在办公室,而是喜欢跑到车间另一端,一个人迹罕至、阴暗的角落聊天。有一天,小李在车间里检查,偶然走到了这个角落,听到了他们讨论的话题。其实也没啥新鲜,基本都是数落主管或老板的不是,或是大谈办公室八卦,他们尤其对小李这个新来的总经理不看好,觉得熬不了一个月就得走路。小李很奇怪,公司到了生死存亡的地步,怎么公司员工还会如此的逍遥,并形成这样的一个圈子呢?

其实,在一个公司,工作表现不佳、不受公司重用,或者对公司未来不抱希望的人,喜欢互相靠着取暖,亦即所谓的同是天涯沦落人。他们聚在一起,自然不会有什么积极的话题可讲,能讲在一起的,往往是公司的是或不是。

(资料来源:http://www.sohu.com/a/259804169_612768。)

从上述案例来看,小李先后工作的两个企业都已经进入了官僚期,内部四分五裂,互相斗争,士气低下,离死亡已经不远了。在这两个心理情感能量场中,充满了自我性(自体性)、惰性、保守、伤感、怀旧、绝望、贪婪、厌恶、愤怒、怨恨、愁苦、冷漠、欺诈、暴戾、狠毒、无助、憋屈、嫉妒等心理情感能量。

(三)对策

对待此时的企业有上、中、下三策。

(1)上策。第一,认清自己所处的发展阶段,承认自己的特征与问题;第二,精选优质资产进行重组;第三,在新的企业重构价值观、宗旨与目标体系,进行领导体制创新。

(2)中策。第一,选择性破产;第二,拍卖资产,如品牌、设备、销售渠道等。

(3)下策。找一个好买家。

思考题

1. 为什么在企业官僚化早期必须进行一次彻底的变革?
2. 如何延长企业的生命周期?

参 考 文 献

[1] 爱迪思. 企业生命周期 [M]. 赵睿, 译. 北京: 华夏出版社, 2004.

[2] 碧莱尔. 领导与战略规划 [M]. 赵伟, 译. 北京: 机械工业出版社, 2000.

[3] 陈春花, 曹洲涛, 刘祯, 等. 组织行为学: 互联时代的视角 [M]. 北京: 机械工业出版社, 2016.

[4] 陈国海. 组织行为学 [M]. 4版. 北京: 清华大学出版社, 2018.

[5] 陈兴淋. 组织行为学 [M]. 北京: 清华大学出版社, 2016.

[6] 程志超. 组织行为学 [M]. 2版. 北京: 清华大学出版社, 2019.

[7] 德鲁克. 成果管理 [M]. 童新耕, 译. 上海: 上海译文出版社, 1999.

[8] 德鲁克. 大变革时代的管理 [M]. 赵干城, 译. 上海: 上海译文出版社, 1999.

[9] 德鲁克. 德鲁克管理思想精要 [M]. 李维安, 等, 译. 北京: 机械工业出版社, 2018.

[10] 德鲁克. 动荡时代的管理 [M]. 姜文波, 译. 北京: 机械工业出版社, 2018.

[11] 德鲁克. 非营利组织的管理 [M]. 吴振阳, 等, 译. 北京: 机械工业出版社, 2018.

[12] 德鲁克. 管理的实践 [M]. 齐若兰, 译. 北京: 机械工业出版社, 2018.

[13] 德鲁克. 管理前沿 [M]. 许斌, 译. 上海: 上海译文出版社, 1999.

[14] 德鲁克. 管理实践 [M]. 毛忠明, 等, 译. 上海译文出版社, 1999.

[15] 德鲁克. 管理: 使命、责任、实务·实务篇 [M]. 王永贵, 译. 北京: 机械工业出版社, 2009.

[16] 德鲁克. 九十年代的管理 [M]. 东方编译所, 译. 上海: 上海译文出版社, 1999.

[17] 德鲁克. 巨变时代的管理 [M]. 朱雁斌, 译. 北京: 机械工业出版社, 2018.

[18] 德鲁克, 马恰列洛. 卓有成效管理者的实践 [M]. 宋强, 译. 北京: 机械工业出版社, 2014.

[19] 高芳. 对高效团队建设的理论思考 [J]. 沿海企业与科技, 2008 (1).

[20] 格林伯格. 组织行为学 [M]. 4版. 张志学, 改编. 北京: 机械工业出版社, 2007.

[21] 黄钟仪. 走出团队建设的误区 [J]. 中国人力资源开发, 2003 (1).

[22] 吉布森, 伊万切维奇, 唐纳利, 等. 组织: 行为、结构和过程 [M]. 14版. 王德禄, 王坤, 等, 译. 北京: 电子工业出版社, 2015.

[23] 卡斯特, 罗森茨韦克. 组织与管理: 系统方法与权变方法 [M]. 4版. 傅严, 等,

译. 北京：中国社会科学出版社，2000.

[24] 克赖特纳，基尼奇. 组织行为学 [M]. 10版. 朱超威，译. 北京：中国人民大学出版社，2018.

[25] 孔茨，韦里克. 管理学 [M]. 9版. 马春光，译. 北京：中国人民大学出版社，2014.

[26] 雷恩. 管理思想的演变 [M]. 赵睿，等，译. 北京：中国社会科学出版社，2000.

[27] 罗宾斯，贾奇. 组织行为学 [M]. 16版. 孙健敏，等，译. 北京：中国人民大学出版社，2016.

[28] 罗宾斯，贾奇. 组织行为学精要 [M]. 13版. 郑晓明，译. 北京：机械工业出版社，2016.

[29] 罗宾斯. 组织行为学 [M]. 8版. 刘丽娟，译. 北京：清华大学出版社，2005.

[30] 罗倩文. 组织行为学 [M]. 北京：科学出版社，2017.

[31] 麦克沙恩，等. 组织行为学 [M]. 5版. 吴培冠，等，译. 北京：机械工业出版社，2002.

[32] 孙海法. 团队与国企组织管理 [J]. 学术研究，1998（6）.

[33] 孙萍，张平. 公共组织行为学 [M]. 3版. 北京：中国人民大学出版社，2016.

[34] 唐雄山，等. 组织改革与创新：以佛山市社区（村）妇代会改建妇联为研究样本 [M]. 广州：中山大学出版社，2017.

[35] 唐雄山，吕向虹，等. 组织行为学 [M]. 北京：中国铁道出版社，2020.

[36] 唐雄山，罗胜华. 组织行为动力、模式、类型与效益研究：以佛山市妇联为主要考察对象 [M]. 广州：中山大学出版社.

[37] 唐雄山. 人性平衡论 [M]. 广州：中山大学出版社，2007.

[38] 唐雄山，王伟勤. 人性组合形态论 [M]. 广州：中山大学出版社，2011.

[39] 唐雄山，余慧珍，等. 家庭心理情感能量场研究 [M]. 广州：中山大学出版社，2019.

[40] 王景荣，赵晓妮. 组织行为学：基于公共管理领域 [M]. 北京：清华大学出版社，2018.

[41] 王哲. 从戚家军看团队建设 [J]. 人力资源，2009（1）.

[42] 翁维玲. 现代企业团队建设的分析 [J]. 团队管理，2006（8）.

[43] 休谟. 人性论 [M] 关文远，等，译. 北京：商务印书馆，1991.

[44] 张瑞. 企业团队建设存在的问题及其对策 [J]. 科技信息，2008（27）.

[45] 赵泽洪，周绍宾. 现代社会学 [M]. 重庆：重庆大学出版社，2003.

[46] 周方. 现代企业管理中应如何打造高绩效团队 [J]. 管理视野，2007（1）.

后 记

一

《企业心理情感能量场》是拙著《家庭心理情感能量场研究》的拓展性研究,基本原理也与《家庭心理情感能量场研究》中的相同。但是,企业与家庭有很大的区别,因此,两本专著也存在极大的差异。第一,企业心理情感能量场与家庭心理情感能量场主导性心理情感能量存在根本性区别,前者主导性心理情感能量是创造财富、占有财富、分配财富的欲望和理性,后者主导性心理情感能量是情爱、性爱、责任心、义务感、感性。第二,企业比家庭更复杂,因此,企业心理情感能量场比家庭心理情感能量场要复杂得多。企业内部存在众多的、各种类型的心理情感能量场,这些心理情感能量场可能互相交叉与重叠。第三,两者的运行机制存在区别。第四,在《家庭心理情感能量场研究》中,笔者没有分析论述心理情感能量场的运行动力,而在《企业心理情感能量场》中,笔者对这一问题进行了比较详细的分析与论述。

本书具有极强的探索性,还存在许多问题有待深入探索与研究。本书提出的基本理论适用于所有的组织。

二

30多年来,我做过的最重要、最核心的事情就是对人性有了一个全新的理解,即人性是人与生俱来的属性及其组合形成。以此为基础,笔者先后出版了《老庄人性思想的现代诠释与重构》《人性平衡论》《人性组合形态论》。

在《人性组合形态论》中,我将人性研究的成果引入组织本性与组织行为研究,并将组织本性定义为:组织与生俱来的属性及其组合形态。以此为基础,笔者先后出版了《组织行为学原理——以人性为视角》《组织行为动力、模式、类型与效益研究——以佛山市妇联为主要考察对象》《现代管理学原理》《组织改革与创新——以佛山市社区(村)妇代会改建妇联为研究样本》。

《家庭心理情感能量场研究》《企业心理情感能量场》的理论基础是《人性平衡论》《人性组合形态论》《组织行为学原理——以人性为视角》,发轫于2015年出版的《社会工作理论与方法本土化——妇联参与社会治理及典型案例点评》。

三

  在这里，我要特别感谢佛山市妇女联合会（以下简称"佛山市妇联"）。由于因缘际会，我与佛山市妇联存在着长期的合作关系，先后承担了佛山市妇联6个课题。在做课题的过程中，佛山市妇联在调查问卷设计、实地调查、资料搜集、座谈会召集等方面都给予了充分的支持。在佛山市妇联的支持下，6个课题中的4个最终以专著的形式得以出版。这4部专著凝聚了佛山市妇联相关领导与工作人员的劳动与智慧。《家庭心理情感能量场研究》就是佛山市妇联课题的产物。没有《家庭心理情感能量场研究》，就不会有《企业心理情感能量场》，心理情感能量场理论也就无从诞生。

唐雄山

2021年8月5日于广东佛山市无心斋